To Stand and Serve
On Being a Kohen

To Stand and Serve

On Being a Kohen

Essays in Memory of Marc Weinberg

EDITED BY

Aviad Tabory

Elli Fischer

Yeshivat Har Etzion

Maggid Books

To Stand and Serve:
On Being a Kohen
Essays in Memory of Marc Weinberg

First Edition, 2015

Maggid Books
An imprint of Koren Publishers Jerusalem Ltd.

POB 8531, New Milford, CT 06776-8531, USA
& POB 4044, Jerusalem 9104001, Israel
www.korenpub.com

Cover Photo of Henry Weinberg, father of Marc *z"l*
© Natalie Friedman-Weinberg
Cover Design: Natalie Friedman-Weinberg

The publication of this book was made possible
through the generous support of *Torah Education in Israel.*

ISBN 978-1-59264-267-0, *hardcover*

A CIP catalogue record for this title is
available from the British Library

Printed and bound in the United States

Contents

PART III: STUDIES IN THE TALMUD AND JEWISH LAW

Part I

In Memoriam

Foreword

A True Kohen

David Whitefield

This book is dedicated to the memory of Marc Weinberg, who passed away at the age of thirty-five after a long and valiant struggle with leukemia. It is most fitting that a book of such caliber be dedicated to his memory. Marc loved books. He respected them and cherished them. For Marc a book represented all that life should be: enduring, structured, and thought-provoking. Any book is a medium to transmit ideas and further knowledge, but the study of Jewish books was for Marc a daily reminder of our obligation to deepen our understanding of God's universe and to act in His world.

Marc's vast and impressive library of scholarly works, comprising a diverse range of Jewish philosophy, remains a physical testament to his bibliophilic bent. Indeed, his preferred choice of gifts to others for a birthday or for inviting him to a Shabbat meal was a Jewish book – often the publisher's latest release – and always inscribed with a deeply meaningful message relevant to the recipient and the occasion for which it was gifted. My own modest bookshelves can attest to this.

During his arduous and thoroughly destructive illness, I would visit him at home or in hospital. In my foolish attempt to proffer respite from his daily pain, I assumed that the best material to bring him was distraction media. At first I would come armed with a newspaper, a mindless paperback, or music for easy listening. Never did I manage to leave these items at his bedside. His preferred choice of reading material, however intense his turmoil that day, would be the recent collection of Rabbi Soloveitchik's essays, Chief Rabbi Lord Jonathan Sacks's latest composition, or other works of modern Jewish philosophy.

Marc was born in London to Syma and Henry Weinberg, who were both actively involved in communal Jewish life in London. From an early age, the Weinbergs nurtured the importance of communal activity and responsibility within Marc and his sister Debra.

During Marc's youth, mainstream Anglo Jewry was beginning to stagnate, with apathy starting to make a significant inroad. The appointment of Jonathan Sacks as chief rabbi of the United Kingdom in 1991 established the beachhead of Centrist Orthodox Anglo Jewry to reverse the apathetic tide. Shortly after his induction, the chief rabbi established a single-purpose organization, Jewish Continuity, as a national foundation funding programs in Jewish education and outreach to ensure that British Jews could be certain that their grandchildren would also be proud and committed Jews.[1] Chief Rabbi Sacks's galvanizing influence carried Marc to quickly absorb the significance of this timely call.

Active in Bnei Akiva, Marc showed his leadership skills at an early age, becoming first a counselor, then chapter head, and ultimately the national director of Bnei Akiva in the United Kingdom and Ireland. After graduating high school – with distinction – Marc attended Yeshivat Har Etzion ("the Gush"), where he was profoundly influenced by two of our generation's greatest Jewish leaders: Rabbi Aharon Lichtenstein and Rabbi Yehuda Amital.

Marc thrived during his two fulfilling years at the Gush, where he attained a high standard of Torah learning while deepening his sense of

---

1. See Jonathan Sacks, *Will We Have Jewish Grandchildren: Jewish Continuity and How to Achieve It* (London: Valentine Mitchell, 1994), which articulates the communal call to action.

responsibility to the wider modern Jewish world. His firsthand experience of the Brisker method of Talmud study and Rabbi Mordechai Breuer's "aspects theory" of the Written Torah resonated deeply with Marc's appreciation of structure and his natural intellectual rigor. Inspired and equipped with the pedagogical skills honed from the yeshiva's faculty, Marc understood that teaching Torah using such contextual, critical, and structured approaches – yet never underplaying the complexity of the material at hand – would appeal to an audience of less affiliated but well-educated teenagers. Marc appreciated that intelligent, highly educated youth could best be engaged when connecting with Jewish source texts in an intellectually rigorous and academically sophisticated manner.

In the ten years between his return to London after yeshiva and his *aliya*, Marc taught Torah to hundreds of teenage students both formally and informally through his leadership of British Bnei Akiva. As a teacher Marc engaged and educated his students, energizing them to learn more.

It was through Bnei Akiva that Marc met and fell for his beloved Natalie, and they married during Ḥanukka of 2000 (5761). With Natalie's creativity, energy, and artistic talent, the young couple set out on their path in life. Setting up their home in London, Marc embarked on a career in banking and began a stellar rise in the world of real estate finance in London's "City." A few years later, to further his progression – with pre-schooler Yona in tow – Natalie and Marc moved to Cambridge, England, for Marc to attain his MBA from the University Business School – with distinction, of course.

Throughout this period in his life, Marc chronicled his daily schedule and pending tasks. Thousands of meticulously inscribed sheets, organized hour by hour, day by day, week by week, document to this day his numerous undertakings and achievements. It was as if the call to communal action acted as his internal metronome – in constant motion with an increasing tempo.

When Jews' College, Anglo Jewry's institute of rabbinic and higher Jewish education, was scheduled to close, Marc led the fight to save and then resurrect the 150-year-old college. He was the driving force behind the transformation of the college into the London School of Jewish Studies, a hub of academic study and lifelong learning, offering multiple courses to hundreds of students from all backgrounds.

When London's newly marrieds, Marc and Natalie included, realized that no shul captured the Weltanschauung endowed from their time spent in Israel's top-tier yeshivas, Marc led the establishment of the Alei Tzion Synagogue and community, anchored by the scholarly leadership of Rabbi Aviad Tabory, a Har Etzion alumnus and the husband of Marc's sister Debra, as the community's inaugural rabbi.

These are some of the many examples of Marc's perfect ability to grasp and dissect the bigger picture, enabling him to identify the community's development needs and, of crucial importance, to act on them. There are plenty more. As Natalie and Marc began their preparations to make *aliya,* Marc realized that *aliya* would be more feasible for many with the benefit of a nurturing support network. Marc established and motivated a *garin,* nucleus, of like-minded young Jewish Londoners to do similarly. Some of them proudly acknowledge that Marc was the key impetus for their making the move.

While many thousands have set out on this path to Israel, for Marc and Natalie, *aliya* was not just a personal journey but also a momentous day, steeped in national-religious and historical significance. Marc made sure that they shared their experience with the rest of the world in a televised feature on Sky World News, and upon arrival, with their new compatriots in the State of Israel, through an interview on Israeli national radio.

Once the young family was settled in Modi'in (the Weinbergs' daughter, Maayan, was born shortly thereafter), Marc's principal goal was to establish a community, Anglos and native Israelis as one. Although Marc was struck now by the cruel disease, the cocktail of daily medication could not dull his clarity in setting down the fledgling community's *raison d'être.* This is an excerpt from the mission statement he drafted.

> The mission involves [the following] principal tasks: serious and meaningful *tefilla,* the promotion of ḥesed and responsibility for one another, and the development of educational programs for our children. Our learning should be with reverence for God, encouraging learning for women, deepening our connection to the People

> of Israel, being continually aware of the importance of inclusivity of the wider community, and responding to societal concerns.

And so with this epitaphic text, he everlastingly wove together the threads of his life's mission.

The essays within this compilation have been penned and edited by eminent scholars and others – each of whose works Marc would have proudly permitted on his bookshelf. I commend and thank all those who toiled, particularly Rabbi Aviad for his dedication in successfully bringing this project to fruition, Elli Fischer for his professional editing, and Debbie Ismailoff for proofreading. Special thanks also to Matthew Miller and Rabbi Reuven Ziegler of Maggid Books for bringing this work to print. The participation of Rabbi Mosheh Lichtenstein, Marc's rebbe and mentor, is a public testament to the close friendship they forged over the years. Many of the articles here first appeared in publications of Yeshivat Har Etzion; we thank them and the other rights holders for permission to reprint.

Attributes of the Jewish priesthood nowadays may be no less relevant within society than they were in Temple times. A *kohen* is communal organizer, teacher, leader. Marc was a *kohen* who, feeling deeply privileged to be a member of Judaism's most holy circle, took as his leitmotif the blessings of our teacher Moses to the tribe of Levi in the penultimate chapter of the Torah:

> Teach Your law to [the House of] Jacob and Your Torah to Israel... place incense in Your presence and consume sacrifices on Your altar. (Deuteronomy 33:10)

This was Moses' clear instruction for the *kohanim* to blend teaching Torah to the people with establishing Judaism's public spaces where they were to worship God.

Since his passing, many greater than I have eulogized Marc Weinberg, and many tears have been shed by the thousands whose lives he touched. This book stands as an enduring tribute to Marc, who achieved so much in his short life and whose memory serves as an inspiration and a call to action to us all. *Yehi zikhro barukh.*

Kol Mishbarekha VeGallekha Alav Avaru: A Eulogy for a Dear Student and a Close Friend

Rabbi Mosheh Lichtenstein

Kol mishbarekha vegallekha alay avaru.
All your waves and breakers have swept over me.
(Psalms 42:8)

19 Tammuz 5770–July 1, 2010

Marc, when we first discussed your illness on that autumn Saturday night two and a half years ago, when I went to meet you at Hadassah, I mentioned this verse. We spoke about two kinds of illnesses. In some illnesses, there is a major crisis that reaches a crescendo, a climax, with some momentous event, such as surgery, in which all hopes are pinned on the moment – you either cross over to the other side or you don't. It's similar to a tidal wave; it presents you with an immense challenge that is difficult to overcome, but if you are able to overcome it, you have survived. On the other side, you are in the clear. There are many other illnesses and diseases, though, that are characterized by a *kol mishbarekha vegallekha* mode of attack – small wave after small wave laps against the swimmer struggling to reach the safe haven. After each wave comes another, relentlessly, not letting up, requiring constant strength to continue. After the first wave comes the next and the next and the next – a series of small events, not leading up to one climactic moment or identifiable, major crisis, but a constant, never-ending struggle, a Sisyphean, uphill movement.

We said at the time that cancer usually belongs to the latter, not the former, category, and we spoke about marshalling emotional and spiritual powers to give you the strength to confront the illness and fight for your life against it. Little did I know, and little did you know at the time, that you would end up being in a situation of *vayaamed ruaḥ se'ara vateromem gallav*, "he produced a storm that raised great waves" (Psalms 107:25) – it would be a series of strong waves, waves of increasing strength that would pound harder and longer, rising higher and higher. It would be not one huge wave and not a series of small waves – it would be many, many waves, creating a swell and a storm, impossible to swim against. That's what you have been facing, Marc, for the past two and a half years: constant struggle, peaks and valleys that accompany the rider of waves, requiring tremendous spiritual and emotional effort.

We had no idea at the time what a journey it would be and where it would lead you, and here we are at the conclusion of that journey, in an impossible position. How can I eulogize you, Marc? We had many conversations in the past two and a half years, we talked often, but those were conversations, dialogues in the true sense of the word. You asked the questions; I spoke, you spoke. We were able to have a conversation because you had plenty of questions. Alone, in a monologue, I can't do it. I can only speak *with* you, listening to you, your probing questions, your demand to understand what's going on. And here I am, all of a sudden, alone. I sat an hour ago on the same couch where we used to sit so often.... I cannot imagine the situation, my sitting on the couch and you not being opposite me; it's too much for me to think of. Nevertheless, I will try.

I knew three Marcs. I knew Marc as a student in yeshiva, the Marc of intellectual curiosity, the Marc I remember standing near me, next to the bookcase in the beit midrash, asking a question while pulling out a book, probing a *sugya* and following its twists and turns as it flowed through the text of the Gemara and *Rishonim*. The Marc whom Rabbi Lord Jonathan Sacks described as continuously learning throughout his life, whose books were advanced and whose bookcase was up-to-date because he used and read the books that it held. The Marc who called me on Ḥol HaMoed Pesaḥ – we all know what an effort the Seder was for him this year, we all know what an effort the weeks leading up to Pesaḥ were for him in these stages of his illness – with a pressing question that he wanted to discuss. As I picked up the phone, I heard his familiar voice asking to talk to me since something was bothering him very much about *parshanut*, biblical exegesis. He had recently read some book of Torah commentary that rubbed him the wrong way, that disturbed him since he disagreed with the author's method and had to discuss it. Unfortunately, we never had the conversation; it was somehow postponed and we never got around to discussing it. This was the Marc that I knew – in the midst of his struggle, with the waves of his illness increasing in strength and intensity, pounding his battered and abused body, he remained interested in exegesis and had a deep need to learn and talk Torah. His curiosity never left him, even when his strength was sapped, since it was an integral part of him. Learning and study were his essence.

The second Marc we all knew was the man of action, the person who could single-handedly transform a community, the organizer who would not rest day or night, weekday or weekend, constantly thinking about how to move things forward, always planning both strategically and tactically. Every Shabbat we recite a special blessing, a *mi sheberakh*, for the community and *vekhol mi sheosekim betzorkhei tzibbur be'emuna*, people who devote themselves to the community through action. Thus, all of us in the community who are not men of action express our appreciation and gratitude to those devoted and inspired individuals who place themselves at the disposal of the community and make the world a better place for all of us. *Morai verabbotai*, ladies and gentlemen, if ever I knew a person who was *osek betzorkhei tzibbur be'emuna*, whose entire essence was engagement in communal activity and responsibility, it was Marc.

We all confront the world. Each of us meets the world, each of us engages the world in his own way. Marc was a man of action who confronted the world and dealt with it by *improving* society. Marc was not perplexed by the world, nor was he enchanted by it. He saw the world as something to be improved, a place that demands action, and a habitat that should be acted upon. He saw everything as a call to action. Man has a mission and a challenge to make the world a better place and to help his fellow man achieve his needs.

I need not say what a better world Marc left behind him. Many people in the crowd here know that much better than I do. In his eulogy of Marc, Rabbi Sacks mentioned Marc's magnificent work in London. In our last conversation before his illness, he told me about his plans for Modi'in, and he was thinking grandly. He was thinking about schools, about communities, basically re-thinking the whole model in *Eretz Yisrael*, with the intent of trying to bring the best of the Diaspora to the best of *Eretz Yisrael*. He was talking about hiring people, establishing a school, promoting a synagogue, etc. In a word, he was trying to be involved in building a community more or less from scratch. This is the Marc I knew from London, the Marc who left London in the middle of his life on a new journey, a new challenge, because the world is a place of conquest and he was out to conquer *Eretz Yisrael* and he was out to improve Modi'in. His work had begun, but, alas, Marc didn't have the opportunity to continue it.

And now, the third Marc. Marc, I told you often in the last few months that I admire your courage. Although the plain meaning was obvious, I was never able to explain to you my deeper meaning. But I will now. Marc, you were a man of action. You were outward looking. You saw the world as a place to conquer and to improve. You were a man of control who needed to know and be in charge of all the details. The attribute that best described your personality was *gadol*, great, the quality that we associate in the *Amida* with *gomel ḥasadim tovim*, granting kindness. In the past two and a half years, though, you became a *gibbor*, mighty and courageous, in its deepest and most basic sense of withdrawal and recoil – *Eizehu gibbor, hakovesh et yitzro*, "Who is mighty/courageous? He who conquers his will" (Avot 4:1) – because you were forced to relinquish control over your most basic concerns. You did your best to remain in control. You took copious notes of your conversations with doctors, with rabbis, and with friends; you dealt with a public health system as an informed and intelligent patient; and you researched your condition as much as possible. Yet as time went on, you had to cede more and more of that control to circumstance.

Initially, you had somewhat of a say, and at least you could be involved in choosing the doctors and the hospital, although nothing more than that, since after you chose the doctor and the hospital, they dictated all the medical treatment. In the early stages, you could still argue with the pharmacy staff and with the doctors, but as time went on and your situation grew worse, you lost the knowledge and capability to do that. Once you had the transplant, you even lost control over which hospital and which doctor to choose. You were often frustrated, but you had no control. Therefore, in a sense, you were transformed into a different person, one who developed the fortitude necessary for personal withdrawal from action and who had the inner strength to abstain from exercising his most basic personality traits. The spiritual and emotional strength necessary to refrain from expressing one's personality is great, and therefore, I believe that you exhibited great courage in your struggles with your illness, since it was not only the physical battle with the disease or the need to cope with the emotional needs of yourself and your family, but also to surrender your characteristic qualities and normal mode of personal expression.

Thus, in the past two and a half years, you became a person of contemplation, a master of *gevura*, who was able to cede control and to become inward looking. Indeed, you became very deeply inward looking. You began to reach into the recesses of your soul and to talk about topics that you never reflected upon before (or if you did, you never articulated them). By doing so, you dug much deeper into your soul. You became a tragic figure, but also a much deeper figure; you were no longer a man of action, but a person of deep reflection and thought who reached places that I don't think you anticipated reaching. Your life became deeper and sadder – this is our great tragedy – but it was ennobled by your courage. Rabbi [Joseph B.] Soloveitchik often speaks of *gevura* being not power and physical strength, but the emotional capacity to retreat and recoil and the ability to relinquish control. Marc, you were a most impressive *gibbor*.

Unfortunately and tragically, you have left us, and from *gadol* and *gibbor*, you have become *kadosh*, holy. You are in heaven now and are neither *gadol* nor *gibbor* in our world anymore but *kadosh, beḥek haShekhina,* basking in the Divine Presence.

I began with a metaphor of the waves. The image of a small ship being buffeted against the waves has often gone through my mind, as I mentioned to you at the time, but little did I know that Natalie would make such a picture. The imagery that she created of the waves and a small ship – and we all know whom the small ship buffeted by the waves of disease and illness represents – powerfully evokes the image of a captain trying to hold on and to maintain control of his boat even as the waves rise above it. Marc, like a true captain, you maintained inner control over the depths of your soul, even as you were losing outer control over the physical elements.

Now that the storm is over and the ship that is your body has returned to the depths, let us evoke the image of the calm after the storm and pray that your inner peace and serenity accompany you on your new journey. For this purpose, it is worth quoting Tennyson's image of "a tide as moving seems asleep, too full for sound and foam" to describe setting out, upon dying, on the journey in which "the flood bear me far…to see my Pilot face-to-face." This beautifully expresses the idea of a *kol demama dakka* that comes after the storm and reveals God to man.

In conclusion, I would like to add a few brief words to the family. Marc, as was mentioned by the other eulogizers, your devotion to your family, to yourself, speaks volumes about them and about yourself. I was privileged to be let into the inner circle of the family in the past few months. What I saw amazed me. The love, the concern, and the *koḥot hanefesh* of all involved as they dealt with greater and greater problems, coped with higher and higher waves, and struggled with deeper and deeper waters was most impressive. I would also add – and I allow myself to do so, Marc, because we spoke about this at length in one of our last conversations in Modi'in, two or three months ago – that your relationship with your entire family, and in particular with Natalie, was deepened and transformed in the course of your illness. Going through this together – and together you went through this tragic struggle – each one concerned for the other, each one caring about the other and doing his or her utmost to understand the other, transformed the relationship. It became a deeper and much more meaningful companionship, even as it became sadder and more tragic. And what is true of Natalie is true of the entire family: your parents, your sister, your brother-in-law, the wider circles (I don't speak about the children; that's a whole different subject) – you created a whole new world of relationships. The entire family is a family of *gibborim* now and, please God, this *gevura* will continue to provide them with *koḥot hanefesh* to move onward and to continue your legacy and perpetuate your message.

I'd like to conclude by explaining myself once more. I saw you two days ago, Marc; it was difficult. I was asked to give you a *berakha*. What can I say? You were literally at the stage described in Psalms (9:14; 107:18) as *shaarei mavet*, "the gates of death." I said, "Marc, *telekh meḥayil el ḥayil*," go from strength to strength. When I came home, I was asked: "Why did you say '*telekh meḥayil el ḥayil*'? A person is about to depart the world; you talk about *meḥayil el ḥayil*?" I quoted to them what I dared not say to you at the moment but what I had in my mind at the time, which is the Gemara's statement at the conclusion of Tractate Moed Katan, where the concluding chapter deals with confronting death and mourning: *Talmidei ḥakhamim ein lahem menuḥa afilu la'olam haba*, "Torah scholars are given no rest nor repose, even in the World to Come." And it quotes a proof text: *Yelekhu meḥayil el ḥayil*, "They shall go from strength to strength" (Psalms 84:8). People who see this world as a place for improvement improve wherever they go. People who believe in action and activity remain in constant motion and forward movement.

Marc, I will say now what I thought then: *Telekh meḥayil el ḥayil* in this world and the next, because I'm sure whatever good you can do, you will continue to do. You leave behind you a grieving but loving family who constantly look up to your legacy for support and comfort, grieving for the tragedy of your short life, since, if a life was so meaningful and so full, why couldn't it have had the opportunity to be longer? Nevertheless, we are so grateful and thankful for the intensity of the life that was and no longer will be in this world but continues in the next, for the privilege of knowing and loving you and for the inspiration that your life was to all. *Tehei nishmatekha tzerura bitzeror haḥayim*, may your soul be bound in the bonds of life.

Part II

Studies in Tanakh

Human Holiness

Rabbi Yehuda Amital *z"l**

> God spoke to Moses: Tell the *kohanim*, the sons of Aaron, and say to them: None of them shall be defiled for the dead among his people. But for his kin that are close to him – for his mother and for his father, and for his son and for his daughter and for his brother.... They shall be holy to their God, and shall not profane the name of God, for they offer the sacrifices of God made by fire, so they shall be holy. (Leviticus 21:1, 6)

This chapter speaks about the sanctity of the *kohanim*, continuing the theme of the previous chapter, which speaks about the sanctity of every person – "You shall be holy." But what the Torah means by the term "holy" is different from its commonly accepted significance today.

Today, when the general public speaks of holy people, they refer to miracle workers, mystics, people who exist on a higher plane and are cut off from the reality of our world and its challenges. But if we investigate what the Torah defines as holiness, we see that it is something entirely different.

"Each person shall fear his mother and his father, and you shall observe My Sabbaths; I am the Lord your God" (Leviticus 19:3). The

* Adapted from an oral discourse by Shaul Barth; translated by Kaeren Fish.

Torah mentions observing Shabbat along with honoring parents. Further on, we read: "You shall not steal, nor deal falsely.... You shall not curse the deaf, nor shall you place a stumbling block before the blind.... You shall not hate your brother in your heart" (19:11, 14, 17). This chapter goes on to list almost all of the commandments between man and his fellow. The Torah emphasizes that there is no difference between the commandment of Shabbat, with its divine rationale, aimed at separating man from his labor, and honoring parents, which arises from a person's natural morality. Both commandments lead a person to holiness.

The Torah explains that what makes a person holy is not engaging in all kinds of ethereal, lofty pursuits, but rather maintaining the simplest foundations of interpersonal relationships: being careful not to transgress the prohibition against stealing, the prohibition against speaking falsely, the prohibition against hating one's fellow. This is true holiness: being connected to the world and behaving in accordance with fundamental morality toward others – not isolating oneself and engaging in "higher" matters.

New Age philosophy rejects this approach. We see that these days everyone is looking for a connection to mysticism and to some higher form of spirituality. A great many rabbis are referred to as "the great, godly kabbalist." If a rabbi is not a kabbalist but just a regular person, then some don't regard him as a rabbi.

Even those who are not looking for otherworldly mystics are looking for their rabbis to be superhuman. In order to be a *rav*, one must be extraordinary, outstanding, a *ga'on*, because people are not satisfied with what is usual and natural; they seek the unusual and the supernatural. The Kotzker Rebbe once commented on the verse, "You shall be holy people unto Me" (Exodus 22:30), that the Almighty does not need more angels; He has enough of them. He is looking for holy *people* – they can be holy while being human and not angelic.

In the yeshiva, I have declared on many occasions that I am a normal person, and therefore I do not mind receiving honor. Angels do not like honor, but I am a regular person. One of the South African students approached me a few days after I made this statement and asked me what I had meant. I told him that the fact that I am a rabbi does not mean that I am not human, that I am above human emotions. I like honor just as much as any other person does. He refused to accept this. Much later, in a meeting before he returned overseas, he told me that one of the things he had learned from me was that there are rabbis who enjoy honor…

In any event, this is what the Torah is trying to tell us in these passages: *kohanim* must defile themselves for the sake of burying their close relatives. The law could have been that *kohanim*, the holy people of the nation who are dedicated exclusively to divine service, are beyond all the regular emotions associated with mourning and therefore are not required to defile themselves. Instead, the Torah insists that even they – especially they – must be defiled for this purpose.

In my youth I used to study in the beit midrash of the Vizhnitzer Hasidim. The Hasidim told me that the Rebbe had in his possession a challah from the time of the Baal Shem Tov, and that a continual miracle had kept it fresh. I asked them what the Rebbe did with this challah on Passover. They thought about it, and then admitted that the story was probably not true. After this, I understood better the Torah prohibition of *notar*, leftover sacrificial meat, i.e., that after a day and a night the meat must be burned. One might think that although regular meat begins to rot, holy meat that lies upon the altar cannot possibly rot. But the Torah teaches that even sacrificial meat rots and dries; there is no difference between regular meat and sacred meat. In Judaism, holiness follows the regular laws of nature. In fact, holiness means acting specifically within the bounds of nature, in a correct and worthy manner.

It is for this reason that one of the commandments that appears in the previously cited chapter in Leviticus is, "You shall not turn to [pagan] deities, nor shall you make for yourself molten gods" (19:4). In other words, the Torah does not want us to turn to either deities – supernal, mystical beings – nor to "molten gods" – charms and amulets and various other superstitions. The Torah teaches us that sanctity specifically means connection to reality and proper behavior within its boundaries. Thus even the *kohanim*, holy people, must not ignore their healthy, natural emotions; they are required to defile themselves for relatives who have died.

The sanctity that the Torah demands of a person is human sanctity – proper behavior between people – and not mystical sanctity. When we reach that level, we will be worthy of the commandment, "You shall be holy."

Priest and Prophet

Rabbi Aharon Lichtenstein*

Chapter 8 of Leviticus describes the seven-day *miluim*, consecration, process throughout which Moses performed the *avoda*, the priestly service. At the end of the chapter, Rashi (8:28, s.v. *vayakter*) quotes an intriguing Gemara (Avoda Zara 34a) that says that Moses performed this *avoda* while wearing not the regular priestly vestments, but rather a plain white robe. *Tosafot* (ad loc., s.v. *bameh*) explain that Moses had the status of a *kohen* when he performed the *avoda* but did not wear the priestly vestments because they were not yet consecrated. According to *Tosafot*'s understanding, Moses in fact was considered one of the priests, in addition to Aaron and his sons. However, Aaron and his sons, in addition to the priestly vestments, needed the seven-day *miluim* before they could begin to serve. Thus, only Moses was able to perform the *avoda* during these seven days, as he was the one *kohen* who was already prepared for the task (presumably due to the time he spent upon Mount Sinai).

On the eighth day of that period, described in Leviticus, chapter 9, the investiture of Aaron and his sons with the priesthood is recorded.

* Adapted from an oral discourse by Rabbi Dov Karoll.

After that transfer, the roles of Moses and Aaron diverged. Moses was primarily the prophet, and Aaron was primarily the *kohen*. While Moses did serve as a *kohen*, and Aaron was also a prophet, their primary roles were clearly set. Moses was the prophet and teacher, and Aaron served as the priest. This divergence of roles is reflected in their traditional names, Moshe Rabbenu and Aharon HaKohen. Moses was the one who both received divine messages and relayed them to the people, and Aaron was charged with conducting the *avoda* in the *Mishkan*, according to the guidelines that God had commanded Moses.

This split between the roles of prophet and *kohen*, and the conflict between them, comes up often throughout Tanakh. One issue for which the prophets often reprimand the people is the lack of religious sincerity in the *avoda*. One example is the story in 1 Samuel 15, where King Saul spares Amalek's animals, against God's command to totally destroy them. Saul then explains to Samuel that he left the animals of Amalek alive so they could be offered as sacrifices. Samuel responds (15:22): "Does God want offerings as much as He wants you to heed His command? Obeying is better than an offering!" God desires that you fulfill His command, even at the expense of losing the opportunity to offer sacrifices. In other words, the prophet often has to remind people that the sacrificial ritual must be contextualized within other forms of divine service. The prophecies of Isaiah (see 1:10–17) and Jeremiah (see chapter 7) also reflect constant strife between the prophet and the *kohanim*, those who perform the ritual service in the Temple.

This conflict stems from a fundamental difference in their roles. The *kohen*'s role is to guard the rituals fastidiously, to perform the *avoda* according to a given rule book. The guiding principle of his service is routine and regularity, loyalty to the system and its proper functioning. In contrast, the prophet's primary role is to bring down fiery new messages from above. His goal is to induce change. He is a vibrant character, infusing spiritual meaning into people's lives and vitality into their divine service. Due to the differences between these roles, it is understandable that there has been so much conflict between their respective representatives.

It is precisely because of this deeply rooted schism between the positions of *kohen* and prophet that there was a special need for Moses' participation in the *miluim* process. When the routine and ritual of the *Mishkan* were being inaugurated, the greatest of all prophets (as clearly stated in Numbers 12:6–8 and Deuteronomy 34:10, and cited as the seventh principle of faith in Maimonides's listing) had to infuse that ritual with divine fire. Subsequently, these roles would be split, and Aaron would succeed Moses as the *kohen*. However, Aaron would hopefully maintain Moses' spirit. Aaron would be performing the *avoda* while infused with that same divine guidance and spiritual balance that was apparent when Moses performed it. It was in order to emphasize this ideal, the unity of these two roles, that Moses himself had to be the one performing the *avoda* in its initial stage.

In our lives, it is important that each person infuse his own personal *mikdash*, the sanctuary which is his own self, with these two elements. It is very significant that a person have a routine rich in religious activity. Like a *kohen*, he must constantly take part in actions and rituals that will maintain his connection to Judaism and the world of halakha. He must make sure that all the actions that halakha requires of him are fulfilled. Beyond that, however, a person must supplement this rich routine, the "*kohen*" aspect, with the "prophet" aspect that is within him. He has to develop the deep connection to God that is to lie behind the fulfillment of the seemingly ritualistic acts he performs. He has to feel the spiritual connection that is supposed to come as a result of the fulfillment of rituals.

If one has the opportunity to spend time in an environment such as a yeshiva, this goal may be temporarily attainable without too much difficulty. The real challenge presents itself when one lives and works in an environment that is not entirely Torah filled and spiritually charged. That challenge is to maintain this deep commitment while involved in everyday life. Even though only a small percentage of a person's time may be devoted to actions that are narrowly defined as worship (whether learning, praying, or performing other mitzvot), it is of utmost importance that he infuse these activities with vitality and passion. In this way, he will truly be a worthy successor to the prophets.

Kehuna and Kedusha: The Priestly Role

Rabbi Lord Jonathan Sacks*

Marc Weinberg, of blessed memory, had Jewish responsibility written into the very fiber of his being. Almost as if he sensed that his life would be all too short, he crammed a week into a day, a day into an hour, and did as a young man more to change, lift, and inspire the lives around him than most of us will ever know, however long we live.

As a youth leader, a student, a teacher, and a builder of communities he took time with people, taught them, counseled them, gently but firmly guided them, and showed them possibilities within themselves that they had never known. He inspired admiration and more than that: love.

His fate was a devastating tragedy. Young, brilliant, gifted, with a devoted wife and two beautiful young children, Marc was diagnosed with leukemia. For two and a half years, helped by advanced medical technology and lifted by the prayers of friends, he fought with all his strength against the

* An earlier version of this essay appears at http://www.rabbisacks.org/kehunah-and-kedushah-the-priestly-role/.

civil war taking place within his body. In the end it was all too much, and he died still young.

At his funeral there were more than a thousand mourners, many of them his age or younger. Through their tears I saw the difference he had made to their lives. Each of them had a story to tell of how he had helped them, befriended them when they were lonely, or lifted them when they were suffering some personal crisis. Each of those blessings had given rise to others in turn, in a series of ever-widening ripples of good.

We wept that day. I believe God wept too. Shmuel Yosef Agnon, the Nobel prize–winning writer, once speculated that Kaddish, the Jewish prayer for the dead, speaks not about human death but about divine life, as if it were our way of offering comfort to God for the loss of one of His children. Mortality is written into the human condition, but so too is the possibility of immortality, in the good we do that continues, long after we are here, to beget further good. There are lives that defeat death and redeem existence from tragedy. We knew, that day, that in Marc we had known one of them.

Marc was a kohen. In this essay I have set out a philosophy of kehuna within the total structure of Judaism. It is dedicated to his memory.

PROPHET, PRIEST, AND KING

There are individual voices in Tanakh, but Torah, the Mosaic books, represents not the voice or voices of human beings, but the word of God. Even so, God reveals Himself in more than one way. He is the God of creation, who spoke and brought the universe into being; He is the God of redemption, who brought the Israelites out of slavery and led them across the wilderness to the Promised Land; and He is the God of revelation, who gave the Israelites the commandments, the laws through which they could become not just a nation but an exemplary one, and not just a phenomenon of history but – insofar as is possible within the human frame – a people of eternity.

Creation, revelation, and redemption are three different activities that require different frames of understanding. And so indeed we find that there is, in Torah specifically and Tanakh generally, a creation voice, a revelation voice, and a redemption voice. They correspond to the three categories of leadership in biblical times: king, priest, and prophet.

The king sees God in creation. Political leadership takes place in the world that is, not the world that ought to be. A king leads the people into battles with opponents who may not, almost certainly do not, share his faith, his history, or his moral commitments. A king has to lead a nation that has heroes and villains, saints and sinners, rich and poor, people who hold high office and those who are at the very margins of society. To do this requires wisdom, *ḥokhma*. The biblical voice that corresponds to the king and to the political dimension of human life is the voice of wisdom. Its purest expression comes in the biblical books of Proverbs, Ecclesiastes, and Job, but it is a strand in Torah also.

The prophet sees God in redemption, in vast movements of history like the Exodus from Egypt and the subsequent fate of the Israelites once they crossed the Jordan and began their life as a nation in their own land. The prophet is equally sensitive to the way individuals relate to one another and to the moral tone of society as a whole. He (or she; the role of prophet is the leadership role most accessible to women in the biblical era) lives among the people. Doing so, the prophet is closer to understanding the state of the nation than either the king or the priest, both of whom belong to an elite, the former to an elite of power, the latter to the elite of organized religion. The prophet knows that the fate of the nation is tied to its morals and morale. His is an unusual role – in but not of society, an insider and outsider at once – and the prophetic voice is one of Judaism's great gifts to the religious heritage of humankind.

The priest sees God in revelation: in God's word and will, His command. The task of the priest is to ensure that God's will is done. He is an expert, a teacher, and a judge. Above all, however, he is a tender of holy spaces and holy times. The word "holy," analyzed in greater detail below, means "dedicated wholly to God." Ideally the People of Israel would be just that. But they must also live in the empirical world of creation and redemption, the world of politics and ethics, each of which means dealing with secular or profane activities. So "the holy" in Judaism has its specific domains. God is everywhere always, but He is not always apparent to finite, physical beings. Secularity is opaque to the Divine Presence. So from a human perspective, holiness occupies some of the time, not all of it; a specific place, the Tabernacle or Temple, not everywhere; and a section of the people, not everyone. Originally, the Torah tells us, the latter was to have been the firstborn males, but eventually the role was transferred to the tribe of Levi and to a subgroup within the tribe, the family of Moses' brother Aaron.

These are not watertight categories. Moses, for example, was both a prophet and (functionally at least) a king. Ezekiel was both prophet and priest. Nor are these the only voices, but they are the primary ones. Each is a voice of God to His people and through them to humanity. The effect of combining them in the five Mosaic books yields a text that is *sui generis,* unique, with no counterpart elsewhere even in Tanakh itself. This is how the Torah, in itself, points to something beyond itself, a vast Presence that created the stars and shapes the destiny of nations, that sometimes reveals itself through the history-changing events called miracles, and at other times in the gentle whisper of revelation, the sound that Abraham heard at the beginning of his journey and that summoned Moses at the burning bush.

The shifts of style, the changes of voice, sometimes even the seeming conflicts and contradictions, are there for a reason, namely, to hint at a larger reality that goes beyond the human tendency to view things as they seem to me, here, now. The multiple voices of the Torah, combined in a single text, bespeak a larger unity that embraces them all. This technique is so subtle that it can easily be missed or misinterpreted by those who fail to understand its point, which is to reveal as much as can be revealed of the ways of God to humankind.

THE PRIESTLY VOICE

Leviticus is a book written almost entirely in the priestly voice, and therefore it uses concepts that we do not find in anything like the same measure in the wisdom or prophetic voices used in other parts of Tanakh. The key verbs for the *kohen* are *lehorot,* to teach, instruct, deliver a judgment, make a ruling, and more generally to guide; and *lehavdil,* to distinguish, separate, divide. Among the most important words in the priestly vocabulary are *kodesh* and *ḥol,* holy and common, secular, everyday; and *tahor* and *tamei,* pure and impure, that is to say, a state that allows access to the holy and one that debars it.

These are difficult terms because they belong to areas of existence that stand outside our normal categories for engaging with the world.

Sacred space and sacred time are as fraught with paradox as some of the most counterintuitive elements of modern physics: relativity, quantum mechanics, antimatter, black holes, and the rest. The holy is not straightforward, commonsensical, prosaic. It is the paradoxical and dangerous meeting of finite space with infinity, quotidian time with eternity.

The task of the *kohen* was to keep the Divine Presence in the heart of the Israelite camp. The people were to remember, every day, that God was in their midst. This had less to do with God than with the Israelites. God is everywhere at every time, but not always are we conscious of Him. Adam and Eve in Eden believed that they could hide. The continuing drama in Tanakh is of God's attention and human inattention. God is there, but we forget that He is there. God cares about humanity; humanity does not always care about God.

The critical moment for the Israelites came with the sin of the Golden Calf. Moses was on the mountain. The people, leaderless, devised their own surrogate, a moment that threatened to bring about their destruction. A people need some physical symbol of God's presence if they are not to devise further substitutes like the calf: hence the Tabernacle and its daily service – so, at any rate, according to many commentators.

So the priests, assisted by the Levites, ministered to God in the Tabernacle, offering sacrifices on behalf of the community and its individuals, instructing them on matters of law, ensuring that they kept the strict regulations that governed entry to the Tabernacle, and preserving the specific relationship between the people and God.

The task of the priest is what Max Weber called the routinization of charisma. The priest takes the fire of God, the high drama of sacrificial love, and the awe of the Divine Presence – life-changing experiences – and turns them into daily rituals so that they become not rare and exceptional events but routines that shape the character of a nation, forming the text and texture of its collective life. From a romantic perspective, the priest takes poetry and turns it into prose. But from another perspective that sees how thin is the veneer of civilization, and how dark are the undercurrents of the unconscious mind, the priest takes prose and etches it with poetry and the drama of the encounter with the divine.

THE IDEA OF THE HOLY

Holiness – *kedusha* – is a key concept of the Book of Leviticus. The root *k-d-sh* appears 152 times. It appears only once in Genesis, 16 times in the non-priestly parts of Exodus (chapters 1–24), and 15 times in Deuteronomy. Its use is overwhelmingly concentrated in those parts of the Mosaic books that speak in the priestly voice. The priest is a holy person performing holy acts in the holy place. But what does the word mean?

At the most prosaic level, *k-d-sh* means "to dedicate, to set aside, to designate for a particular purpose." A marriage is called *kiddushin*, meaning that a woman has been dedicated to this particular man in an exclusive relationship. When God sanctifies the Jewish people to become "a holy nation," it has the same connotation as in marriage, that is, the people are designated by God to be exclusively His, to worship Him alone. Monotheism is like monogamy: a one-to-one relationship between a people and God.

However, the term clearly means more than this. In his famous book *The Idea of the Holy*, Rudolf Otto called holiness the *mysterium tremendans et fascinans*, the sense at once frightening and enthralling of the great mystery of the infinite.[1] The holy is that in the presence of which one feels awe. By contrast, Eliezer Berkovits argued that in Judaism the holiness of God means also the closeness of God. God the infinite is also God the intimate.[2]

In an early article, "Sacred and Profane," Rabbi Joseph Soloveitchik spoke of holiness as at-homeness in space and time. The Jew who is at home in sacred space (*kedushat makom*) finds God everywhere. The one who is at home in sacred time (*kedushat zeman*) finds God in all times, in the distant past and dimly glimpsed future.[3] For Rabbi Kook

1. Rudolf Otto, *The Idea of the Holy: An Inquiry into the Non-Rational Factor in the Idea of the Divine and Its Relation to the Rational* (New York: Oxford University Press, 1958).
2. Eliezer Berkovits, "The Concept of Holiness," in *Essential Essays on Judaism*, ed. David Hazony (Jerusalem: Shalem Press, 2002), 247–314.
3. Rabbi Joseph Soloveitchik, "Sacred and Profane," in *Shiurei HaRav: A Conspectus of the Public Lectures of Rabbi Joseph B. Soloveitchik*, ed. Joseph Epstein (New York: Ktav, 1994), 4–34.

the holy was that dimension within which all things found their unity within the unity of God and His infinite light. The secular is the world of separation, division, and conflict. To ascend to the holy is to see each object, person, discipline, and perspective as a part of the whole, with its own integrity in the scheme of things. Therefore all things secular can in principle be sanctified once we place them in the service of God, the unity that gives light and life to all.[4]

Beneath each of these is a deeper phenomenon, to understand which we must turn to the two focal points of holiness in the Torah. The first is Shabbat, the seventh day of creation:

> Thus the heavens and the earth, and all the host of them, were finished. And on the seventh day God ended His work which He had done, and He rested on the seventh day from all His work which He had done. Then God blessed the seventh day and sanctified it, because in it He rested from all His work which God had created and made. (Genesis 2:1–3)

The essence of Shabbat is that it is a day of not doing, a cessation, a stopping point, a pause, an absence of activity. In the version of the Ten Commandments in the Book of Exodus, this is the reason given for the Israelites to do likewise: "Remember the day of Shabbat, to keep it holy.... For in six days the Lord made the heavens, the earth, the sea, and all that is in them, and rested the seventh day. Therefore the Lord blessed the day of Shabbat and hallowed it" (Exodus 20: 8–11). Shabbat is empty time.

The second key instance of the holy is the *Mikdash*, the Tabernacle or Temple. The primary nature of the *Mikdash* is that it defined a certain space. The Tabernacle was a structure of poles and drapes marking out certain areas with different degrees of holiness. Although the Tabernacle had furnishings, it was a defined space that contained little. The Holy of Holies contained only the Ark holding the tablets of stone, and its covering on which were the figures of the cherubim. The sanctuary was, predominantly, empty space.

4. Rabbi Abraham Isaac Kook, *Orot HaKodesh*, 3 vols. (Jerusalem: Mossad HaRav Kook, 1985).

What is the connection between holiness and emptiness? The most suggestive answer is to be found in Jewish mysticism, specifically the kabbalistic doctrine associated with the school of Rabbi Yitzhak Luria. For the mystic, the invisible is real, the visible unreal, a mere mask hiding the divine. The rationalist sees the universe and wonders whether God exists. The mystic sees God and wonders whether the universe exists. How are we to reconcile the existence of an infinite, omniscient, and omnipotent God and a finite universe in which humans have physical existence and free will? Surely at every point the Infinite must crowd out the finite. How can a universe exist at all?

The answer given by the kabbalists is that it exists because of divine self-effacement, *tzimtzum*. God conceals Himself, as it were, to allow the emergence of a universe in the space left by His self-limitation. "Truly," says Isaiah (45:15), "You are a God who hides Himself." Although Jewish mysticism is a post-biblical phenomenon, there is a basic insight here that accurately describes what is happening in the Torah's account of creation. Human freedom especially exists because of divine self-limitation. So Adam and Eve find that they are able to sin, and Cain even to commit murder, without God stepping in to intervene. Through voluntary self-restraint, God makes space for man.

But there is a problem here, and it haunts the Torah's narrative. What is the difference between a hidden God and no God? The very existence of the universe testifies to concealment on the part of God. The word *olam*, universe, is semantically linked to *ne'elam*, hidden. That is the divine dilemma. If God were always visible, humans could not exist at all. "No one can see Me and live," says God (Exodus 33:20). "If we continue to hear the voice of God we will die" say the Israelites at Sinai (Deuteronomy 5:25). But if God is always invisible, hidden, imperceptible, then what difference does His existence make? It will be as if He were not there.

The answer to this dilemma is holiness. Holiness represents those points in space and time where God becomes vivid, tangible, a felt presence. Holiness is a break in the self-sufficiency of the material world, where infinity enters space and eternity enters time. In relation to time it is Shabbat. In relation to space it is the Tabernacle. These are the epicenters of the sacred.

We can now understand what makes them holy. Shabbat is the time when humans cease, for a day, to be creators and become conscious of themselves as creations. The Tabernacle is the space in which humans cease to be masters – "fill the earth and subdue it" – and become servants. Just as God had to practice self-restraint to make space for the finite, so human beings have to practice self-restraint to make space for the Infinite. The holy, in short, is where human beings renounce their independence and self-sufficiency, the very things that are the mark of their humanity, and for a moment acknowledge their utter dependence on He who spoke and brought the universe into being.

The universe is the space God makes for man. The holy is the space man makes for God. The secular is the emptiness created by God to be filled by a finite universe. The holy is the emptiness in time and space vacated by humans so that it can be filled by the infinite presence of God.

The opposite of *kodesh,* the holy, in biblical Hebrew is *ḥol. Ḥol* means "empty." *Ḥillel* means "to violate, desecrate, profane." *Ḥallal* means "hollow, a void, empty space." It also means "dead, slain, bereft of life." Hence the paradox: space or time that is unholy is full of finitude and therefore empty of the divine. Space or time that is holy is empty of human devices and desires, and into this emptiness comes the Divine Presence, the glory of God. We make space for God in the same way that God makes space for us, by *tzimtzum,* self-effacement, self-renunciation.

The most precious thing people can offer to God is their freedom, their will. God does not ask this of everyone, all the time, for were He to do so He would frustrate the very purpose of the creation of humankind. Instead He asks it of some of the people, in differential ways. He asks it of one people, the Israelites; one land, the Land of Israel; one day, Shabbat; and one place, the Sanctuary. Within the people are a tribe, the Levites, and within them an inner group, the *kohanim,* whose lives are given over to the holy. These constitute breaks in the fabric of finitude, windows through which an infinite light flows into the world.

That light can be dangerous. Stare too long at sunlight and you go blind. The energy pent up in the holy is like antimatter. Without careful guarding it is destructive, as the deaths of Nadav and Avihu on the day the Tabernacle was consecrated showed. The holy needs to be protected, guarded, insulated almost like nuclear energy. The priests are the guardians of the sacred, and must themselves be kept as far as possible from the ordinary, the mundane, the mortal, and above all from death.

That is the holy, the point at which humans temporarily renounce their creativity and freedom in order to allow the creativity and freedom of God to be sensed – to cast off, as it were, their cloak of concealment and become palpable, tangible. The priests inhabit this liminal space, the point midway between the infinite and finite, the holy and the everyday. They are to Israel what Israel is to humanity, a signal of transcendence, representatives of God to humanity and humanity to God.

The holy, then, is a time or space that in itself testifies to the existence of something beyond itself. Shabbat points to a time beyond time: to creation. The Tabernacle points to a space beyond space. As King Solomon said at the dedication of the Temple: "But will God really dwell on earth? The heavens, even the highest heaven, cannot contain You. How much less this temple I have built!" (1 Kings 8:27).

The Israelites point, by their very history, to a power more than merely human:

> Ask now about the former days, long before your time, from the day God created human beings on the earth; ask from one end of the heavens to the other. Has anything so great as this ever happened, or has anything like it ever been heard of?.... Has any god ever tried to take for himself one nation out of another nation, by tests, by signs and wonders, by war, by a mighty hand and an outstretched arm, or by great and awesome deeds, like all the things the Lord your God did for you in Egypt before your very eyes?" (Deuteronomy 4:32–34)

The holy is where transcendence becomes immanence, where within the universe we encounter the presence of the One beyond the universe. That was the task of the *kohen* within the Jewish people. It remains the task of the Jewish people in the world.

The First Kohen

Rabbi Dr. Raphael Zarum

I was Marc Weinberg's madrikh, later his ḥavruta, and later still he became my teacher. But most of all he was my friend. It was his assured values and vision that enabled the London School of Jewish Studies to regrow. He cherished his responsibilities as a kohen, and he understood the corruptive dangers of power. He was warm and informal and did not seem to take himself too seriously, which is why we all did.

The war was won. Coming from the north, five Babylonian kings led by Kedorlaomer had launched a military campaign to quash the rebellion of four vassal Canaanite kings, including those of Sodom and Gomorrah. Though initially successful, penetrating deep into the country and winning a decisive victory in the Valley of Siddim, they made the mistake of capturing Abraham's nephew Lot along with the spoils. So Abraham entered the war and, leading a small but loyal militia, sprung a surprise attack that drove the invaders back beyond Damascus. He returned victoriously with Lot and all the people who had been taken captive, as well as all the spoils the four kings had taken.

It was at this point that Abraham's real troubles began: How was he to respond to the hero's welcome given to him by the Canaanite kings, and especially the sensational praise of the Torah's first recorded priest, Melchizedek? We have much to learn by unpacking this multi-layered encounter:

> The king of Sodom came out to meet [Abram], when he returned from defeating Kedorlaomer and the kings that were with him, in the Valley of Shaveh, which is the king's valley.
>
> And King Melchizedek of Salem brought out bread and wine; he was a priest of El Elyon (God Most High). He blessed him, saying, "Blessed be Abram to El Elyon, Creator of heaven and earth. And blessed be El Elyon, who has delivered your foes into your hand." And he gave him a tenth of everything.
>
> Then the king of Sodom said to Abram, "Give me the people [who had been taken captive] and take the property for yourself."
>
> But Abram said to the king of Sodom, "I raise my hand [in oath] to the Lord, El Elyon, Creator of heaven and earth, that I will not take so much as a thread or a sandal strap of what is yours, lest you say, 'I enriched Abram.' For me, I want nothing but what my servants have used up and the share of the men who went with me – Aner, Eshkol, and Mamre. Let them just take their share." (Genesis 14:17–24)[1]

On the surface, Abraham is simply welcomed back by grateful monarchs and praised by the local holy man as he refuses any reward for his involvement. The Sages, however, ever sensitive to textual nuance, detected a deeper clash of agendas and values. By weaving together midrashim, classical commentaries, and some novel observations, a deeper story emerges.

Chapter 14 of Genesis is the "Chapter of Kings." It contains the Torah's first use of the term *melekh,* and it appears more times in this one chapter than in the other forty-nine chapters of Genesis combined. The Torah lists the name and kingdom of every monarch on both sides

1. Henceforth, references to Genesis will cite only chapter and verse without repeating the name of the book.

(14:1–2, 8–9), gratuitously summarizing: "four kings against five." All this alerts the reader that our emergent hero Abraham is facing a completely new challenge: the autocratic power of the kings of the ancient world.

Kings ruled their lands and subjects, waged wars, took spoil, and married at will. If Abraham was to become – as God promised – the recognized leader of a great nation (12:2), then surely he would have to be crowned a king too. Indeed, this is exactly why he is being welcomed by the Canaanite kings "in the valley of Shaveh, which is the king's valley" (14:17). Rashi, based on Targum Onkelos, tells us that this was a completely flat valley, clear of trees, with a huge stadium built by kings as a racecourse and for competitive games. The word "*shaveh*" literally means "equal"; this was a level playing field. The midrash adds that it was also called Shaveh because the Canaanite kings had agreed to appoint (*hishvu*) Abraham as their overall king (Genesis Rabba 43:5). This was a state occasion in which Abraham was being honored and invited to join the elite club of supreme leaders.

This makes his refusal so much more dramatic. Abraham is rejecting this ancient form of power. Yes, he will be a great leader, but of a different sort. He will develop a new kind of leadership on the world stage, one never seen before. It will not be about waging wars, dominating peoples, or acquiring possessions (Rashi on 14:2 finds allusions to corruption in the very names of the Canaanite kings). Abraham does not want anything at all to do with the world of kings, not even to owe a sandal strap (14:23). This could be the Talmud's reason for teaching that when a wicked tyrant tries to dominate the Jewish people, we should not comply even by tying our shoelaces in a particular way (Sanhedrin 74a–b). Kings will always be chasing more power and control, and any involvement with them only leads to corruption and vice.

Yet there was another VIP at this state occasion: Melchizedek, the first *kohen*, priest, mentioned in the Torah. Long before Aaron was initiated, it was Melchizedek who was God's man on earth. He was a priest of El, a well-established, ancient, near-eastern deity (12:8, 13:3). The Sages recognized Melchizedek's city, Salem, as none other than Jerusalem, a center of *tzedek*, righteousness. They associated him with Noah's son, Shem; they proposed that he was born circumcised (*shalem* literally means "whole, complete"); and they viewed the bread and wine he brought out as a sign that he educated Abraham in the laws of the priesthood (Genesis Rabba 43:6). Abraham even learned his signature trait of *ḥesed*, loving-kindness, from Melchizedek (*Midrash Tehillim* 37). With a close textual analysis, Judy Klitsner shows just how much Abraham gained from Melchizedek.[2]

In fact, it was Melchizedek, not Aaron, who was meant to be the beginning of the *kehuna*, the priesthood, as we know it, but he lost that right in this very encounter with Abraham. Why? Because he praised Abraham before he praised God:

> R. Zekharia said in R. Yishmael's name: The Holy One intended to bring forth the priesthood from Shem, as it is written, "[Melchizedek] was a priest of El Elyon" (14:18). However, because he gave precedence in his blessing to Abraham over God, God brought the priesthood forth from Abraham, as it is written: "He blessed him, saying, 'Blessed be Abram to El Elyon, Creator of heaven and earth. And blessed be El Elyon…'" (14:19). Abraham replied: Is the blessing of a servant to be given precedence over that of his master? Straightaway the priesthood was given to [the descendants of] Abraham. (Nedarim 32b)

But how could it be that Melchizedek, who was so attuned to divine ethics – *shalem, tzedek, ḥesed* – could make such a simple mistake and lose everything? Some scholars have argued that this talmudic interpretation was designed to repudiate early Christian teachings about Melchizedek:

> Early Christians saw in him a foreshadowing of Jesus – a priest by divine appointment rather than through priestly pedigree, whose gift of bread and wine foreshadowed the Eucharist and whose uncircumcised state demonstrated that circumcision was not necessary.[3]

2. Judy Klitsner, *Subversive Sequels in the Bible* (Jerusalem: Maggid, 2011), ch. 3.
3. James Kugel, *The Bible as It Was* (Cambridge, MA: Harvard University Press, 1997), 162.

I would contend, however, that R. Yishmael was responding to the underlying theme of kingship in this chapter. The key lies in Melchizedek's title, *Malkitzedek melekh Shalem,* literally, "King-Righteous, king of Shalem." He was a king, and his name even reflected his station. He too wielded the absolute power of monarchy. Though he was also named for his righteousness, his personal ethical principles were enveloped (literally: *Malki-Tzedek-Melekh*) and overwhelmed by his kingly status. He began as a *kohen* of God Most High, but his power corrupted him, leading him to place the power of a king *before* the power of God. That is why he so easily slips and blesses Abraham before blessing God. He brings out bread and wine to honor Abraham, not to feed the captives that returned with him. In sum, Melchizedek had come to think that it is Abraham's kingly achievements that make God most high rather than God Most High who enables Abraham to achieve.

Even though Abraham learns much from Melchizedek, he is also alert to his fatal flaw. Abraham displays this awareness in two related ways: First, he never actually addresses Melchizedek in person. He gives him a tithe in recognition of his priestly status (Rashi on 14:20) but does not want to publically engage with him. Second, when Abraham does speak, it is to the king of Sodom, and he proclaims a name for God that is similar to, yet different from, Melchizedek's deity in one important respect. He says: "I raise my hand [in oath] to the Lord, El Elyon, Creator of heaven and earth" (14:22). Abraham introduces the Tetragrammaton, YKVK (translated here as "the Lord"), the four-letter intimate and personal name of God, *before* calling Him "El Elyon." Through this extra expression, he articulates his close and familiar connection with God, which precedes any Canaanite appellation. It is this intimacy that Abraham senses that Melchizedek has lost by becoming a king.

Thus, even though Abraham was offered the greatest prize of the ancient world – a kingdom of his own – he rejected it because he saw its absolute potential to corrupt absolutely, especially as embodied in the skewed philosophy of Melchizedek, priest to kings, but priest to God only secondarily.

"The world does not lack either its King or its God!" (Genesis Rabba 43:5). So says Abraham as he rejects the throne offered to him by the kings of Canaan, but that does not mean he lacks the status of a king in God's eyes. The dual nature of Abraham's position as the progenitor of Israel's priests and kings is masterfully explored by Rabbi Dr. Irving Jacobs.[4] In the end, standing at Sinai, all the People of Israel are called on to be a *mamlekhet kohanim*, a kingdom of priests (Exodus 19:6). Perhaps this phrase should be read as a subversion of the autocratic power of the ancient world's kings, for in a kingdom full of priests, who alone has overall power?

4. Irving Jacobs, *The Midrashic Process* (Cambridge: Cambridge University Press, 1995), ch. 5.

Nadav, Avihu, Elazar, and Ithamar: The Curious Makeup of Aaron's Family

Rabbi Yitzchak Etshalom

To honor the memory of a builder, a learner, a teacher and a champion of Torat Yisrael for all of Am Yisrael emanating from Eretz Yisrael – Marc Weinberg z"l. May the inspiration of a life well-lived, a life of constant Kiddush Hashem, continually lift and guide all of us who had the honor to know him.

תהא נפשו צרורה בצרור החיים את ה'

INTRODUCTION

In describing the climactic eighth day of dedication of the *Mishkan*, the Tabernacle, the Torah singles out Nadav and Avihu and recounts their offering of "foreign/strange fire." The opacity of the text regarding the nature of their sin notwithstanding,[1] the exclusive focus on the two eldest brothers highlights a difficulty in earlier texts that, due to the

1. See appendix.

cataclysmic repercussions of their fire tribute, is overlooked in both midrashic literature and medieval commentaries.

When we are first introduced to the Amram clan,[2] we are told about Aaron's marriage to Elisheba, of the Judahite family of Amminadab, and her bearing him four sons – Nadav, Avihu, Eleazar, and Ithamar. Unlike Moses, of whom no progeny is listed in that passage,[3] and Miriam, whose personal life is completely ignored by the text, Aaron's full family is presented, even to the point of foreshadowing the rise of Pinḥas with the mention of Elazar's marriage.[4] This is, however, one of the few times that all four sons are mentioned together in Tanakh; all but one of those mentions is in the context of genealogies.

The tragedy of the eighth day is not the first time that Nadav and Avihu are presented as a separate team, as if they are the only progeny of Aaron. At Sinai, Moses is bidden to ascend the mountain "you, Aaron, Nadav and Avihu, and seventy of the elders…" (Exodus 24:1); indeed, Moses, Aaron, and his two eldest sons ascended the mountain[5] (part way, to be sure) along with the elders – with no mention whatsoever of Eleazar and Ithamar. At that point, those present became engaged in some intimate vision of heaven: "They saw the God of Israel, and beneath His feet the like of the work of a paved sapphire stone and like the heavens for clearness… and they gazed at God and ate and drank" (24:9) – to the evident exclusion of everyone else (read: Aaron's two younger sons).

At this point, the reader may conclude that for some reason the two younger sons were rejected from intimacy with the divine and somehow would be omitted from the great destiny awaiting Aaron's sons.

SURVEYING THE TEXTS

In order to appreciate the confusion regarding the status of all four of Aaron's sons, we will peruse the text in sequence. Perhaps this panoramic

---

2. Ex. 6:23; repeated in I Chr. 5:29.
3. Moses' firstborn is mentioned at his birth in Ex. 2:22 and again, with Eliezer, when the family reunites at Sinai, in Ex. 18:3–4; cf. I Chr. 23:14–17.
4. Ex. 6:25.
5. Ibid. 24:9.

view will help us gain greater understanding into the destiny and ideal identity of Elazar and Ithamar.

Our reader, who had possibly concluded that the two younger siblings had been rejected from leadership roles in worship, surely must be surprised to read that after being commanded regarding the construction of the *Mishkan,* Moses is directed to bring Aaron and his sons close to him – and *all four sons* are listed; they are to be brought nigh from among the Children of Israel to be sanctified "that *he* may serve Me" (*lekhahano Li*). The passage seems awkward – it should read *lekhahanam,* "that *they* may serve Me." The import of this oddity seems to be that Aaron is the one being brought close for special investiture and that his sons will somehow participate in that ceremony. This is evidenced in the next thirty-eight verses, which present in painstaking detail the special garments to be made for Aaron. In verse 40, Moses is commanded that tunics should be made for Aaron's *sons* (with no exception noted) as well as sashes and turbans; Aaron *and his sons* are to be outfitted together, then anointed and sanctified that *they* may serve. Then he is commanded that Aaron *and his sons* (again, without qualification) are to have pants made of linen; the clear assumption of the rest of that passage is that Aaron *and his sons* will be serving God in the *Mishkan.* This text itself requires its own study – we will confine ourselves to the implication of these passages for our subject – the role of the four sons of Aaron within the developing priesthood.

We do not hear of Nadav and Avihu anymore until the tragedy that made them (in)famous, but oddly enough, their youngest sibling is mentioned earlier – in the context of the *Mishkan.*

In Exodus 38:21, Ithamar is named as the supervisor of the tasks of the Levites. Why would a *kohen,* someone whose worship will bring him into the confines of the *Mishkan,* be placed over the Levites and their supportive roles?

Throughout the first seven chapters of Leviticus, which detail the laws of the offerings, Aaron "and his sons"[6] are mentioned, as are "the sons of Aaron,"[7] but no more detail is given; hence we may read this as "Nadav and Avihu" *or* "all four sons" (note: "sons" are mentioned only

6. Lev. 2:3, 10; 6:2, 9, 13, 18; 7:31, 34.
7. Ibid. 1:5, 7, 8, 11; 2:2; 3:2, 5, 8, 13; 6:7, 11; 7:10, 33.

in the context of voluntary offerings; when prescribing the sin-offerings and guilt-offerings, the text uses the simple *hakohen*). Similarly, in the final lead-up chapter (chapter 8) to the fateful eighth day, "Aaron and his sons"[8] is used along with "the sons of Aaron,"[9] but again, no names are given, and we may read this as all four or just the eldest two.

Throughout chapter 9, as we read about the unfolding events of the eighth day, Aaron is mentioned individually, and his sons – again, unnamed – are mentioned once with him ("Aaron and his sons"[10]), and otherwise as their own unit ("sons of Aaron"[11]).

At this point, following the narrative from the onset of the commands to construct the *Mishkan* and everything having to do with the worship therein, the reader has no reason to think that "sons of Aaron" refers to only two of them – although the exclusivity of the scene atop Sinai irks – and the odd assignment of Ithamar as supervisor over the Levites remains an enigma.

It is with the onset of chapter 10 – the agony at the height of the ecstasy – that we have to begin questioning the way we have read the foregoing chapters:

> Nadav and Avihu, the sons of Aaron, each took his censer, and put fire in it, and laid incense on it, and offered a strange fire before Hashem, such as He had not commanded them. And fire came forth from the presence of Hashem and devoured them, and they died before Hashem. Then Moses said to Aaron, "This is what God has said, 'I will show Myself holy among those who are close to Me, and before all the people I will be glorified.'" And Aaron held his peace. And Moses called Mishael and Elzaphan, the sons of Uzziel the uncle of Aaron, and said to them, "Draw near, carry your brethren from before the sanctuary out of the camp." So they drew near, and carried them in their coats out of the camp, as Moses had said. And Moses said to Aaron and to

8. vv. 2, 6, 14, 18, 22, 30, 31, 36.

9. vv. 13, 24, 27.

10. v. 1.

11. vv. 9, 12, 18.

> Elazar and Ithamar, his sons, "Do not let the hair of your heads hang loose, and do not rend your clothes, lest you die, and lest wrath come upon all the congregation; but your brethren, the whole House of Israel, may bewail the burning which God has kindled. And do not go out from the door of the Tent of Meeting, lest you die; for the anointing oil of Hashem is upon you." And they did according to the word of Moses.

Whereas earlier, we had heard about the anonymous "sons of Aaron" having a role in this inauguration rite, the impression the text gives is that only the two eldest, Nadav and Avihu, were actively involved. They were the ones who had censers in their hands, the ones who had access to the sanctuary, and the ones who God refers to as *kerovai,* "those who are close to Me." Indeed, in the passage following the command regarding entering the sanctuary while intoxicated, which is proximate to the narrative, Elazar and Ithamar are referred to as *banav hanotarim,* literally, "[Aaron's] remaining sons." Some read this as alluding to the potential for utter destruction – all four sons being killed – and see Elazar and Ithamar as survivors.[12] Others read it as rebuke to Elazar and Ithamar for their reluctance to risk divine intimacy.[13]

There is yet another way to understand the implication of *hanotarim.* In the same verse, Moses describes the grain offering as *haminḥa hanoteret,* commanding Aaron and his sons to eat it, even though he goes on to describe the other offerings, which, in his opinion, they ought to eat in spite of their mourning. Yet he does not describe the other, far more significant offerings as *notarim.* When he castigates Aaron for failing to eat of the sin-offering, he does not call it the "remaining" offering. It is possible that, at least in the context of offerings, *notar* takes on a pejorative meaning (as per the prohibition against eating from offerings beyond a fixed time – a prohibition called *notar*), and Moses alludes to this by referring to the least significant offering as *haminḥa hanoteret,* perhaps implying something about the position of Elazar and Ithamar within the family as well.

12. Rashi ad loc., following Yoma 87a.
13. Abrabanel ad loc.

It is clear that the deaths of Nadav and Avihu had strong repercussions within the life of the *Mikdash,* as the most significant ceremony – later to be turned to the singular day – of the *Mikdash* is introduced with a reminder of that tragedy: "It was after the death of Nadav and Avihu, the two sons of Aaron…" (Leviticus 16:1). With this is introduced the ritual needed for Aaron to enter the Inner Sanctum, the *Kodesh Kodashim,* and atone for a suspected impurity affecting the Sanctuary and which, by the end of the chapter, is instituted as the annual Yom Kippur service. The specter of his sons' deaths hovers over the entire status of the *Mikdash,* and the memory of the presence of two corpses in the Sanctuary continues to haunt those who are charged with protecting it from defilement.

Before moving on to the last book of Torah in which Aaron's sons are mentioned by name (indeed, the last book of Tanakh to mention them by name with the exception of Chronicles), we need to examine some issues of sequence and chronology that will impact on our study.

LEVITICUS-NUMBERS: CHRONOLOGY AND SEQUENCE

There is a well-known and exhaustively analyzed dispute between Nachmanides and Rashi/Ibn Ezra and many others regarding the sequence of events related to the command to build the *Mishkan* in relation to the sin of the Golden Calf. Rashi[14] and most of the medieval commentators posit that the building of the *Mishkan* was commanded only in response to the sin of the Golden Calf and, premised on the principle that the Torah does not follow chronological order (*ein mukdam umeuḥar baTorah*"),[15] they understand the second half of Exodus to be "out of order," i.e., chapters 25–31 were mandated after the sin and its aftermath, which is described in chapters 32–34. Nachmanides suggests[16] that the *Mishkan* was ideal, commanded in order for the Israelites to have a "portable Mount Sinai" for their continued travels in the desert.

Taking the majority position that the Torah is not in chronological order (which Nachmanides certainly has to cede, in accordance

14. On Ex. 31:18.
15. Pesaḥim 6b.
16. On Ex. 25:1.

with Pesaḥim, in cases such as Numbers, chapters 1 and 9, which are explicitly out of chronological order), I would like to explore a larger range of texts that raise the same issue of sequence.

The beginning of Leviticus is presented as being given on the first day of the first month (*Aviv*), following Exodus 40:1 and the end of that chapter. The commands given throughout the first twenty-three and a half chapters of Leviticus could easily be read from that frame of reference;[17] it is only with the mention of Mount Sinai in Leviticus 25:1 that we are taken aback and have to allow for the possibility that the last three chapters may have been given earlier.[18]

The real difficulties begin in Numbers. Whereas the book begins with a census taken a month later – at the beginning of the second month of the second year – there are constant "switchbacks" which make reading the book as sequenced chronologically implausible. Not only the explicit mention of the first month in chapter 9 (cited above), but the detailed repetition of the twelve-day inauguration of the *Mishkan* in chapter 7 perforce take us back to the first month. The various suggestions regarding the dating of Korah's rebellion in chapters 16–17 reflect the same problem;[19] in addition, the presentation of the laws of the impurity of corpses in chapter 19 – an impurity that is already assumed in our story of the death of Nadav and Avihu – likewise points to the fact that Numbers is not sequenced strictly according to chronology. A complete study of this phenomenon – which midrashim and medieval commentators address – is beyond the scope of this essay; but there are select considerations in that study that we will discuss here as they impact directly on our inquiry.

Apparently, within the context of the census of the second month, the Levites are reckoned – separately – and are tasked with their respective roles in the moving of the *Mishkan*. The passage seems to argue for

17. The story of the blasphemer and its aftermath, which occupy the latter half of chapter 24, generate their own challenges; besides the issue of timing, the identity of the two contestants and the background of this ugly interaction are well beyond the scope of this study.
18. See, *inter alia*, Ibn Ezra on Lev. 25:1 and Nachmanides's response ad loc.
19. See, *inter alia*, Ibn Ezra and Nachmanides on Num. 16:1. See the appendix at the end of this essay.

a timing consistent with the rest of the census, as the deaths of Nadav and Avihu are mentioned there (Numbers 3:4 – more on this later), but there are a couple of anomalies in this chapter that raise our antennae: In Numbers 3:32, Elazar is identified as the *nasi* (tribal leader) of the Levites, which is odd. We are accustomed to viewing Aaron's sons as a distinct and elite unit within the Levite tribe; if that approach is the correct one, Elazar should not be "in charge" of the Levites. If, on the other hand, Aaron and his sons are to be considered "Levites Plus," then we would expect Aaron himself to be the *nasi*.

In addition, subsequently (4:28, 33), Ithamar is presented as the supervisor over the Gershonite and Merari families of Levites – as he was (as noted above) in Exodus 38. Why is the youngest of the *kohanim* in charge of these families?

"IN THE PRESENCE OF AARON THEIR FATHER"

As mentioned above, with the exception of Exodus 28:1, the four brothers are listed together only in genealogies; this happens twice in Numbers. In the census of the final year (chapter 26), they are all listed in one verse (60), with a note about the death of Nadav and Avihu. However, in the census of the first year, an unusual note is sounded in response to the tragic death of Aaron's two eldest:

> Now these are the generations of Aaron and Moses in the day that God spoke with Moses at Mount Sinai. And these are the names of the sons of Aaron: Nadav the firstborn, and Avihu, Elazar, and Ithamar. These are the names of the sons of Aaron, the priests that were anointed, whom he consecrated to minister in the priest's office. And Nadav and Avihu died in God's presence when they offered strange fire before God, in the wilderness of Sinai, and they had no children; and Elazar and Ithamar ministered in the priest's office in the presence of Aaron their father.

There are two ways to read the final verse:

> Approach #1: And Nadav and Avihu died in God's presence, when they offered strange fire before God, in the wilderness of Sinai,

> and they had no children; and Elazar and Ithamar (survived and continued to minister) in the priest's office in the presence of Aaron their father.

This is, admittedly, the conventional read of the verse, although the rest of the verse becomes problematic – how can we suggest that Aaron's sons served as High Priests during his life? See Leviticus Rabba 20:11, where this issue is debated.

> Approach #2: And Nadav and Avihu died in God's presence, when they offered strange fire before God, in the wilderness of Sinai, and they had no children; and Elazar and Ithamar (took their places and) ministered in the priest's office in the presence of Aaron their father.

This read is no less compelling than the first and it is not beset by the problem raised above. The second stich of the verse informs us that Elazar and Ithamar stepped into the position of the active priesthood in the presence of their father (a phrase that chiefly references the tragic death of Nadav and Avihu – see Nachmanides ad loc. and on Genesis 11:28).

PERU U'REVU: POPULATING THE EARTH OR ENSURING CONTINUED LEADERSHIP?

The Mishna (Yevamot 6:6) records a dispute between Beit Hillel and Beit Shammai as to the basic halakhic requirement of procreation (*peru u'revu*, "be fruitful and multiply" [Genesis 1:28]). Beit Hillel rules that a man must sire a male and a female to fulfill the obligation, whereas Beit Shammai rules that a man must sire two males. The Gemara (Yevamot 61b–62a), in analyzing the dispute, suggests that whereas Beit Hillel used creation itself (the context of the command) as their model (one male, one female created), Beit Shammai inferred their rule from Moses' behavior. After having two sons, the lawgiver ceased engaging in intimate relations with his wife, implying that two males constitute the basic obligation, as Moses would not have "concluded" his procreation without having fulfilled his responsibility.

I would like to suggest that there is a more fundamental disagreement here between the two schools regarding the obligation to propagate. Beit Hillel sees the essential responsibility as one of populating the earth – all things being equal, one male and one female exactly replicate the parents and ensure continuity. The context of the command recommends this, as humanity (male and female) is thus commanded in its own creation as they are entrusted with the welfare of the world.

In contrast, Beit Shammai views Adam as a ruler, a leader of mankind. Throughout the narratives of Genesis, every leader yearns to have two sons who follow him – Adam sires Cain and Abel and, upon Abel's death, has Seth "in place of Abel, for Cain had murdered him" (Genesis 4:25). Although Noah has three sons, only two are appointed to continue in his footsteps; Abraham would ideally like to have both Ishmael and Isaac as his heirs, and Isaac in turn seems to prefer the same model and would have Esau and Jacob share the leadership of the family in the next generation. Providence has other ideas, and the activist mothers, Sarah and Rebecca, engineer things such that only one son remains within the family fold. Jacob is faced with the opposite challenge, yet he installs two sons as the leaders of the family. His favorite, Joseph, is the clear choice as financial heir; yet Judah is given the political leadership of the family. Joseph himself, in turn, sires Menasheh and Ephraim, while Judah's "choice" children are his twins with Tamar, Perez and Zerah. The redemption from Egypt is led by two brothers, taking the helm of leadership together in what may be described as the ideal partnership.[20]

It is not surprising that we find Moses having two sons; the reader is assuredly disappointed to find that the pattern with which we are familiar from Genesis ceases and that neither Gershom nor Eliezer amount to much[21] and are never considered for leadership roles. This new pattern continues with the two sons of Eli (Ḥophni and Pinḥas,

20. That ideal is completed with the contribution of Miriam; I plan to examine her role in a future essay.
21. Cf. 1 Chr. 23:17 and Berakhot 7a; but cf. Judges 18:30 and Bava Batra 109b.

whose abuse of their position is detailed in 1 Samuel, chapter 2)[22] and the two sons of Samuel (Joel and Abijah, whose degrading and corrupt behavior as judges is presented in 1 Samuel 8:3). David apparently has two sets of "twos" – Abshalom/Amnon and Adoniyah/Solomon – from which only Solomon emerges as a leader.

The model that Beit Shammai sees as the desired one commanded at creation, is two sons – to continue the dominion with which primordial man was charged.

NADAV/AVIHU AND ELAZAR/ITHAMAR

We can now review the verses that present Aaron and his sons. We would expect no one to be left out of the genealogies, as all four are proper sons of Aaron and Elisheba. However, when Aaron is summoned to accompany his brother partway up to Sinai, he is told to bring two of his sons – following the model we have seen throughout Genesis and into the era of monarchy. Nadav and Avihu are the select sons who will be anointed as *kohanim* and will continue their father's duties after he passes on. If so, what are the roles of the younger brothers? Why are they also "brought close" in Exodus 28:1?

The unusual verses encountered in Exodus 38 and Numbers 3 may hold the key – Elazar and Ithamar were originally tasked with supporting the service and thus were put in charge of the rest of their tribesmen, who would form the external shell of support. In other words, Elazar and Ithamar were the original "Levites"; they were "brought close," as they would enter the Tabernacle and provide the aid and support "from within," while overseeing their tribesmen's support "from without." Thus, Elazar was named leader of the Levite tribe, and Ithamar was tasked with overseeing the jobs of the Gershonite and Merari families.

Our alternate reading of Numbers 3:4, that with the deaths of Nadav and Avihu, Elazar and Ithamar stepped into the positions of active priests, now reads quite smoothly. The text presents the sons of Aaron – following our "two sons" model, first Nadav and Avihu and then, upon their demise, Elazar and Ithamar, are the "priests of the

---

22. See Elli Fischer's essay in this volume.

second generation" who will take over when Aaron passes away and will perform the worship reserved for "Aaron's sons" (see above).

This also explains why, in our core narrative, only Nadav and Avihu are the sons who are holding fire pans and who have access to the *Mishkan* – leading, of course, to their deaths.

This would also explain a mysterious comment in *Sifra* (Leviticus 10:6) that if Nadav and Avihu had had sons, those sons, rather than Elazar and Ithamar, would have taken over.

We also understand why, when addressed as mourners, the text refers to them simply by name ("and Moses said to Aaron and to Elazar and Ithamar his sons…" [Leviticus 10:6]), but when Moses addresses them as priests (10:12) they are called his "remaining sons," highlighting their inferior role until now.

EPILOGUE

The original model was for Aaron and his two eldest sons to serve as priests: Aaron would be the active priest, whereas Nadav and Avihu would be consecrated to take over from him. They would serve as primary priests during his life, but not as High Priest. His second set of sons, the younger siblings, would oversee the Levitical support and royal guard of the *Mishkan*, directing their kinsmen from within the precincts of the Sanctuary.

With the death of the eldest sons, everything changed. There was a need for "replacements," much as Judah "made up" for the loss of Er and Onan with Perez and Zerah (or perhaps with Perez's sons[23]). Ithamar and Elazar took the position of "Aaron's sons," with all the sanctity, tasks, and position that involved, and the Levitical domain was completely moved out of the sanctified precincts to the Levite camp.

When we look at the laws of ritual impurity resulting from death presented in Numbers 19, we are struck by four anomalies. First of all, as noted above, these laws were surely known (in some form or another) and had been given (again, at least in general outline) earlier than the

23. See Gen. 46:12 and M. D. Cassuto's comments ad loc.; there are other possible examples of this phenomenon in Tanakh.

time frame assumed to define the Book of Numbers. Why was it not presented in Leviticus, where all other laws of purity and impurity are listed? Second, the law is juxtaposed, seemingly without rhyme or reason, to the death of Miriam. Third, although other laws in the Torah speak of a domicile as *bayit*, home (e.g., Exodus 20:13; Leviticus 14:34 ff.), the laws of impurity due to a corpse constantly refer to the domicile as *ohel*, tent. Finally, although the text is comfortable referring to priests other than the High Priest as "sons of Aaron," the laws of the red heifer and purification from this form of impurity are assigned to "Elazar."

I would like to suggest that the passage of ritual impurity resulting from contact with the dead and the procedure of purification from it was given in the immediate aftermath of the death of Aaron's sons. The pressing issues relating to the inauguration ceremony, which had to continue (note the dispute between Moses and Aaron in that regard at the end of chapter Numbers 10) necessitated delaying the graphic presentation of the purification. Part of it was presented in Leviticus 16, the "local" purification of the *Mishkan*. The expanded version, applying to all cases of death and all structures, perforce was delayed.

This purification was Elazar's first duty as the new "eldest son of Aaron," which is why the text refers not to "Aaron's sons" but to "Elazar." This is why the text refers to a "tent," alluding to the Tent of Meeting, the location of the death that generated so much impurity – and the text was juxtaposed to the death of another member of the family – Miriam – directing us to the original context.

APPENDIX: THE TIMING OF KORAH'S REBELLION

As noted above, the sequencing of narratives and commands in Numbers does not follow a chronological line. One of the thornier questions is the date of Korah's rebellion (Numbers 16–17). Although many have recently suggested that we should view Korah's rebellion as distinct from that led by Datan and Aviram in both substance and context, I would like to consider only half agreement with this contention. There is little question that the target of Korah's rebellion was related to the priesthood and cultic leadership, as evidenced by the consistent inclusion of Aaron in his attacks – as distinct from Datan and Aviram, who only targeted Moses' leadership and seemed to be rebelling against his political leadership. On the other hand, the simple reading of the text seems to indicate that these rebellions happened simultaneously – but when?

One glaring question, which I have not seen addressed, relates to the "incense test" proffered by Moses – that Korah and his 250 followers should each bring a fire pan, fill it with incense, and somehow God will use this as a method of showing which one He has chosen. (Numbers 16:6–7). What sort of suicidal fools would risk playing with fire, literally, and burn the incense in the aftermath of the tragedy of Nadav's and Avihu's deaths? If these two sons of Aaron, who had ascended Sinai and were the chosen priests, could not withstand the divine fire, how could these 250 interlopers hope to survive? (Indeed, they didn't; cf. Numbers 16:35.)

Also, what are we to make of Korah's statement that "the entire congregation is holy and God is within their midst"? When would these words have been uttered most convincingly? Finally, what would have occasioned Datan and Aviram's claim that Moses hadn't brought them to a land of "fields and vineyards" (Numbers 13–14)? Why would anyone have thought that had they reached their final destination that such a claim would carry any weight?

I would like to suggest that this rebellion took place during the final days of the construction of the *Mishkan*, just prior to its inauguration (perhaps even during the seven days of consecration; see Leviticus 8). Setting up an elaborate tabernacle could be construed as a first step toward settling down; thus, Datan and Aviram's claims could be convincing. Nadav and Avihu are yet alive, and the incense test carries no terror (as it would have after their incineration). Korah's claim that the entire congregation is holy and that God dwells "among them" has real currency now – it refers to the newly constructed *Mishkan*, where God has promised, "Let them make for Me a sanctuary that I may dwell among them" (Exodus 25:8).

The burning of the 250 henchmen of Korah may have, indeed, occasioned Nadav and Avihu's ill-fated attempt at an offering, either to demonstrate the rectitude of their selection or – and perhaps this is too generous – to atone for the abuse of the incense.

Placing the death of Nadav and Avihu in the context of the aftermath of and as a response to the rebellion of Korah may explain yet another oddity. Among the various explanations suggested as to the reason for their deaths, the most commonly cited one seems to be the furthest from context. R. Eliezer suggests that they died because they rendered halakhic judgment in the presence of their teacher Moses.[24] Given the suggested context of the rebellion against Moses' authority, this comment ties the two events together neatly and also serves to bind Korah's rebellion against Aaron's priesthood to Datan and Aviram's attempt to overthrow Moses as leader.

24. Eiruvin 63a, Yoma 53a, Y. Gittin 1:2, *Sifra Shemini* 1.

Part III

Studies in the Talmud and Jewish Law

The Heirs of Aaron

Rabbi Yitzchak Blau

> Our Rabbis taught: It once happened that a *kohen gadol* (High Priest) left the Temple, and the entire nation was following him. When they saw Shemaya and Avtalyon, they left him and followed Shemaya and Avtalyon. Eventually, Shemaya and Avtalyon went to take leave of the High Priest. He said to them: "May the members of the nations come in peace." They said to him: "Let the members of the nations who do the work of Aaron come in peace. The sons of Aaron who do not do the work of Aaron should not come in peace." (Yoma 71b)

A mishna in Yoma (7:4) describes how after the *kohen gadol* finishes his Temple service on Yom Kippur, he removes his priestly garments, resumes wearing his normal clothing, and walks home accompanied by the Jewish multitudes. This procedure surely brought with it relief that the *avoda*, Temple service, went well and powerful admiration for the man who led the way. The appearance of this tale as part of the Gemara's commentary on that mishna indicates that the episode is set on Yom Kippur.

The *kohen gadol*, accustomed to public adulation as he leaves the Temple, cannot overcome his sense of insult when the populace abandons him in favor of two scholars. Since these two scholars stem from non-Jewish stock, he attempts to put them in their place by reminding them of their less distinguished *yiḥus*, or pedigree. The Talmud (Gittin 57b) states that Shemaya and Avtalyon were descendants of Sennacherib, an enemy king. How could their *yiḥus* compete with that of the High Priest? Shemaya and Avtalyon remind the priest that actions matter much more than lineage. Considering the authentic legacy of Aaron, these two converts can claim the mantle of his legacy in a far more profound fashion than this High Priest. Their traveling to greet the *kohen gadol* shows that they honored others and were not obsessed with their own dignity.

In his comments on this story, the Maharsha cites Horayot 13a, which instructs us that a Torah scholar who is a *mamzer*, an illegitimate child who may not marry a member of the Jewish community, takes precedence over an ignoramus who is the offspring of a High Priest. Indeed, what we do with our lives determines our worth far more than which family we happen to come from. A similar theme emerges from the introduction to *Ḥayei Adam*, where Rabbi Avraham Danzig warns of the perils of excessive pride. After discussing how wealth, strength, intelligence, and lineage can all lead to this personality flaw, Rabbi Danzig ranks *yiḥus* lowest on the scale of qualities, explaining that the other qualities at least sometimes benefit humanity. He cites several sources cautioning against arrogance based on ancestry, including the talmudic dialogue between these scholars and the *kohen gadol*.

This High Priest was no sterling personality, as evident from his jealousy and pettiness. The Ritva tries to neutralize the insulting tone of the priest by claiming that the term *benei amemin*, "members of the nations," can also refer to the Jewish people. If so, the priest did not allude to Shemaya and Avtalyon's ancestry. In *Ben Yehoyada*, Rabbi Yosef Ḥayim of Baghdad also mitigates the crime by saying that the High Priest wished to praise them by highlighting their rise to greatness despite humble origins. However, neither approach truly coheres with the story. As Maharsha notes, Shemaya and Avtalyon's reaction makes it clear that the priest attempted to insult them. Indeed, the Second Temple period saw many High Priests who were less than noble, and this man was apparently one of them.

Shemaya and Avtalyon retort to the *kohen gadol* by saying that they, not he, are the true heirs of Aaron. In what way, though? Which aspect of Aaron's lifework do these scholars believe they emulate while the High Priest falls short? Rashi (ad loc.) notes Aaron's traditional role as the pursuer and promoter of peace. The *kohen gadol,* a biological descendant of Aaron, fails to play this role when he adopts a more contentious posture. According to Rashi, in reminding converts of their heathen past, this High Priest violates the prohibition of *onaat devarim* (Bava Metzia 58b).

Avot 1:12 portrays Aaron as the paradigm of peace: "Hillel would say: Be like the students of Aaron: Love peace, pursue peace, love humanity, and bring them close to Torah." Is this role of Aaron explicit in the Bible? The Torah clearly depicts Aaron acting as Moses' mouthpiece (Exodus 7:1), as initiating plagues (7:19; 8:2, 13), and as performing the service in the Tabernacle. Where do we see him as a peacemaker?

Aaron pleads with Moses to pray on behalf of Miriam after she is stricken with leprosy (Numbers 12:11–12). Perhaps this may be viewed as an act of reconciling a disagreement among siblings. Furthermore, the priestly blessing, culminating with a request for peace (6:26), may also indicate something about Aaron's legacy. However, I believe that the real source for associating priesthood with peace is not in the Ḥumash, Pentateuch, but in the prophetic works:

> Know then that I have sent this mitzva to you, that My covenant might be with Levi, says the Lord of hosts. My covenant of life and peace was with him, and I gave them to him – and of fear, and he feared Me; he trembled before My name. The Torah of truth was in his mouth, and injustice was not found in his lips; he walked with Me in peace and uprightness, and turned many away from iniquity. For the priest's lips should keep knowledge, and Torah shall be sought from his mouth, for he is the messenger of the Lord of hosts. (Malachi 2:4–7)

Malachi depicts the priest as someone who teaches Torah, a role also alluded to in Moses' blessing to the tribe of Levi (Deuteronomy 33:10).

He also twice mentions peace as part of the priest's job description. Indeed, *Avot DeRabbi Natan* 12 and Sanhedrin 6b cite this passage as a proof text for identifying Aaron as a lover and pursuer of peace. Only in this late prophetic work do we discover this important trait of our first priest.

An interpretation cited in the *Geon Yaakov,* a commentary that appears in *Ein Yaakov,* suggests that this passage actually intends to focus on a different trait of Aaron. At the burning bush, God informs Moses that his older brother will happily greet Moses when Moses sets out on his return journey to Egypt (Exodus 7:14). Shabbat 139a (and see Exodus Rabba 3:17) says that Aaron received the priestly garments as a reward for doing so. This tale reveals the greatness of Aaron at this moment: Older brothers usually dislike being outdone by younger brothers. Moreover, in this specific case Aaron had already risen to a leadership role among the Israelites in Egypt. According to the Sages (Exodus Rabba 3:16), Aaron had already achieved prophecy while in Egypt and was surely accustomed to recognition and privilege. Yet when he learns that his younger brother, who had been away in Midian for decades, has been selected as God's chosen messenger, he goes to greet him with undiluted enthusiasm. Anyone of lesser character would have harbored resentment.

Thus, Aaron exemplifies not only the pursuit of peace, but also the ability to rejoice in another's success. The *kohen gadol* of our talmudic story lacks precisely this trait. Not content with his own unique role, he strongly resents the public's reverence for two scholars. How distant his character is from his illustrious ancestor!

The *Geon Yaakov* adds that converts share this quality of Aaron's. For much of Jewish history, joining the Jewish faith meant leaving the prevailing group (on a socio-political level) and joining a downtrodden minority. To some degree, the ability to do so depends upon being secure in one's own identity, even though others seem to have it better.

Aaron exemplifies two crucial attributes: loving peace and taking joy in another's achievement. Shemaya and Avtalyon were his disciples in a much more profound way than his biological descendant, the High Priest.

Birkat Kohanim: The Priestly Blessing

Rabbi David Brofsky*

The Torah (Numbers 6:22–27) commands the *kohanim* to bless the Jewish people with a specific, three-part blessing, known as *Birkat Kohanim*:

> The Lord spoke to Moses, saying, "Speak to Aaron and to his sons, saying: In this way shall you bless the Children of Israel; you shall say to them: 'May the Lord bless you and keep you; may the Lord make His countenance shine upon you and be gracious to you; may the Lord lift up His countenance to you and give you peace.' So shall they put My name upon the Children of Israel, and I will bless them."

This chapter will examine the nature of *Birkat Kohanim*, and the relationship between its role in the Temple and its recitation in the synagogue.

* Excerpted from ch. 25 of the author's *Hilkhot Mo'adim: Understanding the Laws of the Festivals* (Jerusalem: Maggid, 2013).

BIRKAT KOHANIM: INSIDE AND OUTSIDE THE TEMPLE

The original location, as well as the primary fulfillment, of *Birkat Kohanim* was in the holy precincts, first in the *Mishkan*, the Tabernacle, and afterward in the *Beit HaMikdash*, the Temple. The Torah relates that upon concluding the sacrificial service of the eighth day of the *Mishkan*'s dedication, Aaron blesses the people: "And Aaron raised up his hands toward the people and blessed them; and he came down from offering the sin-offering and the burnt-offering and the peace-offerings" (Leviticus 9:22).

Based on this verse, which is the first mention of the priestly blessing in the Torah, the ceremony of *Birkat Kohanim* is often referred to as *nesiat kapayim*, the raising of the hands. Maimonides (*Sefer HaMitzvot*, Positive Mitzva 26) lists *Birkat Kohanim* among the positive mitzvot associated with the Temple and its service.

Mishna Tamid 7:2 describes how the *kohanim* would bless the people after the *haktarat ha'evarim*, the burning of the limbs, of the *korban tamid*, or twice-daily burnt-offering. Furthermore, the Mishna lists three differences between the blessing recited in the Temple as opposed to the one recited outside. For example, in the Temple, the *kohanim* employ the *shem hameforash*, the true pronunciation of the Tetragrammaton, God's four-letter name, and not the byname used today. As such, the *Sifrei* (*Re'eh*) teaches:

> It says here "To put His name there" (Deuteronomy 12:5), and it is stated there, "So shall they put My name" (Numbers 6:27) – just as there, it refers to *Birkat Kohanim*, so too here, it refers to *Birkat Kohanim*. I only know about the Temple; from where do I know that [it should be recited] outside of the Temple? It says (Exodus 20:20), "In every place where I cause My name to be mentioned." If so, why does it say, "there, to His place, shall you seek, and there you shall come"? To teach that in the Temple, one should recite the name as it is written, and elsewhere you should use a byname.

The Gemara (Sota 38a) arrives at a similar conclusion. While this source indicates that *Birkat Kohanim* is to be recited outside the Temple as well, it also clearly indicates the uniqueness, if not the primacy, of the *Birkat*

Kohanim recited in the Temple. In fact, even outside of the Temple, the *kohanim* bless the people immediately after the blessing of *Retze*, which petitions God for the restoration of the Temple service.

BIRKAT KOHANIM OUTSIDE OF THE TEMPLE – SOURCE AND NATURE

If so, one might ask whether, technically, the mitzva of *Birkat Kohanim* outside of the Temple shares the same halakhic status as *Birkat Kohanim* inside the Temple, that is, whether *Birkat Kohanim* outside the Temple precincts are *deoraita*, biblical law, or *derabbanan*, rabbinic law. The Talmud Yerushalmi (Nazir 7:1) and several *Rishonim* (e.g., Maimonides, *Sefer HaMitzvot*, Positive Mitzva 26; Nachmanides on Numbers 8:2; *Sefer HaḤinukh* 378), and *Aḥaronim* (e.g., *Keren Ora* on Sota 38a; *Peri Megadim, Oraḥ Ḥayim* 128:3), agree that *Birkat Kohanim* outside of the Temple, and even after its destruction, remains *mideoraita*.

However, even if the obligation of *Birkat Kohanim* applies equally outside of the Temple, one may still ask: Is the nature of *Birkat Kohanim* different outside the Temple? Furthermore, one might also ask whether *Birkat Kohanim*, in general, is part of the daily Temple service or whether, fundamentally, it is a form of prayer, recited both inside and outside of the Temple.

On the one hand, the Mishna includes the laws of *Birkat Kohanim* in Tractate Sota, alongside the laws relating to the ceremony of the blessings and curses on Mount Gerizim and Mount Ebal, and not in Tractate Berakhot, the locus for the laws of prayer and blessings. This may imply that it is not considered to be part of the daily prayers. On the other hand, although Maimonides mentions *Birkat Kohanim* in his *Sefer HaMitzvot* among other mitzvot related to the Temple, he codifies its laws within the laws of prayer, calling the entire unit "The Laws of Prayer and Raising the Hands." These sources highlight the apparent ambiguity, or dual nature, of *Birkat Kohanim*.

THE NATURE OF *BIRKAT KOHANIM* – TEMPLE RITUAL OR COMMUNAL PRAYER

Regarding whether we view *Birkat Kohanim* as part of the Temple service or as part of communal prayer, we seem to find an apparent contradiction in the Talmud. On the one hand, the Gemara in Sota (38a), deriving that *Birkat Kohanim* should be recited while standing, cites a *baraita*:

> "In this way you shall bless" – standing. You say that it means standing, but perhaps that is not so and [the blessing may be pronounced] even sitting. It is stated here, "In this way you shall bless," and elsewhere (Deuteronomy 27:12) it is stated: "These shall stand to bless" [referring to the Mount Gerizim ceremony] – just as here, it is standing; so too in the former passage, it is standing. R. Natan says: [This deduction] is unnecessary; it states [regarding the *kohanim*]: "To serve Him and to bless with His name" (10:8) – just as [the *kohen*] serves while standing, so he blesses while standing. How do we know that the service [was performed standing]? Because it is written [regarding the *kohanim*]: "To stand to serve" (18:5).

This Gemara concludes that just as the *kohen* must perform all of the other parts of the Temple service while standing, so too he must recite *Birkat Kohanim* while standing. This apparently supports the position that views *Birkat Kohanim* as a form of Temple service.

On the other hand, the Gemara elsewhere (Taanit 26b–27a) rejects this comparison:

> Everyone agrees that one who is intoxicated may not perform *Birkat Kohanim*. How do we know this? R. Yehoshua b. Levi said in the name of Bar Kappara: Why is the section relating to the *kohen* taught immediately following the section relating to a *nazir* [who is prohibited from drinking wine]? [To teach that] just as wine is forbidden for a *nazir*, so too, wine is forbidden for a *kohen* who blesses. If so, then just as grape seeds are forbidden for a *nazir* [so too a *kohen*]! R. Yitzḥak says: The verse says, "To serve Him and to bless in His name" – just as one who serves [i.e., a *kohen* during the Temple service] may consume grape seeds, so too, a *kohen* who blesses may consume grape seeds. If so, just as one who serves may not have a blemish, so too a *kohen* who blesses.... It is merely an allusion (*asmakhta*), and it is of rabbinic origin.

Seemingly, this Gemara rejects the comparison, adopted by the Gemara in Sota, between a *kohen* who serves in the Temple and a *kohen* who recites *Birkat Kohanim.*

While the Gemara does not point out this apparent contradiction, the *Rishonim* debate whether to apply the comparison between Temple service and *Birkat Kohanim.* For example, Maimonides (*Mishne Torah,* Laws of Prayer 15:3–4) disqualifies one who is guilty of idolatry or murder, as well as one who has consumed a *revi'it* (a liquid measure between 3.1 and 5.7 ounces) of wine, by comparison to the Temple service. Yet, *Tosafot* (Taanit 27a) rule that a blemished or apostate *kohen* may recite *Birkat Kohanim,* thereby rejecting the comparison between *Birkat Kohanim* and the Temple service.

The *Aḥaronim* also discuss this matter. For example, the *Taz* (*Oraḥ Ḥayim* 128:27) questions why *Shulḥan Arukh* rules that if a community is already accustomed to a *kohen*'s physical blemish, he may recite *Birkat Kohanim*; why should this *kohen* not be disqualified due to the comparison between *Birkat Kohanim* and the Temple service? The *Taz* offers a self-described "novel explanation": while we do derive from the Temple service those disqualifications that the *kohen* can avoid, e.g., being drunk or being sedentary, those which relate to his physical appearance, which he cannot avoid, do not disqualify him. Alternatively, the *Magen Avraham* (*Oraḥ Ḥayim* 128:54) questions whether an *arel,* one who is uncircumcised, may participate in *Birkat Kohanim.* He concludes that one who is uncircumcised may participate in *Birkat Kohanim,* despite his apparent disqualification from Temple service. In other words, he rejects the comparison between *Birkat Kohanim* and the Temple service. The *Peri Megadim* (*Oraḥ Ḥayim* 128) also explores this issue and expends great effort defending the position of the *Taz.*

Finally, regarding whether we should distinguish between the *Birkat Kohanim* recited in the Temple and that recited outside, we should ask whether the three differences listed by the Mishna (Tamid 7:3) reflect a technical or fundamental distinction. Might we suggest that whereas in the Temple, *Birkat Kohanim* functions as an integral part of the Temple service, *Birkat Kohanim* outside of the Temple is integrated into the mitzva of prayer?

THE STATUS OF *BIRKAT KOHANIM* RECITED OUTSIDE OF THE TEMPLE

We noted above that most *Rishonim* and *Aḥaronim* conclude that the mitzva of *Birkat Kohanim* applies equally inside and outside of the Temple. However, one might suggest (see *Keren Ora* op. cit.) that *Birkat Kohanim* recited outside of the Temple, which lacks the proper use of the *shem hameforash*, may only be *miderabbanan*. Some ask: in what biblical context could *Birkat Kohanim* outside of the Temple even take place? According to many, the mitzva of prayer is only of rabbinic origin, and even if its origin is biblical (see *Mishne Torah*, Laws of Prayer 1:1), it certainly does not mandate communal prayer. If so, then certainly we might suggest that while the biblical character of *Birkat Kohanim* as recited in the Temple relates to the Temple service, the character of *Birkat Kohanim* recited during prayer relates to public prayer. However, *Keren Ora*, cited above, rejects this somewhat tempting suggestion.

Interestingly, Rabbi Naftali Tzvi Yehuda Berlin, the Netziv, suggests (see *Ha'amek Davar* on Numbers 6:23 and Leviticus 9:22), based on a close textual reading, that *Birkat Kohanim* is recited twice in the Temple: once as part of the Temple service, and a second time, as described in the Mishna (Tamid 5:1), as part of the daily prayers. He affirms that there may be different aspects or models of *Birkat Kohanim*, even within the Temple.

If indeed there are two aspects of, or even venues for, *Birkat Kohanim*, one might suggest a resolution to the contradiction presented above. The Gemara in Sota refers to *Birkat Kohanim* in the Temple and therefore maintains a comparison between the Temple service and *Birkat Kohanim*. The Gemara in Taanit, however, refers to *Birkat Kohanim* recited as part of the prayer service, either inside (according to the Netziv) or outside of the Temple, and it therefore rejects the above comparison.

One final issue related to this question arises annually during the *Ne'ila* (closing) prayer of Yom Kippur, specifically in Israel. The Mishna (Taanit 4:1) states explicitly that *Birkat Kohanim* is recited at *Ne'ila*.

Aside from the general question of whether *Ne'ila* should be concluded during the day or whether it may continue into the night (see Y. Taanit 4:1), the *Rishonim* also debate whether *Birkat Kohanim* may be recited after dark. *Hagahot Maimoniyot* (Laws of Prayer 3:5), citing

Mordechai, attempts to prove from the laws of *Birkat Kohanim* that *Ne'ila* must be recited during the day:

> The law is in accordance [with R. Yoḥanan, who explains that *Ne'ila* must be concluded during the day].... Furthermore, they bring a proof from the three times [that *Birkat Kohanim* is recited]... implying that [it is concluded] while it is still light out, as it is compared to the service, i.e., the song recited over the sacrifice...which is recited while it is still day.... Our ancestors certainly did not establish this custom, to recite it at night; rather, it is because the *ḥazanim* prolong it until night that people think that the law is such.

The *Hagahot Maimoniyot* maintains that the proper practice is to recite *Ne'ila* and *Birkat Kohanim* while it is still day. The *Shulḥan Arukh HaRav* (*Oraḥ Ḥayim* 623:8) also rules that *Birkat Kohanim* may be performed until the stars come out. The Maharil (cited by *Darkhei Moshe*) and *Magen Avraham* (*Oraḥ Ḥayim* 623:3), however, permit saying *Birkat Kohanim* after nightfall. Some (see *Shaar HaTziyun* 623:11) permit its performance until about half an hour before the stars emerge (*tzeit hakokhavim*), and others permit its recitation, in Israel, until approximately 13.5 minutes after sunset (see *Ishei Yisrael* 46, note 120).

Interestingly, the Rema (*Oraḥ Ḥayim* 623:5) records the custom in his area not to recite *Birkat Kohanim* at *Ne'ila*. Many *Aḥaronim* explain that since the *ḥazanim* often reach the end of *Ne'ila* after dark, *Birkat Kohanim* may no longer be recited. In Israel, it is still customary to recite *Birkat Kohanim* at *Ne'ila,* and then, in many communities, to recite *Avinu Malkeinu* responsively, until the end of the fast.

Seemingly, this question should be related to the broader issue discussed above: Is *Birkat Kohanim* part of the Temple service, where *Birkat Kohanim* was recited only during the day, or is it an independent mitzva related to prayer? In fact, *Hagahot Maimoniyot,* cited above, explains that since *Birkat Kohanim* is compared to the Temple service, it cannot be performed at night.[1]

---

1. For a fuller treatment of this topic, see Rabbi Joseph B. Soloveitchik's essay, "*Nesiat Kapayim,*" in *Shiurim Lezekher Abba Mari z"l*, vol. 2.

Perversion of the Priesthood: The Decline and Fall of the House of Eli

Rabbi Elli Fischer*

This essay is dedicated to the memory of Marc Weinberg, a ḥavruta, neighbor, and friend, who, like the biblical Samuel, promoted a model of leadership that empowers and enables its followers. Although this essay will not comment on current manifestations of the established Jewish religious leadership, its applicability to contemporary settings – a topic that Marc and I discussed often – should be apparent.

The opening three chapters of the Book of Samuel tell two complementary stories: the miraculous birth and rise of the prophet Samuel, and the decline and fall of the House of Eli, the ruling priestly family. Though the corruption of Eli's sons is explicitly mentioned as the reason his line was cut off, close attention to the human drama of these chapters shows

* This is a chapter from a forthcoming volume by the author that explores the relationship between halakha and aggada (law and lore) in talmudic passages.

that this corruption is rooted in Eli's imposition of excessive institutional control over the religious lives of Israelites. Moreover, the Sages similarly offer a veiled critique of Eli's view of the priesthood, as a careful reading of Tractate Berakhot 31a–b will show. This essay will develop this theme by offering observations on the biblical text in the form of a synoptic commentary,[1] followed by a treatment of the Talmud's reading of Eli's confrontation with Hannah.

I. THE BIBLICAL NARRATIVE

Elkanah's Life (1:1–5a)

The story begins with a brief profile of Elkanah. We learn that he is pedigreed, has two wives and several children, and is wealthy enough to make an annual pilgrimage to Shiloh and offer animal sacrifices there while lavishing gifts upon his wives and children. Even his name, which literally means "God has acquired/created," reflects the sanguine religiosity of one who has been blessed. By repeating the same process year after year, Elkanah demonstrates contentedness.

These verses introduce the reader to four other characters – Hannah, Penina, Ḥophni, and Pinḥas – each of whom is introduced as a detail of Elkanah's life: Elkanah has two wives, one of whom has children and one of whom he loves, and he lavishes gifts upon his wives and children when they visit Shiloh, where Ḥophni and Pinḥas minister.

Hannah's Pain (1:5b–8)

The story shifts its focus from Elkanah to Hannah in the middle of verse 5. Immediately after informing readers that Elkanah loved Hannah, the story repeats a bit of information that had already been mentioned in verse 2: Hannah was childless. Yet whereas in verse 2 it is presented as a fact of Elkanah's life, in verse 5 it relates directly to Hannah and takes on a theological dimension: God had closed Hannah's womb.

Having shifted its focus to Hannah, the text describes the same annual routine, but from her view. Elkanah showers more gifts on

1. Unless otherwise indicated, all biblical references in this essay are to the First Book of Samuel. In general, this essay will presume knowledge of 1 Samuel chs. 1–4 (excluding Hannah's song at the beginning of ch. 2).

Hannah than on Penina, causing Penina to torment Hannah about her barrenness. Consequently, Hannah cries and refuses to eat, and Elkanah (described in verse 8 as "her husband," emphasizing that the text has shifted its focus from Elkanah to Hannah) cannot sympathize with her desire for children.

The biblical word for a co-wife, used to describe Penina in verse 6, is *tzara*, a word that literally means "rival," indicating that women married to the same man hardly need much of a reason to despise and torment one another. Throughout the Torah, bigamy leads to strife. The present case, however, may have an added dimension. Verse 2 may indicate that Hannah is Elkanah's first wife. After many childless years, Elkanah wants to produce heirs, so he marries Penina, who then bears him many children. Hannah might understandably feel rejected by her husband and by God, replaced by another woman, superfluous within the family, and inadequate as a wife. Alternatively, perhaps Elkanah married Hannah after siring a large family through Penina. In this case, Hannah might be perceived, if not objectified, by many – and perhaps Penina most of all – as a trophy wife. This view of Hannah would only be reinforced when Elkanah showers gifts on Hannah and does not empathize with her need for children. Either scenario can shed light on Hannah's pain, the nature of her rivalry with Penina, and the reason for her alienation during the annual pilgrimage to Shiloh.

Hannah's Prayer (1:9–11)

Though the narrative continues to employ simple past verb forms, it shifts imperceptibly from describing the events of every year to the description of the fateful events of one particular year. The shift seems to happen in verse 9. (To be sure, verse 8 is ambiguous; Elkanah may have tried to appease Hannah every year or just the last year. I would prefer to think that Elkanah attempted to sympathize with his wife every year.) One year she simply leaves Elkanah's table. It is implied that Hannah acceded to Elkanah's protestations and ate from his sacrifice, but perhaps it is not stated explicitly because it signifies that partaking from sacrifices, the highest form of worship in ancient Israel, did not alleviate her pain or meet her needs. Hannah's gesture of leaving Elkanah's table was thus highly charged. It is precisely when routine is broken that the plot begins. At this moment, after years of resignation to the dominant mode of religious expression – her husband's mode – she decides to leave it behind and approach God on her own.

As Hannah makes her way to the sanctuary from Elkanah's table, she encounters Eli: "Eli the Priest was sitting upon a chair alongside the door to God's sanctuary." The High Priest does not serve in the Tabernacle – that role has been delegated to his sons (1:3). Rather, he holds sway over the entrance to the sanctuary, mediating and controlling access to the divine. The moment Hannah decides to petition God directly and bypass His gatekeepers, she and the High Priest are on a collision course.

Hannah then weeps bitterly before the Lord, begging for a son and pledging his life to God's service.

Eli Confronts Hannah (1:12–18)

In verse 12, the narrator's perspective once again shifts, from Hannah's to Eli's. The content of her prayer, known only to her and God, is recorded in verse 11, but it is described from an outsider's (Eli's) perspective in verse 13; and from the outside, Hannah's behavior seems bizarre. He reacts by accusing her of drunkenness.

Eli's misjudgment of Hannah, perhaps the best-known feature of the entire episode, can be viewed in the context of his incipient struggle with Hannah. Eli was not bothered by the wayward actions of a single individual who may not have even been in control, but by potential threats to the basis of his power. If every Israelite were to begin addressing God directly, no priesthood would be necessary. Consciously or unconsciously, Eli sensed a need to discredit this woman who challenged his religious hegemony. The easiest way to do so was by attacking her character and motives.[2]

---

2. This interpretation dovetails with the surprising and fairly well-known (if oft-misquoted) explanation offered by the Vilna Gaon in *Kol Eliyahu*: Eli was perturbed by Hannah's actions, so he sought the counsel of the Urim and Thummim. The letters HKSR were illuminated for him, but he interpreted them as SKRH – *shikora*, she is drunk – when the correct interpretation was KSRH – *keSara*, like Sarah (and Rebecca and Rachel), who also prayed for a child.

After offering support for this contention, the Vilna Gaon wonders about Eli's behavior; the Urim and Thummim was not a private oracle and was not consulted

Hannah's first words of response to Eli are *lo adoni,* which technically means "no, my master," but as the Talmud notes, echoes a defiant tone that relates directly to the heart of the issue: "you are not my master." Hannah protests that she is no *bat beliyaal,* "wanton woman" (1:16), a term almost identical to the one used to describe Eli's sons in chapter 2. The Sages interpret *beliyaal* to mean *beli ol,* unharnessed, disobedient. It is ironic that Eli suspects Hannah of not respecting his authority while it was in fact Eli's own sons who cause it irrevocable damage.

Eli concludes the confrontation by wishing upon Hannah that the Almighty give her what she desires. This may seem like a resolution, but it actually invites a new question: Whose prayer was responsible for Samuel's birth, Hannah's or Eli's? Or perhaps both?

Hannah's Redemption and Thanksgiving Song; Samuel's Birth and Dedication (1:19–2:10)

From Hannah's perspective, Samuel is clearly the answer to her prayers and no one else's. She calls him Samuel "because I asked God for him" (verse 20) and later tells Eli, perhaps defiantly: "I prayed for this boy, and God has granted the request that I sought from Him" (verse 27).

Although Hannah emerges from her confrontation with Eli in much better spirits, she does not return to Elkanah's mode of religious expression. She sits out the next few pilgrimages, and when she eventually returns to Shiloh, she offers God a unique gift, a unique form of sacrifice, dedicating her son to a life of service in the Temple. The sense that Samuel

---

on personal matters, only on national matters like declaring war and expanding the Temple precincts. Why did Eli need to consult it in order to discern Hannah's motives? The Gaon answers, based on Nachmanides's writings, that in those times there were minor personal oracles that were consulted on all sorts of matters.

Yet given the structure of authority in the Tabernacle at Shiloh, it makes sense that Eli would consider Hannah's deeds a matter of public importance. Eli heads the religious establishment and truly believes that the priesthood should play the indispensable role of intermediary between God and man. Hannah, on the other hand, approaches God directly, without mediation and without revealing her desires to anyone but the Almighty. Such a gesture threatens to destabilize the religious order over which Eli presides and which he deems irreplaceable. He thus consults the Urim and Thummim.

is indeed a sacrifice is reinforced by the strange juxtaposition in verse 25: "Then they slaughtered the bull; and they brought the boy before Eli."

Hannah gives thanks with a prayer that emphasizes God's ability to reverse fortunes dramatically. The element of reversal actually characterizes the entire episode. The rise of Hannah and her progeny parallels the fall of Eli, and in this sense the prayer foreshadows what is to come next. In particular, chapter 2 alternates repeatedly between recounting Samuel's emergence and the corruption of Eli's sons.

The Contrast between Eli's Sons and Samuel (2:11–26)

Eli's sons are reintroduced in neutral terms (1:3), but by the time Samuel is weaned, Eli has grown a bit older and his sons have become corrupt and are now the story's antagonists. Here they are described as "wanton men who do not know God" (2:12). The description of their crimes (2:13–17) is somewhat technical and relates to Torah law governing mandatory gifts to the priests, but scrutiny of these laws and the deviations of Ḥophni and Pinḥas sheds light not only on their crimes but also on the root of their corruption.

The exegete Rabbi Yosef Karo, a student of Rashi, points out that verses 13 and 14 describe a perversion of the law of priestly dues, the *mishpat hakohanim*, set forth in Deuteronomy 18:3:

Deuteronomy 18:3	**1 Samuel 2:13–14**
This shall be the priests' due from the people	The priests' due from the people
From those that offer sacrifices, whether sheep or cattle	Any man who offers a sacrifice
They shall give to the priest the shoulder, the cheeks, and the maw	And the priest's boy comes as the meat cooks, with a pitchfork in hand, and he strikes it into the pan, kettle, cauldron, or pot. Whatever comes up on the fork, the priest takes.

The Torah ordains a system of gifts that must be given to the priests serving in the sanctuary. The priests, who have no territorial portion in the Land of Israel, are supported by these gifts (Deuteronomy 18:1–5).

When the priests begin to view these gifts not as from the people but as something that already belongs to them, that can be taken by force, they no longer see their role as helping people serve God.

The next crime, described in verses 15 and 16, is even more damning even though it seems trivial. The priests' servant would demand the priestly gifts even before the *ḥelev*, the fats offered on the altar – God's portion of the sacrifice – were consumed. The significance of this violation is rooted in an understanding of the nature of the priestly gifts.

In contrast to gifts given to the Levites, misappropriation or consumption of food that had been designated as a priestly gift carries the death penalty. This is because the perpetrator is not merely stealing from the priests, but from God. The priestly gifts are in fact dedicated to God, who in turn grants them to His attendants. In the words of the Sages, the priests partake from God's table, *mishulḥan gavoha ka zakhu*.

When the sons of Eli demanded their meat even before God's portion had been consumed, they effectively cut the middleman out of the transaction, and in this case the middleman is God. They no longer viewed these gifts as something that belongs to God but from which serving priests may partake; they considered them the priests' entitlement. Moreover, the priests did not interact with the people directly, preferring to act through servants. In the Torah, though, the priests are the servants. Service of God with the aid of the priests was replaced with service of the priests through the agency of servants. The sons of Eli corrupted the priesthood and usurped God's place in the Tabernacle.

Though Eli is not guilty of his sons' crimes, it is clear that their perversions begin with his view of the priesthood. Eli sought to control the people's relationship with God. It is but a small step from viewing oneself as the sole path to God to viewing oneself as God's proxy.

Yet it is precisely to the increasingly corrupt precincts of the sanctuary that Hannah and Elkanah dedicate Samuel's life as they take leave from him. Hannah, however, gives Samuel a small frock as a parting gift, thus accomplishing two things. First, she has found yet another way to express her religiosity. The old mold may not work, but she continues to discover new vehicles. Second, she manages to avoid completely turning over her son to the corrupt priesthood. His little coat differentiates him from the rest of Shiloh, ensuring that Samuel will have two different sets of influences, the House of Eli and the House of Elkanah. In fact, it is this synthesis that will ultimately allow Samuel to walk the fine line between preserving and changing the religious institutions of ancient Israel.

Meanwhile, as Eli ages, he continues to lose control over his sons. He hears rumors that they take advantage of the naïve masses, particularly that they have been sleeping with the women who congregate at the gate of the sanctuary. These women, whose trusting naïveté contrasts so mightily with Hannah's defiance, are the same women who donated their mirrors to forge the laver in God's sanctuary (Exodus 38:8), women who came to Shiloh seeking to cleave to God, and who were duped into confusing proximity to God with proximity to the priests. Whether or not the rumors were true matters little; they were rooted in the reality of a priesthood that monopolized access to God and used its power to take advantage of the people.

Verse 26 not only contrasts Samuel with the sons of Eli, but also offers a model for their failure: Samuel found favor with both man and God. The role of the priest, at its most basic, is to serve both man and God, to facilitate the relationship between God and man. There is even a fundamental debate whether *kohanim* are God's agents or man's agents. Samuel was both, but the sons of Eli were neither.

Prophecies (2:27–3:21)

The remainder of chapter 2 records a prophecy that dooms the House of Eli to destruction for its failures. This is followed soon after by the record of Samuel's first prophecy. In between are three verses that report the rarity of prophecy at that time. This interlude (3:1–3) is highly symbolic. Eli's blindness reflects his failure to see and stop the corruption of the priesthood. "The candle of God had not been extinguished" refers to the candelabrum in the sanctuary but, as the medieval exegete Rabbi David Kimḥi (Radak) points out, it can refer to the sanctuary itself. The cultic center of Israel had become hopelessly corrupt but was still barely alive. The rarity of God's word in those days, the dearth of prophecy, directly reflects the situation under Eli. Prophecy and priesthood were distinct loci of religious authority in ancient Israel, but whereas the priesthood was hereditary and institutional, prophecy was charismatic and meritocratic. With Eli monopolizing access to God, and the people lacking direct access to the Almighty, there could be no prophecy.

The account of Samuel's initial prophecy is both surprising and instructive. To the youthful Samuel, God's voice is literally (and, we may suggest, metaphorically) indistinguishable from Eli's. He learns the truth only when Eli corrects his error. This indicates, on one hand, how thoroughly Eli had succeeded in controlling the people's relationship with God. On the other hand, perhaps the only way for Eli to concede that Samuel can relate to God directly, without Eli's mediation and without Eli perceiving Samuel's new status as a threat, is for things to unfold exactly as they did. Samuel, it turns out, is a disciple of both Eli and Hannah. The synthesis of establishment Eli and anti-establishment Hannah comes about through Samuel, who is able to change the establishment even though – or perhaps precisely because – he is devoted to it.

The content of Samuel's prophecy (3:11–21) complements the prophecy stated to Eli at the end of chapter 2. Eli is now resigned to the downfall of his house. The first prophecy has been corroborated. Though his death will be described only in chapter 4, the mantle of leadership has effectively been passed on to Samuel, whose fame as a prophet had begun to spread throughout Israel.

II. THE TALMUD'S READING OF THE CONFRONTATION BETWEEN ELI AND HANNAH

The Talmud treats Hannah's prayer and confrontation with Eli extensively in Berakhot 31a–b. A close look at the Sages' interpretation reveals the keenness of their insights and confirms that even when they attribute their exegesis to tenuous textual connections, they are in fact attuned to the broader themes that course through the biblical text.

The passage can be divided into three (or four) sections, distinguished by the verses that each section addresses (the verses are not interpreted in order). The Talmud first addresses verses 13 through 17 in chapter 1, then returns to verse 11, and then jumps to verses 25 through 27 before returning to verse 11. Each section may have originated as a separate *baraita* or other tradition, but the Talmud organizes them into a single *sugya*. The *sugya* leaps back and forth between halakhic and aggadic derivations, and indeed the line between the two is often blurred in fascinating ways.

Section 1

> R. Hamnuna said: Many very important laws can be learned from these verses relating to Hannah:
>
> "Hannah spoke in her heart" – from this we learn that one who prays must direct his heart.
>
> "Only her lips moved" – from this we learn that he who prays must articulate the words with his lips.
>
> "But her voice could not be heard" – from this [we learn that] it is forbidden to raise one's voice when praying.
>
> "Therefore Eli thought she was drunk" – from this [we learn that] a drunk person may not pray.
>
> "And Eli said to her, 'How long will you be drunk?'" – R. Elazar said: From this we learn that one who sees something unseemly about his neighbor must reprove him.

The first section begins with a series of halakhic teachings, and in fact a halakhic discussion about the laws of prayer triggered the discussion of Hannah in the first place. Laws are derived from both Hannah's behavior and Eli's behavior; both Hannah and Eli are thus established as worthy paradigms whose behavior is instructive. There is no protagonist and antagonist in the story, only two great people who are both worthy of emulation. This is an important preface to the rest of the section, which imagines the subtext of the discussion between Hannah and Eli:

> "Hannah answered and said, 'No, my master.'" Ulla, and some say R. Yose b. Ḥanina, said: She said to him: You are no lord in this matter, nor does the holy spirit rest on you, if you suspect me of this. Some say: She said to him: Thou are no lord, [meaning] the Divine Presence and the holy spirit are not with you in that you take the harsher and not the more lenient view of my conduct.

> "Don't you know I am a woman of sorrowful spirit? I have drunk neither wine nor strong drink." R. Elazar said: From this we learn that one who is suspected wrongfully must clear himself.
>
> "Do not consider your maid as a wanton woman." A man who prays when drunk is like one who serves idols. It is written here, "Do not consider your maid as a wanton woman," and it is written elsewhere, "Certain wanton men have gone forth in your midst." Just as there the term is used in connection with idolatry, so too here.
>
> "Then Eli answered and said, 'Go in peace.'" R. Elazar said: From this we learn that one who suspects his neighbor of a fault that he has not committed must beg his pardon; moreover, he must bless him, as it states: "May the God of Israel grant your petition."

Having established that both Hannah and Eli are worthy of emulation, though, the criticism of Eli begins. The Talmud picks up on the ambiguity of *lo adoni* and views it as a form of defiance. The Talmud has Hannah accusing Eli of lacking the divine inspiration that would allow him to correctly establish her condition and also of being a poor judge of character. As opposed to Samuel, who will find favor with both God and man, Eli lacks "mastery" in both of these realms (see *Ein Ayah*, Berakhot 7:23).

We have noted that Hannah's plea not to be considered a wanton woman alludes to Eli's wanton sons, as though Hannah tells him that before trying to find wantonness in her, he should look closer to home. The Talmud compounds this by associating the wantonness of praying while drunk with idolatry, specifically to the biblical *ir hanidachat*, the city led astray into idolatry by wanton men. Perhaps the analogy can be extended to the sons of Eli, who lead the masses astray by eliminating God from the transaction between people and priests.

Section 2

> "And she took a vow, saying: 'O Lord of hosts.'" R. Elazar said: From the day that God created His world no man called Him

"Lord of hosts" until Hannah came and called Him "Lord of hosts." Said Hannah before the Holy One: Sovereign of the Universe, of all the hosts and hosts that You have created in Your world, is it so hard in Your eyes to give me one son? A parable: What is this matter like? A king who made a feast for his servants, and a poor man came and stood by the door and said to them, 'Give me a bite,' and no one noticed him. So he forced his way into the presence of the king and said to him, 'Your Majesty, out of all the feast that you have made, is it so hard for you to give me one bite?'"

"If You see." R. Elazar said: Hannah said before the Holy One: Sovereign of the Universe, if You see [i.e., agree], it is well, but if You do not see, I will go and shut myself up with someone else in the knowledge of my husband Elkanah, and as I shall have been alone they will make me drink the water of the suspected adultress, and You cannot falsify Your Torah, which says, "She shall be cleared and shall conceive seed." Now this would be effective according to the view that if the woman was barren she becomes pregnant. But according to the view that if she bore with pain she bears with ease, if she bore females she now bears males, if she bore swarthy children she now bears fair ones, if she bore short ones she now bears tall ones, what can be said? – As it has been taught: "She shall be cleared and shall conceive seed"; this teaches that if she was barren she is visited. So said R. Yishmael. R. Akiva said to him: If that is so, all barren women will go and shut themselves in with someone and she who has not conducted herself inappropriately will become pregnant! No, it teaches that if she formerly bore with pain she now bears with ease, if she bore short children she now bears tall ones, if she bore swarthy ones she now bears fair ones, if she was destined to bear one she will now bear two. What then is the force of "if You see"? The Torah uses the language of men.

"If You see the affliction of Your handmaid… and not forget Your handmaid, but give Your handmaid…." R. Yose b. Ḥanina said: Why these three "handmaids"? Hannah said before the Holy One: Sovereign of the Universe, You have created in woman three

> criteria (*bidkei*) of death – some say, three armor joints (*dibkei*) of death: *nidda, ḥalla,* and the kindling of the [Shabbat] lights. Have I transgressed any of them?
>
> "But give Your handmaid a man-child." What is meant by "a man-child"? Rav said: A man among men. Shmuel said: Seed that will anoint two men, namely, Saul and David. R. Yoḥanan said: Seed that will be equal to two men, namely, Moses and Aaron, as it says, "Moses and Aaron among His priests, and Samuel among them that call His name." The rabbis say: Seed that will be merged among men. When R. Dimi came [from *Eretz Yisrael*] he explained this to mean: Neither too tall nor too short, neither too thin nor too fat, neither too pale nor too red, neither too smart nor too stupid.

The Talmud's treatment of Hannah's prayer captures how she combines piety and boldness. On one hand, she avers that she kept the laws that the Mishna regards as specific to women. Yet she also threatens to transgress against God and her husband if it would result in her having children. She even invents a new name for God (a name that actually appears in verse 3, just a few lines before Hannah's invocation; it seems that the Sages wished to ascribe its formulation to her even though in the plain sense of the text it was already in use). She begs for a son who will not be like Eli; one who will be like both Moses and Aaron, that is, both lawgiver and peacemaker; one who will be inconspicuous; one who will view himself as one of the people, not as a member of a caste apart. Her prayer is in "the language of men," reinforcing the sense that God is accessible to individuals and can be approached without the mediation of priests.

The Talmud records an alternative interpretation of verse 11 after the third section:

> "Hannah spoke in her heart." R. Elazar said in the name of R. Yose b. Zimra: She spoke concerning her heart. She said before Him: Sovereign of the Universe, among all the things that You have created in a woman, You have not created anything without a purpose: eyes to see, ears to hear, a nose to smell, a mouth to

> speak, hands to do work, legs to walk with, breasts to give suck. These breasts that You have put above my heart, are they not to give suck? Give me a son, so that I may suckle with them!

This final passage echoes an interpretive possibility discussed above, namely, that Hannah was afraid of being perceived as a trophy wife. Surely the female breast is tied to notions of beauty and has a purpose other than nursing children. Yet Hannah specifically denies any purpose other than nursing.

Section 3

> "I am the woman that stood by you here." R. Yehoshua b. Levi said: From this we learn that it is forbidden to sit within four cubits of one praying.
>
> "I prayed for this child": Rabbi Elazar said: Samuel made a halakhic ruling before his master, as it says, "And they slaughtered the bull, and they brought the boy in front of Eli." Did they bring the boy to Eli because they slaughtered a bull? Rather, Eli had said to them, "Let a priest come and slaughter the bull." Samuel saw that they were scrambling around for a priest to do the slaughtering. He said to them, "Why are you looking for a priest to do the slaughtering? A non-priest is authorized to slaughter!" They brought him before Eli. [Eli] said to [Samuel]: "How do you know this?" He replied: "Does it say, 'and the priest shall slaughter'? It says, 'and the priest will offer.' From the acceptance [of the blood] on, it is the mitzva of the priests. This teaches that a non-priest is authorized to slaughter." He [Eli] said, "What you say is good. However, you have made a halakhic ruling before your master, and anyone who makes a halakhic ruling before his master is punishable by death."
>
> Hannah came and cried before him, "I am the woman who stood before you here." He said to her, "Leave him, so that I may punish him, and I will pray, and He will give you a greater child than this one." She said to him, "I prayed for this child."

This passage clearly represents a discrete unit. After a brief halakhic statement, there is an extended unit that begins and ends with a single verse ("I prayed for this child") and is formulated as an elaboration of that verse even though it in fact addresses three verses. In this it resembles the style of *Midrash Rabba* and other midrashic collections. The passage also reads several talmudic legal concepts (the restriction on students issuing rulings in their masters' presence, ritual slaughter by a non-*kohen*) and talmudic-style discourse back into the biblical dialogue, thus making this interpretation seem particularly fanciful. Yet the halakhic concepts invoked have symbolic significance within the fabric of the *sugya* and mask a severe critique of Eli.

The Talmud's exegesis begins with R. Eliezer importing a halakhic concept from Tractate Eiruvin: a disciple may not issue rulings of law in front of his master. Within a defined halakhic geographical domain this is merely forbidden, but doing so in the master's presence incurs the penalty of death. The rationale of this law is not simple deference to a greater expert, as other talmudic passages (especially Eiruvin 62b–63a) make clear. In their domains, the rabbis considered themselves sovereign, so issuing a ruling in one's master's presence was an act of treason, a usurpation of authority. Rabbinic control over halakhic interpretation and priestly control of the Temple precincts are treated here as analogues.

Yet this application of a talmudic concept to the initial encounter between Samuel and Eli seems quite surprising. Aside from the obvious anachronism (typical of aggadic *sugyot* that invoke halakhic concepts), it seems absurd to accuse Samuel, a toddler, of issuing a halakhic ruling. Moreover, as *Tosafot* point out, Samuel can hardly be considered Eli's "disciple" when they had not yet met. The penalty for issuing a ruling on one's master's presence is indeed death, but the punishment is imposed by God, not human courts. How could Eli arrogate the role of judging such cases for himself? Finally, the rule pertains only in the master's "place." How could a man claim sovereignty in a place where God alone should be sovereign?

It therefore seems that the Sages invoke this halakhic concept in order to articulate the tension they perceive in the relationship between Samuel and Eli. We have already seen that Eli perceived Hannah as a threat to his hegemony over Israelite religion, but she was a threat from outside, someone who could be discredited and dismissed. Once Samuel is dedicated to a life of service in the sanctuary, he becomes a threat that may catalyze change from within and sidestep Eli's regulation of access to the Almighty. Eli indeed claims sovereignty over God's house, and it is precisely that claim that Samuel's presence undermines.

The Talmud then posits another talmudic law as the bone of contention between Samuel and Eli: *sheḥita bezar kesheira,* a non-priest may slaughter an animal that will be offered on the altar. It exploits a mildly problematic textual problem (the juxtaposition of slaughtering a bull with bringing Samuel before Eli) to imagine the Tabernacle personnel scrambling to find a priest to slaughter the bull until the young Samuel avers that no priest is necessary for this particular rite.

The significance of this law is clear. Thought most Temple rites must be carried out by the priests, there are exceptions, instances where the donor of a sacrifice may engage directly in an act of worship. Under Eli, the priesthood wished to deny the people even those few forms of Temple worship open to them. Of course, Samuel's very presence carries a similar message. His very existence validates Hannah's direct form of worship, denies the need for a priestly middleman, and accuses the priesthood of having overstepped the limitations that the Torah places on it.

At this point, Hannah intervenes and reminds Eli of the child's miraculous birth. Eli responds by promising to pray for another child, but Hannah refuses, insisting "I prayed for this child." At first glance, Hannah seems to engage in special pleading; the child may have issued a ruling before his master, but given the miraculous circumstances of his birth and his mother's distress, perhaps an exception could be made. Eli responds by promising to replace the child, but Hannah insists that she prayed for this child, no other.

Perhaps, though, we emphasize the wrong part of Hannah's statement. Her main contention is not "I prayed for *this* child" but "*I* prayed for this child." This returns us to the core of the dispute between Eli and Hannah (and Samuel by extension). Samuel's name reflects Hannah's claim that he embodies God's answer to her prayers. But Eli echoed or validated Hannah's prayer (1:17), so in his view, Samuel's birth could not have occurred without his intervention. In the Talmud's reading, Eli once again plays God and guarantees Hannah another child in Samuel's stead. Hannah's response is no special pleading; it is a complete denial of Eli's basic claim to have had a role in Samuel's birth. Consequently, she undermines his assertion of exclusive access to God. "*I* prayed for this child." *I* named him Samuel because *I* asked God for him. *I* stood here and prayed for him. You have not given him to me, and he is therefore not yours to take away. He will serve here in the sanctuary because *I* have consecrated him, and no other.

III. POSTSCRIPT: THE SONS OF KORAH

Samuel's contention that a non-*kohen* may participate in some elements of the sacrificial rite harks back to Korah's claim that "the entire community is holy, and God is among them; so why must you lord it over God's congregation?" Korah's claim echoes in Hannah's challenge to the regnant cultic establishment, both within the biblical text and in the Sages' reading of it. Samuel is her vehicle for challenging the priestly hegemony over access to God.[3] Yet the Sages intimate that Samuel may have inherited his willingness to criticize the priestly hegemony from his patrilineage as well. Based on 1 Chronicles 6:18–22, the Sages posit that Samuel was a descendant of Korah, the man who first challenged the power of the priests.

Of course, Korah is a biblical villain while Samuel is a hero. Moreover, it is very difficult to pin down Korah's specific crime; one man's Korah is the next man's Moses. Yet the Sages in Avot posit that Korah's crime did not lie in challenging Moses, but in his motives: He did not act for the sake of Heaven, but used claims that might be considered legitimate in other contexts as a populist ploy. This theme has been developed by hasidic masters, especially from Poland, who contend that Korah's grievances were correct, but premature. Rigid hierarchies and hereditary authority may be inevitable and necessary in one generation but obsolete by the next.

---

3. See the appendix to Rabbi Yitzchak Etshalom's article in this volume, in which he connects Korah's rebellion to the sin of Nadav and Avihu according to Eiruvin 63a, namely, the sin of rendering a halakhic ruling in the presence of one's master.

Samuel eventually leads Israel into the monarchic period even though he, as befits an heir of Korah, was personally opposed to monarchy. Yet even Samuel wanted his sons to inherit his position. Even revolutions and reforms quickly take on the trappings of the establishment, necessitating fresh agitation for unmediated access to God. Samuel thus sublimated his ancestor Korah's flaws as he restored balance to a corrupt and controlling religious leadership, finding favor in the eyes of God and man.

The Wartime High Priest

Dr. Max Godfrey

INTRODUCTION

There are several categories of priests familiar to us from the *avoda*, or Temple service. Apart from the regular priest, the *kohen hedyot*, there are three categories of High Priest *kohen gadol*:

1. *Kohen gadol shenimshaḥ beshemen hamishḥa*: a High Priest who was anointed with the special anointing oil;[1]
2. *Merubeh begadim*: a High Priest who was consecrated by wearing the special additional clothes, but was not anointed;
3. *Kohen gadol she'avar mimeshiḥuto*: an emeritus High Priest.

There are a further two categories of *kohen* that are relevant to this essay:

1. *Segan kohen gadol*: the deputy High Priest, appointed to act as a replacement for the High Priest should the latter become temporarily impure or blemished, rendering him unfit to perform the

1. This was the ideal way of consecrating the High Priest. See Leviticus 21:10. During the Second Temple period, when there was no anointing oil, *kohanim gedolim* were consecrated merely by wearing the eight special garments. This is what is meant by *merubeh begadim*. See Horayot 11b and Rashi's comment on the mishna ad loc.

avoda.[2] (When the original High Priest recovered, the deputy would have the status of a *kohen gadol she'avar mimeshiḥuto*.)

2. *Mashuaḥ milḥama*: the *kohen* anointed for battle.[3]

It is the status of this last *kohen* that will concern us in this essay. His status is complex and hard to define. We will examine several halakhic spheres in which the *mashuaḥ milḥama* appears and try to understand the meaning of this institution in their light.

INADVERTENT MANSLAUGHTER

One who committed inadvertent manslaughter could take refuge from the victim's kin in specially designated cities of refuge (*arei miklat*). The killer had to remain in the *ir miklat* or risk exposure to the avenging kin until the death of the *kohen gadol*, at which point the killer could walk free.[4]

It is with regard to this last detail that a mishna (Makkot 2:6) records a dispute between R. Yehuda and an anonymous opinion (the *tanna kamma*). R. Yehuda maintains that even the death of the *mashuaḥ milḥama* (and not only the death of a *kohen gadol* or emeritus High Priest) releases the killer. The *tanna kamma* disagrees with this. The Talmud (Makkot 11a) explains that this dispute hinges on the interpretation of the relevant verses (Numbers 35:25, 28), which mention the death of the High Priest three times. Both R. Yehuda and the *tanna kamma* agree that this comes to include three types of High Priest: the one anointed with the oil, the *merubeh begadim*, and the emeritus. However, there is also reference (35:32) to the death of a *kohen*, written without the word *gadol*. The *tanna kamma* maintains that since this verse does not make

2. See Mishna Yoma 1:1. Although, according to most *Rishonim*, the deputy is the same as the deputy referred to in that mishna, Maimonides may have a different opinion. See *Mishne Torah*, Laws of the Temple Vessels 4:17 and Laws of the Yom Kippur Service 1:3, and *Tosafot* to Nazir 47b, s.v. *mashuaḥ*.
3. This is the *kohen* who would make the declaration from Deuteronomy (20:3–8) to the people prior to battle. See Mishna Sota 8:1 and *Mishne Torah*, Laws of Kings and Wars, ch. 7.
4. The sources for these laws are: Ex. 21:13, Num. 35:6, 9–32, and Deut. 19:1–13. The derivation of these laws from these verses appears in ch. 2 of Makkot.

reference to a *kohen gadol*, it cannot be referring to a type of High Priest not previously alluded to, whose death would release the killers, but must refer to one of the priests already listed. R. Yehuda, in contrast, contends that this is a reference to the *mashuaḥ milḥama*, whose death releases the inadvertent killers.

TANNA KAMMA

It would seem that the view of the *tanna kamma* may be reduced to the following components:

a. The *mashuaḥ milḥama* is not a *kohen gadol*.
b. The release of killers from the *arei miklat* requires the death of a *kohen gadol*.[5]

Yet if the *mashuaḥ milḥama* is not a *kohen gadol*, how are we to understand his status? The view of the *tanna kamma* can be elucidated by a distinction between a *kohen gadol begavra* and a *kohen gadol betafkid*.[6] In other words, there is a difference between a *kohen* who has the personal sanctity of a High Priest (*gavra*) and one who actually performs the functions of a High Priest (*tafkid*).[7] The *mashuaḥ milḥama* has a certain personal sanctity – equivalent to that of the regular *kohen gadol* – by virtue of having been anointed.[8] However, in terms of his *tafkid* he

5. Alternatively, the *tanna kamma* might hold that the *mashuaḥ milḥama* is in fact a *kohen gadol*, but since there are only three mentions of the *kohen gadol* in the verses, the *mashuaḥ milḥama* is not included among those whose death releases inadvertent killers. We would then need to explain why the *tanna kamma* prefers the emeritus to the *mashuaḥ milḥama* as a matter of exegesis. I think that the approach developed in this article also answers this point.
6. This distinction is based on a *shiur* I heard from Rabbi Mosheh Lichtenstein, albeit in a different context. Rabbi Mosheh applied this distinction to King David, saying that his original anointing was as a *melekh begavra*, but he was only a *melekh betafkid* when he had political control over the country; thus he would not be a *melekh betafkid* during the rebellion of Abshalom (for example).
7. Obviously, a functioning *kohen gadol* would contain both these elements.
8. For an interesting discussion of the nature of the "sanctity" inherent in the anointing of the *mashuaḥ milḥama*, see the essay by Rabbi Moshe Soloveichik in *Kovetz Ḥiddushei Torah*, 29–31.

is not a High Priest. Even his specific job of making the announcement on the battlefield is not, it seems, a form of *avoda*.[9] The *tanna kamma* insists that the release of the murderers can be facilitated only by the death of a *kohen gadol begavra* and *betafkid*.

The Gemara there explains the conceptual connection between the death of the *kohen gadol* and the release of the killers: "They should have asked for mercy for their generation, but did not do so." According to the distinction suggested above,[10] it is clear that the *mashuaḥ milḥama* would be conceptually excluded by the *tanna kamma* on the grounds that he was not a functioning *kohen gadol* and so had no particular reason to ask for mercy for his generation.[11]

R. YEHUDA

Given our understanding of the *tanna kamma*'s position, there are several ways to understand that of R. Yehuda's:

---

9. See *Kesef Mishne*, Laws of Temple Vessels 4:19 and *Minḥat Ḥinukh* 107:7. Admittedly, one could understand the *Kesef Mishne* as positing a difference between an *avoda* of the Temple, which would be included in the eight levels of *kehuna*, as opposed to the *avoda* of the *mashuaḥ milḥama*, which, despite being an *avoda*, is not included in these eight levels because it takes place outside the Temple. One might posit that the definition of an *avoda* would include the requirement for the *kohen* performing the rite to be wearing the priestly garb. Interestingly, R. Y. Rozen, the Rogatchover Gaon (*Tzofnat Pane'aḥ* on the *Mishne Torah*) maintains that there is a dispute about whether the *mashuaḥ milḥama* wore the High Priest's garb into battle. Rashi (and the Yerushalmi) maintains that he did, whereas Maimonides maintains that he did not. Rabbi Rozen further suggests that this argument hinges on *Tosefta Sota* 7:9. Perhaps, based on the *Tosefta*, we can suggest that if one maintains that the *mashuaḥ milḥama* did not wear the High Priest's garb, he also did not wear a regular priest's garb. Accordingly, this could provide a basis for the argument between the *tanna kamma* and R. Yehuda.
10. An alternative explanation of the argument could be that the disagreement is based upon different understandings of the nature of the law that an unwitting killer must go to an *ir miklat*. Clearly, how one understands why the death of the High Priest releases the killers will depend on the extent to which one thinks of the *ir miklat* as a form of atonement between man and God, as a legalistic punishment like any other, or even perhaps as a means of protecting the unwitting murderer from the wrath of the avenging kin. See Rabbi Ahron Soloveichik, *Od Yisrael Yosef Beni Ḥai*, ch. 5.
11. As opposed to the High Priest who was, at the very least, supposed to pray for the people on Yom Kippur. See Yoma 53b.

a. He agrees that the *mashuaḥ milḥama* is not a *kohen gadol betafkid* but does not regard this as a necessary condition for the release of the killers; thus he may utilize the last verse as a reference to the *mashuaḥ milḥama*.
b. He accepts the need for a *kohen gadol betafkid*, but thinks that the *mashuaḥ milḥama* is one, at least to some degree; perhaps he holds that the announcement on the battlefield is in fact an *avoda*.

THE HALAKHIC STATUS OF THE *MASHUAḤ MILḤAMA*

The Gemara[12] deduces that the *mashuaḥ milḥama* has certain restrictions in common with the *kohen gadol*, namely:

1. He must not allow himself to become defiled by contact with a dead body, even that of a close relative.
2. He may not marry a widow.
3. He must marry a virgin.[13]
4. He may not grow the hair on his head as a sign of mourning.
5. He may not rend his garments as a sign of mourning.

The Gemara explains that in these respects, and no others, the *mashuaḥ milḥama* is like a High Priest. The reason given for the similarity in legal status is that the verse relating to the restrictions on the High Priest superfluously refers to one "who has had the anointing oil poured on his head" (Leviticus 21:10).

The beginning of the verse ("And the *kohen* who is greater than his brethren") is sufficient as a reference to the *kohen gadol*, and the remainder of the description ("who has had…") is unnecessary, unless it refers to the *mashuaḥ milḥama*. Thus the Gemara includes the *mashuaḥ milḥama* in these laws. Note that regarding the laws pertaining to the Temple service, the *mashuaḥ milḥama* has the same status and laws as a *kohen hedyot*. Interestingly, the Gemara suggests that the *mashuaḥ*

12. Horayot 12b (see also, Yoma 73a).
13. These marital restrictions are in addition to those that apply to a regular *kohen* (Lev. 21:1–3).

milḥama should have the same status as a High Priest with respect to *aninut*.[14] A High Priest may perform the Temple service while in a state of *aninut*; a *kohen hedyot* may not. This is derived from the same verses (Leviticus 21:12) that taught the comparison between the *mashuaḥ milḥama* and the High Priest with regard to the five laws mentioned above. Hence the Gemara suggests that the *mashuaḥ milḥama* would also be considered like a High Priest in this respect. The conclusion of the Gemara is that only a bona fide High Priest can perform the *avoda* while an *onen*.[15]

The Gemara first suggests that the *mashuaḥ milḥama* would have the same status as the High Priest with respect to the law of *aninut*; only after further deliberation does the Gemara rule this out. In fact, when the Gemara makes these extrapolations, it first infers that *mashuaḥ milḥama* is included in the verse that describes the High Priest. Once that is established, the Gemara then says one might have thought that the *mashuaḥ milḥama* would also perform the *avoda* while an *onen*. Once the Gemara has established that the *mashuaḥ milḥama* does *not* have this law, it then asks from the reverse direction: if the *mashuaḥ milḥama* is not like the High Priest in this respect, then perhaps he is also unlike the High Priest with respect to marrying a virgin? The Gemara then adduces that he is in fact commanded with respect to this law.

Regarding each stage of the discussion, we can examine the reasoning behind the question of the Gemara, and whether or not that reasoning is still valid once the question has been resolved. In other words: does the Gemara maintain in its conclusion that the *mashuaḥ milḥama* is like a High Priest (with exceptions, e.g., *aninut*), like a *kohen hedyot* (again, with exceptions, e.g., the obligation to marry a virgin), or something between the two?

It is evident that the *mashuaḥ milḥama* is bound by the laws relating to the personal status of a High Priest (listed above) but not those laws relating to the *avoda*, such as bringing sacrifices while an *onen*. This supports the distinction made earlier: the *mashuaḥ milḥama* has the

14. *Aninut* is the halakhic status of a person who has been bereaved of an immediate family member but who has not yet buried the deceased.

15. See the commentary of Nachmanides to Lev. 10:6.

personal sanctity of a High Priest (*begavra*), but does not carry out any of the functions of a High Priest (*betafkid*). Thus he has a lower standing.[16]

BIGDEI KEHUNA – THE PRIESTLY UNIFORM

Another halakhic area in which we can detect the tension regarding the nature of the *mashuaḥ milḥama* is the priestly garments.[17] Interestingly, this would appear to be a point of contention between the Bavli and the Yerushalmi.

The Bavli starts with the following premise:

> The clothes that the High Priest serves in, the *mashuaḥ milḥama* [also] serves in, as it says: "And the holy garments which belong to Aaron should be for his sons after him" (Exodus 29:29). [The words "after him" refer] to the one who comes second to him in greatness [i.e., the *mashuaḥ milḥama*]. (Yoma 72b)

The Gemara then brings a proof that the *mashuaḥ milḥama* in fact serves in the four garments of the *kohen hedyot,* and explains that although the *mashuaḥ milḥama should* wear the eight garments of the High Priest,[18] in practice he may not. This is in order to prevent friction developing between these two *kohanim*. Finally the Gemara brings another version of the original premise, in which the *mashuaḥ milḥama is asked* (concerning the Urim and Thummim) while wearing the eight garments that the High Priest serves in. However, the Bavli never presents a logical refutation of the original premise, namely, that the *mashuaḥ milḥama* is, at least theoretically, deserving of wearing the eight garments.

The Yerushalmi has a different version of the debate on this matter. It lists several laws pertaining to the *mashuaḥ milḥama,* and the sources for these laws. With regards to the *bigdei kehuna,* the Yerushalmi first

16. A similarly structured argument appears with regard to the *minḥat ḥavitin,* the meal-offering brought every day by the High Priest. *Midrashei halakha* on Lev. 6:15 use that verse to disprove the suggestion that the *mashuaḥ milḥama* should also bring this offering. See Y. Horayot 3:2 and *Penei Moshe* ad loc.
17. Note that the High Priest wore eight garments, while the *kohen hedyot* wore four.
18. Ibid. 73a. Rashi there comments, "but according to the Torah he is worthy [of wearing the eight garments]."

asks for a source to prove that the *mashuaḥ milḥama* wears the eight garments of the High Priest when he is wearing the Urim and Thummim. Then R. Yirmiyah quotes R. Yoḥanan as using the same source to prove that the *mashuaḥ milḥama* performs the *avoda* while wearing the garments of the High Priest. After some discussion, R. Ba concludes that according to the letter of the law, the *mashuaḥ milḥama should wear four garments*. In practice, he does not perform *avoda* at all to avoid confusion; when consulting the Urim and Thummim he is to wear eight garments, and therefore people will generally perceive him as a High Priest. They will consequently expect him to wear eight garments during *avoda*, but he may only wear four. In order to avoid this situation, the *mashuaḥ milḥama* does no *avoda*.

In other words, the Yerushalmi insists that the *mashuaḥ milḥama* is not worthy of wearing the uniform of the High Priest, while the Bavli contends that, at least in principle, he is. Again, the tension in this topic results from the unclear nature of the *mashuaḥ milḥama*. Is he to be viewed as one who has the "crown of the anointing oil of his God upon him" (Leviticus 21:12; this is the central point in the Bavli), or as one who is just like a *kohen hedyot*? Is it his day-to-day existence that defines him, in which case he is no different from regular *kohanim*, or the onetime event in which he was anointed, which ranks him alongside the High Priest? Or is he in fact a halakhically complex personality, combining both aspects?

THE *MASHUAḤ MILḤAMA* AND THE URIM AND THUMMIM

According to Maimonides, the use of the Urim and Thummim, the breastplate, was executed thus:

> The *kohen* stands with his face toward the Ark, and the questioner [stands] behind him. The questioner says: "Shall I go up, or not go up?" He does not ask loudly, nor in thought, but in a subtle voice, as one is praying privately. And immediately the holy inspiration envelops the *kohen*, and he looks at the breastplate and he sees in it a prophetic image "Go up" or "Do not go up" in the letters that protrude from the breastplate before his face.

> And the *kohen* replies to him "Go up" or "Do not go up." (Laws of Temple Vessels 10:11)

The Urim and Thummim were consulted only regarding communal matters of great importance, and only on behalf of a king, a Sanhedrin, or someone whom the community needs (Mishna Yoma 7:5). The Gemara (Yoma 73b) derives this from a verse (Numbers 27:21) dealing with the Urim and Thummim. It seems from its exegesis that the Gemara interprets the Mishna's "someone whom the community needs" as referring more or less exclusively to the *mashuaḥ milḥama*. In addition, the Yerushalmi and Bavli seemingly agree that the *mashuaḥ milḥama* can also act as the *kohen* who wears the Urim and Thummim during the consultation.

While most maintain that the *mashuaḥ milḥama* can act as both questioner (standing behind the *kohen*) and respondent (wearing the Urim and Thummim), there are two polar opinions:

1. *Tiferet Yisrael* (on the Mishna op. cit.) seems to maintain that the *mashuaḥ milḥama* can act only as the *respondent*.
2. *Mishne LaMelekh* (on Maimonides op. cit.) notes that Maimonides omits the law that the *mashuaḥ milḥama* acts as the respondent, implying that he may act as the *questioner*, but not as the respondent.

The *Mirkevet HaMishne*, resolving this difficulty, posits that according to Maimonides only the actual High Priest may act as the respondent; the *mashuaḥ milḥama* may only ask the questions.

It would seem that the *Mirkevet HaMishne* is forced into this difficult position (and a somewhat contrived reading of Maimonides) by his understanding of the nature of the *mashuaḥ milḥama*. He quotes Maimonides's earlier *Commentary to the Mishna*, in which the latter writes that only the High Priest wearing his eight garments may act as the respondent. Presumably, the *Mirkevet HaMishne* reasoned that since Maimonides describes the *mashuaḥ milḥama* as being like a *kohen hedyot*, he is unable to take on *any* of the roles of the High Priest, including that of respondent. The reason why Maimonides omits this law is precisely because the *mashuaḥ milḥama* cannot act as respondent, and one must suggest an alternate reading of the Gemara accordingly.

It may, however, be that Maimonides included the *mashuaḥ milḥama* under the heading of High Priest, at least in the *Commentary to the Mishna*; this is possible if we regard the *mashuaḥ milḥama* as a *kohen gadol begavra*.

TAANIT VERSUS HORAYOT

Horayot 13a lists various *kohanim* according to the order in which they are to be rescued if they are being held captive. In this list, the *mashuaḥ milḥama* precedes the *segan kohen gadol*.

However, Taanit 31a implies that the position of *segan* is more important. The Gemara cites a *baraita* that states that the daughter of the king borrows from the daughter of the High Priest, the daughter of the High Priest borrows from the daughter of the *segan*, and the daughter of the *segan* borrows from the daughter of the *mashuaḥ milḥama*.[19]

A close analysis of the two sources may reveal a solution to their apparent contradiction. The Gemara in Horayot inquires whether the *mashuaḥ milḥama* will also take precedence over the *segan* with regard to ritual defilement. In answer, the Gemara cites a *baraita* that states that if the *segan* and the *mashuaḥ milḥama* comes across a *met mitzva*, a corpse with none to bury it, it is preferable that the *mashuaḥ milḥama* rather than the *segan* defiles himself by burying the body, "for if the High Priest should become invalid, the *segan* takes his place." This shows that whereas the *mashuaḥ milḥama* takes precedence in being saved, he does not take precedence with regard to ritual impurity, which suggests that the *segan* is in fact senior to the *mashuaḥ milḥama*. The Gemara notes that these two rulings are contradictory and answers that the *mashuaḥ milḥama* is the first to be saved in the event that they are both in danger, such as if they were both trapped in rubble. This localized ruling, however,

---

19. This question is raised by *Ḥeshek Shlomo*, Rashash, and Rabbi Y. Emden in their respective commentaries to this passage. For a homiletic response to this question, see *Ishim VeShitot* by Rabbi S. Y. Zevin, in the chapter devoted to Rabbi A. I. Kook. Note that in the Yerushalmi version of this Gemara, the daughters of the *segan* and *mashuaḥ milḥama* are not mentioned.

does not reflect on the relative standing of the *segan* and the *mashuaḥ milḥama*. As noted in Nazir 47b, the *mashuaḥ milḥama* precedes the *segan* with regard to being rescued since he fulfills a greater public need. The reason for the *segan*'s precedence vis-à-vis ritual defilement is essentially the same as the explanation in Horayot, namely, that the *segan* is functional only if he is ritually pure (unlike the *mashuaḥ milḥama*, whose normal *avoda* in the Temple is that of a *kohen hedyot* and so is dispensable). Conversely, the *mashuaḥ milḥama* is functional only if he is alive.[20]

We can see from this erudition of the reason given in Horayot that the reasons for giving preference to the *mashuaḥ milḥama* or the *segan* are utilitarian. Neither Gemara is judging the relative importance of the two positions. In order to determine which position is in fact superior, we would have to decide whether *tuma* or rescuing represents the exception to the rule: is the *segan* senior to the *mashuaḥ milḥama*, as a rule, while the case of rescuing is an exception? Or is the reverse true: the *mashuaḥ milḥama* is senior to the *segan*, excepting for the case of *tuma*? It seems that the Gemara in Taanit is informing us that the *segan* is superior, and the case of rescuing represents a necessary exception to the rule. This would make sense, as although the *mashuaḥ milḥama* is a High Priest *begavra*, he does not perform the *avoda*. The *segan*, however, has the potential to become at a moment's notice, and with immediate effect, the actual High Priest.

CONCLUSION

The nature of the *mashuaḥ milḥama* lies at the root of several disputes regarding his halakhic status. In some respects, the *mashuaḥ milḥama* resembles a *kohen hedyot*; in others he seems closer to a High Priest. In view of this tension, it has been necessary to define an intermediate position, synthesizing these two poles. The *mashuaḥ milḥama* is a *kohen gadol begavra* but is not a *kohen gadol betafkid*. His personal status is like that of a *kohen gadol*, while his role and function parallel those of a *kohen hedyot*.

20. It is implied by this Gemara that the *mashuaḥ milḥama* does not need to be ritually pure to make his declaration. This may serve as a proof that the declaration is not a form of *avoda*.

לעמוד לשרת

לעמוד לשרת

מאמרים בענייני כהונה

לזכרו של מארק (שמעון אלימלך הכהן) וויינברג

עורכים:

הרב אביעד תבורי והרב משה גרוס

לעמוד לשרת
מאמרים בענייני כהונה
לזכרו של מארק (שמעון אלימלך הכהן)ויינברג

עורך אחראי: ראובן ציגלר
עיצוב ועימוד: רינה בן־גל
עיצוב העטיפה: נטלי פרידמן־ויינברג

ספרי מגיד, הוצאת קורן
ת"ד 4044 ירושלים 9104001
טל': 02-6330530 פקס: 02-6330534

maggid@korenpub.com
www.korenpub.com

מסת"ב ISBN 978-1-59264-267-0

נדפס בארצות הברית 2015 Printed in USA

תוכן העניינים

פתח דבר

ספר זה מוקדש לזכרו של מארק (שמעון אלימלך הכהן) וויינברג, שנפטר בגיל 35 לאחר מאבק ממושך במחלת הסרטן.

מארק נולד בלונדון בשנת 1975. הוריו, הנרי וסימה, היו פעילים מאד בקהילה היהודית, ודרכם למד מארק על חשיבותה של מעורבות "בעלי־הבתים" בחיי הקהילה.

לאחר סיום חוק לימודיו בתיכון חשמונאים נסע מארק לארץ־ישראל, והחל את לימודיו בישיבת הר עציון. שם הושפע רבות מרבני הישיבה ומראשיה הרב יהודה עמיטל זצ"ל, ויבל"א הרב אהרן ליכטנשטיין שליט"א, רושם שנשאר על מארק במשך כל חייו הקצרים. מארק השקיע רבות בלימודיו בישיבה, והתוודע ללימודי התנ"ך המקוריים שנוצרו ונתחדשו בישיבה. הוא שאב הרבה מרבותיו, ונוצרו ביניהם קשרים חזקים והדוקים, קשרים שהמשיכו עד יום מותו.

לאחר שנתיים בישיבת הר עציון, החל את לימודיו האקדמיים ב־London School of Economics. תוך כדי לימודיו החל מארק ללמד צעירים וצעירות שיעורים פרטיים תורניים. אותם תלמידים הושפעו רבות משיעורים אלו. מארק הושפע מאד מהנהגתו של הרב יונתן זקס, רבה הראשי של יהדות בריטניה. הוא היה מקורב אליו ושוחח עמו רבות.

בבני עקיבא התבלט מארק כמנהיג טבעי, ולאחר שגמר את לימודיו נבחר להיות מזכיר בני עקיבא בריטניה.

בשנים הבאות מארק נשא את נטלי לבית וייל לאישה ונולדו להם שתי בנות, יונה ומעיין. בד בבד עם תחילת עבודתו בתחום הפיננסי, התמסר כל כולו לרעיון של לימוד תורה של בעלי בתים ברמה גבוהה. יחד עם חברו רפי זרום הוא הקים לתחייה את המוסד Jews' College (שכיום נקרא London School of Jewish Studies), והפך אותו למרכז של לימוד תורה למבוגרים הנותן מענה לכל סוגי האוכלוסייה המחפשים שיעורים תורניים.

מארק הקים ביחד עם חבריו, אחותו דברה וגיסו אביעד את בית הכנסת "עלי ציון" בשכונת Hendon, בית כנסת שנועד להיות היסוד להקמת קהילה רוחנית הנוסבת סביב לימוד תורה רציני ומעמיק, וכן הרצון לעלות לארץ ישראל.

בשנת 2006, לאחר שסיים תואר שני במנהל עסקים באוניברסיטת קיימברידג', עלה מארק עם משפחתו לישראל. הוא הצליח לשכנע כמה משפחות לעלות עמם יחדיו, ולהקים קהילה בעיר מודיעין. למארק היו תכניות לבנות בית כנסת ובית ספר בעיר, והוא ראה חשיבות עצומה בהתערבותם הישירה של המשפחות בהקמת מוסדות אלו.

לדאבוננו, מארק לא הספיק להגשים את כל חלומותיו. אך מורשתו השפיעה רבות על כל חבריו ומכריו. לאחר פטירתו נדהמו כולם לגלות את יומניו הפרטיים המפרטים משימות יום יומיות שהטיל על עצמו לעשות. שעה שעה, יום יום, מופיע ביומן פירוט תכניות ומשימות הקשורים בין השאר בשאיפותיו ובחלומותיו להקמת קהילה בארץ ישראל. בין היתר נמצאה שם תוכנית להקמתו של בית מדרש לצד בית הכנסת כדי להיות מקור של לימוד רציני ומעמיק. לאחר פטירתו, חלום זה התגשם, ובית המדרש בקהילתו הוקדש לזכרו.

מארק אהב ספרים בכל נפשו ובכל מאודו, ועל כך יעידו מדפי ספרייתו העמוסים לעייפה. כאשר מכריו ואוהביו העלו אפשרויות שונות של הנצחה, היה ברור לכולם שכתיבת ספר היא אחת הדרכים הראויות והמתאימות להנציח את זכרו.

בחרנו להקדיש ספר שיעסוק בענייני כהונה, מפני שמארק היה כוהן. מארק התייחס ברצינות לתפקידו ככוהן, ולכן השקיע רבות בתפקיד המרכזי של הכוהן, ללמד את העם תורה. ״כי שפתי כהן ישמרו דעת ותורה יבקשו מפיהו...״. מארק לימד תורה לא רק יחידים אלא גם ציבורים גדולים. העובדה שקהילתו עלי ציון והמוסד התורני London School of Jewish Studies ממשיכים לגדול ולהשפיע על הקהילה היהודית בבריטניה היא עדות לתרומתו העצומה של מארק בתחום לימוד התורה והפצתה.

חלק מן המאמרים התפרסמו בעלון התורני של ישיבת הר עציון ״עלון שבות״, וחלק נכתבו במיוחד לספר זה. רבים מן הכותבים הכירו את מארק היכרות אישית, חלקם נמנו עם רבותיו וחלקם הם חבריו ובני משפחתו.

אנו תפילה שספר זה יתקבל בברכה אצל הלומדים בכלל ואצל הכוהנים בפרט, וילמדו ממנו על מעלת הכוהנים, חובותיהם וזכויותיהם, ושנזכה שהלימוד על מצוות הכוהנים יהיה הלכה למעשה, במהרה בימינו אמן.

"כתר כהונה לזרעו של אהרן"

הרב משה ליכטנשטיין

א. דין חזקת כהונה בתרי ותרי

א.

בברייתא (קידושין סו ע"א) אמרו:

> תניא: מעשה בינאי המלך שהלך לכוחלית שבמדבר וכיבש שם ששים כרכים, ובחזרתו היה שמח שמחה גדולה וקרא לכל חכמי ישראל. אמר להם: אבותינו היו אוכלים מלוחים בזמן שהיו עסוקים בבנין בית המקדש, אף אנו נאכל מלוחים זכר לאבותינו. והעלו מלוחים על שולחנות של זהב ואכלו. והיה שם אחד איש לץ לב רע ובליעל, ואלעזר בן פועירה שמו. ויאמר אלעזר בן פועירה לינאי המלך: ינאי המלך, לבם של פרושים עליך! ומה אעשה? הקם להם בציץ שבין עיניך! הקים להם בציץ שבין עיניו. היה שם זקן אחד ויהודה בן גדידיה שמו, ויאמר יהודה בן גדידיה לינאי המלך: ינאי המלך, רב לך כתר מלכות, הנח כתר כהונה לזרעו של אהרן, שהיו אומרים אמו נשבית במודיעים... היכי דמי? אילימא דבי תרי אמרי אישתבאי, ובי תרי אמרי לא אישתבאי – מאי חזית דסמכת אהני, סמוך אהני...

בהמשך הסוגיה מבואר שגם למסקנה סוברים שאם שניים אומרים נשבית ושניים אומרים לא נשבית – פוסלים את הכוהן מכוח הספק, ומורידים את הכוהן מכהונתו. והקשה רש״י, והלוא זה הוא ספק, ויש להכשיר את ינאי מדין חזקת כשרות שהייתה לו. וזה לשונו (ד״ה סמוך אהני):

> ואי אמרת אוקי תרי לבהדי תרי ואוקי איתתא אחזקתה, הני מילי אי היא קמן (יש גורסים: אי הואי איהי קמן) והיתה באה לבית דין להתירה, אבל בנה זה הנדון אין לו חזקה דכשרות, שהרי מעידים על תחילת לידתו בפסול.

אמנם התוספות ועוד סיעת ראשונים הקשו על דעת רש״י מכמה סוגיות שבהן מצינו שחזקת האם מועילה לוולד. עיין שם שהקשו מסוגיה ערוכה בשלהי פרק ראשון בכתובות (יג ע״א), שם מדובר שראו אישה שמדברת עם אחר ונמצאת מעוברת. והאמוראים נחלקו שם, אחר שהכשרנו את האֵם האִם גם הוולד כשר. המכשיר אותה ואת בתה מכשיר משום חזקה, ואף הפוסל לא פסל אלא משום שביוחסין עשו מעלה, כמבואר שם, ולא מעיקר הדין.

אמנם יש לחלק בין שתי הסוגיות. הרי ברור שאִם חזקת האֵם אינה מועילה לבת המשמעות היא שאין בחזקה כדי לברר את הספק, אלא רק פסק והוראה כיצד לנהוג במקרה המסופק לפנינו, אף שעדיין אנו מסופקים במציאות. הלוא אם החזקה הייתה מבררת את המציאות אי אפשר היה לחלק כלל בין האֵם לבת, שהרי מקרה אחד קרה לשתיהן, וממילא דין אחד להן. לכן, לו חזקת אֵם ינאי הייתה מבררת את כשרותה, משום שהייתה מבררת לנו שלא נבעלה בעת שביה, ודאי שאף ינאי עצמו היה כשר. ואולם חזקת אֵם ינאי אינה חזקה המבררת, שהרי כנגד שני עדים החזקה אינה יכולה להוסיף בירור, שהרי במקום שהעדויות מולידות ספק – הספק הוא מוחלט, והחזקה אינה אלא הוראת הנהגה להמשיך מספק את המצב הקודם[1].

1. היות המעמד של 'תרי ותרי' ספק מוחלט, ושמעמד החזקה הוא הנהגה בלבד – נידונים בהרחבה אצל ראשונים ואחרונים, והדברים עתיקים. מסברה ודאי שפשוט יותר לומר שאין כאן בירור משום ביטול העדות אלא הנהגה, "העיקר שאם הוחזק מצב

כיוון שכן, לדעת רש"י הנהגת החזקה אינה מכוונת כלפי קביעת המצב, אלא כלפי האדם הפרטי, כהנחיה להתנהגותו האישית ולכל מי שניתנה לו הדרכה להמשיך בהתנהגותו כמקודם. לכן אמו של ינאי, שהייתה טהורה מקודם, נשארת בחזקת טהורה בהנהגה אישית. מה שאין כן בנה ינאי, שלא הייתה לו מעולם הנהגה כזו. ברם כל זה לגבי הסוגיה בקידושין, כיוון שב'תרי ותרי' החזקה אינה יכולה לברר. אך בסוגיה בכתובות החזקה אינה עומדת כנגד כוחם של העדים, שהרי לא ידוע כלל מה היה במציאות, וכדי לברר מה היה אנו מסתמכים על החזקה שתפזר את ערפילי הספק. היות שכן, חזקת האם מועילה לבת, משום שלעניין בירור המציאות אי אפשר לחלק בין הגופים, שהרי אותו מקרה נוגע לשתיהן ודין אחד להן. ויש לומר שזו מחלוקת זעירי ור' אסי שם, אם חזקה ראשונה היא בירור המציאות או הנהגה.

ואולם אין די בכך כדי ליישב את שיטת רש"י יישוב גמור. ראשית, מפני שאין זה פשוט שחזקה שיש בה ריעותא, כבסוגיה בכתובות, היא בירור ולא חזקה. הלוא בסופו של דבר יש אישה בעולה לפנינו, לפיכך

מסויים – נשאירנו בחזקתו עד שיהא דבר ברור מסלקו מאותה החזקה" (פירוש המשנה לרמב"ם נזירות פ"ט מ"ב), ואין לומר שהעדויות מתבטלות והחזקה מבררת. ועיין בשב שמעתתא שער ו פרק כב (ושם שער ז פרק ב), בקצות החושן (סי' פז ס"ק ח) ובשו"ת ר' עקיבא איגר (סי' קלו).

יש להעיר שבתוספות הקשו על רש"י בסוגייתנו מכוח הבנה ש'תרי ותרי' הרי הם כמי שאינם, והחזקה נחשבת כבירור גמור. עיין בתוספות בבא בתרא (לב ע"א ד"ה אנן), שם באה שיטה זו לידי ביטוי בכמה נקודות: א. לדעתם ב'תרי ותרי' במקום חזקת איסור חייב חטאת ולא אשם תלוי (ובכתובות [כב ע"ב ד"ה הבא] כתבו שהורגים על סמך חזקה זו). ב. אין טענת 'ברי לי' יכולה להתיר ספק 'תרי ותרי' אם אין חזקה המבררת להיתר שמצטרפת אליה, כגון חזקה שאישה 'דייקא ומינסבא'. ג. לכן הקשו על שיטת רש"י בעניין ינאי מסברה ולא רק מסתירת הסוגיות. והדברים מפורשים בתוספות הר"ש משאנץ בכתובות (כו ע"ב): "והוו עדים כמאן דליתנהו וליכא ריעותא כלל".

לעומתם, הרמב"ן הבין שב'תרי ותרי' הספק הוא מוחלט (עיין בבא בתרא לא ע"ב [סוף ד"ה אנן]: "דלא אמרינן כל דאלים גבר אלא היכא דאיכא למיקם עליה דמילתא, ועדים ועדים ליכא למיקם עליה לעולם". וכן משמע משיטתו בבבא מציעא ו ע"ב, שתפיסה מועילה בספק 'תרי ותרי'. ועיין בחידושיו לסוגיות ביבמות לא ע"א ובקידושין סו ע"א), ובכל זאת חולק על שיטת רש"י, משום שעניין ינאי אינו תלוי בכך בלבד.

מסתבר יותר לומר שיש כאן הנהגה ולא בירור. סיכומו של דבר, הדברים עתיקים, והמעיין יבחן אם יש בהם כדי להעלות ארוכה לשיטת רש"י או לא.

ברם, אף אם יש בכך כדי לתרץ את שיטת רש"י בעניין ינאי מהקושיה מכתובות, עדיין לא הועלנו, שהרי הראשונים הוסיפו להקשות מסוגיה נוספת בעניין העלאה ליוחסין של כהונה. עיין שם בתוספות ששדו נרגא בשיטת רש"י מסוגיה ערוכה בפרק שני בכתובות (כו ע"א-ע"ב) ובראש חזקת הבתים (בבא בתרא לב ע"א) בעניין אם חוששים לזילותא של בית דין להוריד ולהעלות לכהונה כשיש שני כתי עדים המכחישות זו את זו אם בן כוהן זה שלפנינו הוא בן גרושה או חלוצה או לא. אמנם הכול מודים שלולא החשש מהזלזול בבית דין – הולכים אחר החזקה ומעלים לכהונה על פיה, אף על גב שהחזקה היא מן האב לבן במקום 'תרי ותרי'.

לכאורה יש קושיה גדולה על דעת רש"י מסוגיה זו. הלוא המקרה והעניין דומים למבואר בקידושין, ומפורש בה הדין שחזקת האב מועילה לכהן להחזיקו או להעלותו לכהונה. אמנם רש"י עצמו נזהר מכך, וכתב שם: "ואי קשיא: תרי ותרי נינהו? אוקי תרי לבהדי תרי ואוקמינן אחזקה קמייתא – דאסקיניה על פי עד הראשון שהוא נאמן, דהא אכתי אין עוררין, דקול לאו עוררין הוא", והעיר הרמב"ן שם שרש"י כתב כן מפני שכך נוצרת החזקה על ידי העד הראשון שהעיד קודם לשני העדים האחרים, מה שאין כן במעשה בינאי, שלא בא עד אחד בפני עצמו קודם לכן, ולא נוצרה חזקה בתחילה. ואולם הרמב"ן עצמו האריך להקשות על חילוק זה ודחהו, ואף התוספות נחלקו על רש"י מכוח ראיה זו.

סוף דבר, מעמדו של ינאי והעדר החזקה לשיטת רש"י טעונים בירור.

ב.

בסוף פרק שני בכתובות (כח ע"ב) אמרו:

> במקומו של רבי יהודה היו מעלין מתרומה ליוחסין, במקומו של רבי יוסי לא היו מעלין מתרומה ליוחסין.

ואת מחלוקת ר' יהודה וחכמים במשנה שם (פ"ב מ"ז), "וכן שני אנשים, זה אומר כהן אני וזה אומר כהן אני – אינן נאמנין. ובזמן שהן מעידין

זה את זה – הרי אלו נאמנין. רבי יהודה אומר: אין מעלין לכהונה על פי עד אחד", תלו (שם כד ע"ב) בשאלה זו, אם מעלים מתרומה ליוחסין או לא. טעם המחלוקת אינו מבואר בגמרא, מדוע לא יעלו מתרומה ליוחסין? הלוא ממה נפשך, אם הוא כוהן גמור האוכל תרומה האסורה לזר – אף לעניין יוחסין יש לומר שהוא כוהן. ואם חזקתו אינה מספקת – אף לעניין תרומה אין לומר שהוא כוהן, וכיצד אפשר לפסוק דבר והיפוכו? לעניין תרומה להחשיבו לכוהן, ולעניין יוחסין כזר! וכבר הקשה כן רבי חייא לרבי במחלוקתם לעניין העלאה לכהונה על פי קרובים (שם כה ע"ב):

> דתניא: הרי שבא ואמר בני זה וכהן הוא, נאמן להאכילו בתרומה ואינו נאמן להשיאו אשה, דברי רבי. אמר לו ר' חייא: אם אתה מאמינו להאכילו בתרומה – תאמינו להשיאו אשה; ואם אי אתה מאמינו להשיאו אשה – לא תאמינו לאכול בתרומה.

ואכן מכוח קושיה זו פסק הרמב"ם (הלכות איסורי ביאה פ"כ ה"א) שבתרומה מן התורה צריך שני עדים, ואי אפשר לחלק בין תרומה ליוחסין, ולפי זה הסוגיה דנה בתרומה דרבנן. אך הר"ן (י ע"ב בדפי הרי"ף ד"ה גרסינן עלה) כתב:

> ולענין הלכה משמע לי דאין מעלין מתרומה ליוחסין. הילכך נהי דליוחסין בעינן ב' עדים בתרומה בעד אחד סגי... והיינו טעמא משום דעד אחד נאמן באיסורין, וכל שכן במילתא דעבידא לאיגלויי, הילכך אפילו בתרומה דאורייתא עד אחד נאמן. זהו שנראה לי מפשט הסוגיא, אבל הרמב"ם ז"ל כתב... ולפיכך לא נתחוורו לי דברי הרמב"ם ז"ל בכאן.

הרי ששיטת הר"ן היא שיש חילוק בין תרומה ליוחסין לעניין העלאה לכהונה, ולא חשש לכהונה חצויה. גם מדברי התוספות (שם ד"ה ואיבעית אימא) משמע שמעיקר הדין אין צריך לתרומה אלא עד אחד וליוחסין שניים, ולא נחלקו אלא אם תיקנו שני עדים לתרומה מפני החשש או לא. וכן ביארו גם הרמב"ן וסיעתו את תשובת רבי לר' חייא, שיש הבדל בין

מידת הצורך בעדות בשני המקרים. ובספר הישר לרבנו תם (סי׳ ל) משמע ששאלה זו עצמה, אם בתרומה זקוקים לעד אחד או לשניים, היא המחלוקת שנחלקו בעניין העלאה מתרומה ליוחסין.

הרי שדעת גדולי הראשונים, למעט הרמב״ם, היא כפשוטה של סוגיית הגמרא, שנשיאת כפים ואכילת תרומה חלוקות מיוחסין לעניין העלאה לכהונה.

אמנם עדיין ניצבת בכל חומרתה השאלה: מאי שנא? ומדוע לא אומרים ׳ממה נפשך׳ לעניין כהונתו? ונראה לומר שבתרומה יש ליישם את הכלל ׳עד אחד נאמן באיסורין׳, מה שאין כן ביוחסין, שהוא דבר שבערווה, ואין דבר שבערווה פחות משניים, או משום שמעלה עשו ביוחסין להצריך שני עדים. ברם עדיין מקום הניחו לנו לדון בסוגיה זו ולהוסיף בה דברים, אם בגופה של סוגיה ואם לעניין גדר היוחסין והמעלה שעשו בהם.

לביאור העניין, עלינו לעיין בסוגיה ביבמות (ק ע״ב):

> אמר שמואל: עשרה כהנים עומדים, ופירש אחד מהם ובעל – הולד שתוקי. מאי ׳שתוקי׳? אילימא שמשתקים אותו מנכסי אביו, פשיטא! מי ידעינן אבוה מנו? אלא שמשתקין אותו מדין כהונה. מאי טעמא? אמר קרא: ״והיתה לו ולזרעו אחריו״, בעינן זרעו מיוחס אחריו, וליכא. מתקיף לה רב פפא: אלא מעתה גבי אברהם דכתיב: ״להיות לך לאלהים ולזרעך אחריך״, התם מאי קא מזהר ליה רחמנא? הכי קאמר ליה: לא תנסב עובדת כוכבים ושפחה, דלא ליזיל זרעך בתרה. מיתיבי: ״ראשון ראוי להיות כהן גדול״, והא בעינן זרעו מיוחס אחריו, וליכא! זרעו מיוחס אחריו דרבנן, וקרא אסמכתא בעלמא.

שיטת שמואל היא שלכהונה צריך דרגת ייחוס גבוהה יותר מאשר לישראל. אמנם בגמרא מפורש שזהו דין מדרבנן, אך אפשר להסיק שקיים חילוק עקרוני בין ייחוס כהונה לייחוסי ישראל. אפשר להביא ראיה שיש כאן הבדל מהותי בין כהונה לישראל ולא רק מעלה בלבד מדעת הראב״ד שהובאה בספר הזכות לרמב״ן (יבמות טו ע״א בדפי הרי״ף). הראב״ד שם הוכיח מדינו של שמואל שגוי ועבד שבאו על בת ישראל הוולד פגום לכהונה.

ונראה מדבריו שהפגם הוא מן התורה, וכך הבין הרמב"ן שם, שהפגם הוא פגם גמור.

על כל פנים, בין אם נביא מכאן ראיה לדין תורה ובין אם לא, יש בדינו של שמואל להצביע על חילוק יסודי בין ייחוסי כהונה לייחוסי ישראל. משמעות החילוק היא, שבעוד הייחוס בישראל אינו אלא לדעת שאין בו פגם מאת אבותיו והוא כשר לבוא בקהל, הרי שלייחוס הכוהן אין די בכך, אלא צריך ליחסו בוודאות אַחַר אבותיו בדורות קודמים. ייחוס ישראל הוא העדר פגם, וייחוס כהונה הוא זיקה חיובית שמקשרת את הכוהן לאבותיו הכהנים, "זרעו מיוחס אחריו".

אם נשליך את המסקנות שהעלינו לנידון בסוגיה בכתובות, הרי שברור הוא שאין שם מום מחמת הייחוס, שהרי היא נבעלה לכשר ואין כאן חשש ביאת פסול. לכן בישראל הוולד כשר לגמרי, אך כיוון שכוהן צריך להיות מיוחס אחר אביו, ואי אפשר ליחסו אחריו אם אביו אינו ידוע – צריך שני עדים. אמנם מסקנת הגמרא היא שדין זה אינו אלא מדרבנן, אך בגמרא בזבחים מדובר שעל כל פנים הוולד שלפנינו מיוחס בוודאות אחר כהן כלשהו, אחד מעשרה. ואולם אם ייחוס זה יחסר ולא יהיה רצף לדורות הקודמים – אף מן התורה יש מקום לפסול. וזו הראיה שהביא הראב"ד מדינו של שמואל, מהדין של גוי ועבד שבאו על בת ישראל. שאף שהוולד כשר לגמרי לישראל משום שהפסול הולך אחר האם, וממילא יש כאן הכשר גמור – אבל הוולד אינו מיוחס, שהרי היחס תלוי באביו, ואין ייחוס מגוי או מעבד לישראל. יוצא אפוא שהוא ולד סתמי, בלי פגם ובלי ייחוס, ועל כן הוא כשר לגמרי לייחוסי ישראל ופסול לגמרי לכהונה[2].

שורש העניין הוא, שיסודה של קדושת ישראל היא בשייכות לעם ישראל ואינה תלויה בקבלת הקדושה מאביו או בהתייחסות אחר אברהם אבינו, אלא בהיות איש ישראל חלק מהעם היהודי. ממילא אם יש שייכות

2. אמנם אפשר לחלק בין דינו של שמואל, המצריך ייחוס לאביו של הכהן עצמו, לבין שיטתו מרחיקת הלכת של רבנו אברהם בן דוד, הדורש אב ישראל למי שבאה להינשא לכוהן מעיקר הדין. ברם אין אנו דנים גם על היסק הראב"ד, אלא בהבנתו את דין 'זרעו מיוחס אחריו' ויישומו להלכה לפי דרכו.

ודאית לעם בהווה – ישנה קדושת ישראל גמורה אף ללא הזיקה לעבר בייחוס ישיר וודאי[3]. לעומת זאת, קדושת כהונה אינה משום השתייכות לשבט הכוהנים בהווה, אלא משום העברת והנחלת הקדושה שניתנה לאהרן לידי זרעו. בהלכות תלמוד תורה (פ"ג ה"א) כתב הרמב"ם: "כתר כהונה זכה בו אהרן, שנאמר 'והיתה לו ולזרעו אחריו ברית כהונת עולם'". משמעות הדברים היא שאהרן זכה בכתר הכהונה, ובניו זוכים בכהונה מכוח זכייתו, והיא עוברת אליהם משום היותם זרעו.

אפשר להסביר זאת בשני אופנים. אפשר לומר שכהונה נקבעה כמעמד הקשור במשפחת אהרן ובניו, ורק הנכנסים תחתיו יכולים לזכות בכתר הכהונה השייך לשבט. ואפשר גם לומר שקדושת כהונה זקוקה למשיחה, וכוהן אינו קדוש אם אינו נמשח או מתייחס למי שנמשח. אהרן ובניו נמשחו בשעתו, ועל ידיה נתכהנו. אך כוהני ימינו, שלא נמשחו, זוכים בקדושת כהונה על ידי המשכת משיחת אבותיהם עליהם משום שנכנסים תחתם. ובספרי פרשת נשא (פי' מד) אמרו: "'וימשחם ויקדש אותם' – רבי אומר: למה נאמר? והלוא כבר נאמר: 'וימשח אותו ויקדש אותו'. ומה תלמוד לומר: 'וימשחם ויקדש אותם'? מגיד שבמשיחתן של אלו הוקדשו כל הכלים לעתיד לבא". הרי שהמשיחה במדבר הועילה כדי להחשיב את הכלים למשוחים לדורות, משום שנכנסו תחת הכלים הקודמים, ומזה נלמד אף לעניין משיחת הכוהנים עצמם[4]. יהא אשר יהא טעם הדבר. העולה

3. ואין לך ראיה גדולה יותר מגירות. ועיין במשנה ביכורים (פ"א מ"ה) ובראשונים שם. ויש לציין ללשון הרמב"ם בתשובתו הידועה לר' עובדיה הגר (מהד' בלאו סי' רצג) שכתב: "ואל יהא יחוסך קל בעיניך. אם אנו מתיחסים לאברהם יצחק ויעקב אתה מתיחס למי שאמר והיה העולם. וכך מפורש בישעיה (מ"ד ה): 'זה יאמר לה' אני וזה יקרא בשם יעקב וגו'"".
וכן מה שמצינו בשלהי פרק ראשון בכתובות (טו ע"א), שעשו מעלה ביוחסין אף לגבי ישראל, הכוונה היא שבמקום שיש ספק לעניין הפגם – לא הולכים לפי כללי הכרעות הספק הרגילים, אלא נדרשים בירורים המוציאים מכלל ספק. ברם אין מדובר בייחוס חיובי אחר אבותיו, אלא בסילוק ספקות שאינו פגום.
המשותף לשתי המעלות הוא שעניינן ידיעה ודאית ולא הנהגת ספקות, כל אחד כפי הנצרך לו.
4. ראה בספר בית ישי (סי' לב) שבנה יסוד נרחב מדברי הספרי, שהמשיחה הראשונה מועילה לדורות.

משיטת שמואל ומהראב"ד שנסמך עליו הוא שייחוס כהונה שונה מייחוס ישראל, ויסודו הוא בהיות זרעו של אהרן מיוחס אחריו.

ג.

והנה הרמב"ן (ספר הזכות שם) השיג על הראב"ד, וכתב: "שלא אמרו לשתקו מדין כהונה, אלא לומר שאינו עומד ומקריב על גבי המזבח, לא שיהא כחלל ומטמא למתים, אלא אוכל הוא בתרומה וכל דיני כהונה עליו". לאור דברינו לעיל, משמעות שיטה זו היא שבקדושת כהונה עצמה יש לחלק בין הייחוס לעבודה על גבי מזבח לבין הייחוס לשאר ענייני כהונה. במה שנוגע לדברים שהם חוץ למקדש, כתרומה וכיוצא בהן, קדושת כהונה אינה דבר נפרד העומד בפני עצמו, אלא היא חלק מקדושת ישראל, ומעלת הכהונה היא בהיותה ראש לקדושת ישראל. לכן כללי היוחסין של העלאה לכהונה אינם שונים מכללי היוחסין של ישראל, ואם אין בו פסול או פגם ידוע – הרי הוא כוהן כשר. ברם במקדש, קדושת כהונה אינה פתוכה וקשורה כלל לקדושת ישראל, ואין שייכות ביניהן. אצל המזבח, קדושת כהונה היא קדושה נפרדת ועצמאית, מין בפני עצמו, הנובע מהיות הכוהנים זרע אהרן. בקדושה זו אין די בכך שאין פגם, אלא נדרש ייחוס חיובי ידוע כדי לקבוע אם הכוהן הוא חלק מזרע אהרן.

תרומה שניתנת לכוהן בגבולין שייכת למערכת רחבה יותר של תרומות ומעשרות, מערכת שבה יש לישראל חלק פעיל, והכוהן משתתף ומתקדש בקודשי הגבול בתור מי שנמצא ברמה העליונה של ישראל. לעומת זאת, בעולם המקדש, הכוהנים, שלוחי דרחמנא ומכלי המקדש, מובדלים מכלל ישראל ועומדים מולם כעדה בפני עצמה. "וכי תעלה על דעתך שזר קרב לגבי מזבח?!" (מנחות כ ע"ב). מן הראוי לציין בהקשר זה את שיטת הרמב"ם (הלכות ביאת מקדש פ"ב הל' א-ב) שאיסור ביאה ריקנית למקדש נוהג בכוהנים ואינו נוהג בישראל, אשר אין להם שייכות למקדש כלל.

לפי דרך זו יש להבין מדוע הכוהן הגדול מתוודה ביום הכיפורים על שבט הכוהנים בנפרד משאר ישראל (משנה יומא פ"ד מ"ב). ועיין ביומא (סא ע"א) ומנחות (צב ע"א), שם נחלקו ר' יהודה ור' שמעון האם כוהנים

מתכפרים בשעיר המשתלח או לא, ברם מבואר שם שהכול מודים שיש כפרה נפרדת לכוהנים ולישראל לעניין טומאת מקדש וקודשיו. והנה, שיטת ר' יהודה היא שהכוהנים מתכפרים בשעיר המשתלח בכלל ישראל, שהרי "אטו כהנים לאו בכלל ישראל נינהו?!" (יומא סו ע"א), ואף על פי כן, לעניין טומאת מקדש וקודשיו הם אינם מתכפרים בכלל ישראל, אלא בכפרה נפרדת המיוחדת לשבט משרתיו. והיינו כפי שהעלנו, בכפרת שאר עוונות – הכוהנים הם בכלל ישראל ומתכפרים יחדיו, ואילו בכל ענייני המקדש – הכוהנים מובדלים מכלל אחיהם הישראלים וזקוקים לכפרה שונה.

והנה בחולין (קלא ע"ב – קלב ע"א) אמרו:

> עולא הוה יהיב מתנתא לכהנתא. איתיביה רבא לעולא: מנחת כהנת נאכלת, מנחת כהן אינה נאכלת. ואי אמרת כהן ואפילו כהנת, והכתיב "וכל מנחת כהן כליל תהיה לא תאכל"! אמר ליה: רבי, מטונך! אהרן ובניו כתובין בפרשה. דבי רבי ישמעאל תנא: כהן ולא כהנת, וילמוד סתום מן המפורש. דבי ר' אליעזר בן יעקב תנא: כהן ואפילו כהנת, הוי מיעוט אחר מיעוט, ואין מיעוט אחר מיעוט אלא לרבות. רב כהנא אכל בשביל אשתו, רב פפא אכל בשביל אשתו, רב יימר אכל בשביל אשתו, רב אידי בר אבין אכל בשביל אשתו.

בעוד רבא ותנא דבי רבי ישמעאל השוו בין דיני כוהן בעבודת מקדש לדיני כוהן במתנות, הרי עולא, שהלכה כמותו, חילק ביניהם על סמך הדיוק בפסוקים. לעניין מקדש התורה נוקטת לרוב את הלשון "בני אהרן", ודרשו: "בני אהרן ולא בנות אהרן". נשים לא נכללו בלשון זו, וממילא אין לראותן בעבודת המקדש ככוהנות אלא כזרות. "אי זהו זר? כל שאינו מזרע אהרן הזכרים, שנאמר: 'וערכו בני אהרן', 'והקטירו בני אהרן', בני אהרן ולא בנות אהרן" (רמב"ם הלכות ביאת מקדש פ"ט ה"א)[5]. לעומת זאת, נשים נחשבות ככוהנות לעניין המתנות, משום שבמתנות נזכר בכתוב לשון 'כהונה' ולא

5. אמנם, האחרונים האריכו לחקור אם אישה פסולה לעבודה מדין זר או פסול אחר, אך ברמב"ם כלל אין להסתפק, וכדברינו בפנים. עיין פרשת דרכים (דרך מצוותיך חלק ג ד"ה עוד אני), מנחת חינוך (ראש מצוה שצ), אתוון דאורייתא (סי' יט) ועוד.

זרע אהרן, ולשון כהונה כולל בתוכו אף נשים אשר לא התמעטו אלא מ'בני אהרן' בלבד. בפרשת מתנות, שהן חולין גמורים כתרומה ולא באו אלא לתת לכוהנים את החלק המגיע להם מן החול, גם הנשים נחשבות בכלל שבט כהונה. האישה אינה "בת איש כהן" אלא כוהנת. גם בלשון הרמב"ם, אשר קבע בנחרצות את זרותן של נשים בעבודה ובביאת מקדש, עולה בבירור שכוהנת אוכלת במתנות מכוח היותה בכלל כהונה (ובניגוד לחללה המוצאת מן הכלל, מפני שיצאה מכלל השבט): "הכהנת אוכלת המתנות... מפני שאין בהן (=במתנות) קדושה... אבל חללה אינה אוכלת, שאין חללים בכלל כהנים" (הלכות ביכורים פ"ט ה"כ).

על פי דברינו מתבאר העניין. בענייני המקדש קדושת כהונה נובעת מייחוס הכוהן לאבותיו כזרע אהרן, והאישה אינה מתייחסת אחר אביה כמי שממשיכה אותו. לעומת זאת, בגבולין מעמד הכהונה תלוי בהיות הכוהן שייך לשבט הכוהנים עתה, והאישה נחשבת חלק מן השבט.

ייתכן שיסוד זה, אכילה מחמת השייכות לשבט ולא משום ייחוס האבות, קיים גם לעניין תרומה. הר"ש משאנץ (תרומות פ"ו מ"ב) כתב שאכילת אשת כוהן בתרומה היא משום ש"נעשית כהנת בנישואיה". לכאורה דבריו משוללים הבנה, כיצד ייתכן שישראלית תיהפך לכוהנת על ידי נישואין? ברם אכילת תרומה (כמתנות) לדעת הר"ש אינה תלויה בקדושת כהונה של מקדש אלא בשל גבולין, והיא תלויה בשייכות לשבט הכוהנים, וכל אישה שנישאת לבעלה מצטרפת לשבטו. לכן לעניין תרומה, שהיא קודשי הגבול, נעשית כוהנת על ידי נישואיה, אף על גב שהיא זרה לעניין עבודה[6].

עד עתה נסמכנו על דברי הרמב"ן שחילק בין עבודה על גבי מזבח לשאר ענייני הכהונה, אף על גב שמפורש בדבריו שזו מעלה מדרבנן, משום שדבריו מוסבים על דינו של שמואל שבו עסקנו. ברם עצם החילוק בין כהונת פנים במקדש לכהונת גבולין מבוסס הרבה יותר. ייתכן שכבר

6. אין בדברינו אלא הסבר שיטת הר"ש. ועיין בפסחים (עב ע"ב) ובספרי (פרשת קרח פי' קיז; ורש"י בויקרא כ"ב, יא הביא את שני ההסברים, שאישה אוכלת מחמת שהיא קניין כספו של הכהן או שהיא הופכת לחלק ממשפחת הכהונה), והשווה יבמות (עג ע"ב) לעניין אונן וטמא בתרומה לעומת קודשים, ושבת (כה ע"א-ע"ב) לעניין שריפת תרומה וקודשים.

בסוגיה בקידושין נזקקו לחילוק זה לעניין ספק יוחסין. אמרו שם במשנה (פ"ד מ"י): "מי שיצא הוא ואשתו למדינת הים, ובא הוא ואשתו ובניו ואמר: אשה שיצאת עמי למדינת הים הרי היא זו ואלו בניה, אין צריך להביא ראיה לא על האשה ולא על הבנים" (אם הם כרוכין אחריה, כמבואר בגמרא שם עט ע"ב). ואמרו בגמרא שם (עט ע"ב – פ ע"א): "אמר ריש לקיש: לא שנו אלא בקדשי הגבול, אבל ביוחסין – לא. ורבי יוחנן אמר: אפילו ביוחסין. ואזדא רבי יוחנן לטעמיה, דא"ר חייא בר אבא א"ר יוחנן: מלקין על החזקות, סוקלין ושורפין על החזקות". רש"י פירש שריש לקיש בא לחלק בכהונה בין חוץ לפנים, ו"יוחסין" היינו יוחסי כהונה לעבודת פנים, וכפי שכתבו שם התוספות (פ ע"א ד"ה לא שנו) ש"לפירוש הקונטרס 'אבל ליוחסין' כגון להיות משמש בנו על גבי המזבח לא מהימן".

שורש העניין כאן דומה לדברי שמואל האמורים לעיל. היות שאין כאן ודאות לעניין ייחוסו אחר אבותיו משום הספק שנולד, ולדעת ריש לקיש אין בירור גמור גם כאשר "כרוכין אחריו", שהרי אף בן חברו יהיה כרוך אחריו אם גידלו, ואין כאן עדות גמורה לייחוס הילד לדורות העבר, אלא הנהגה ופסק לעניין מעמדו במקום שהספק התברר, ואז יש לחלק בין חוץ לפנים. בגבולין, שאין צריך ייחוס ודאי והפגם בלבד פוסל, הוא כשר גמור, היות שזהו עצם הדין, שאין צריך לחשוש לספק בכרוכין אחריו. אך לעבודה על גבי מזבח – ההפך הוא הנכון. כדי להכשירו צריך להתקיים ייחוס חיובי ידוע לאבותיו, ואין די בעובדה שבניו כרוכין אחריו, שהרי לא יצאנו מידי ספק.

יש להדגיש שהספק במציאות יכול לפגום את ייחוסו החיובי לאבותיו גם אם הדין הוא שהספק מותר, שהרי מושג היוחסין ושלשלת הדורות הוא הרצף החיובי והוודאי של דור הנכנס תחת הדור קודם ובן הממלא את מקום אבותיו. העדר ספק מקיים את ייחוס הדורות, ולכן ספק יוחסין במקום שבו צריך ודאות הוא פגם בעצם מושג הייחוס, ואי אפשר להסתמך על הכללים הרגילים הנוהגים בהכרעת ספקות. זו דעתו של ריש לקיש, המחלק בין קודשי הגבול לקודשים בפנים. ואף רבי יוחנן לא חולק עליו אלא מפני שסובר שחזקת 'כרוכין אחריו' היא חזקה ודאית המבררת, וכמפורש שם בגמרא שסוקלין עליה.

רבנו תם (שיטתו מובאת בתוספות שם, ויסוד דבריו הם בספר הישר סי׳ ל) חולק על רש"י, וסובר שריש לקיש אינו מחלק בין קודשי הגבול לבין עבודת פנים, אלא בין ענייני כהונה לבין סקילה. ברם הוא עצמו מסכים לחילוק שבין כהונת חוץ לכהונת פנים. במשנה (פ"ד מ"ד) קבעו ש"הנושא אשה כהנת צריך לבדוק אחריה ארבע אמהות", ובתוספות שם הביאו את שיטת רבנו תם ש"כתב בספר הישר דהא דצריך לבדוק היינו דוקא להכשיר בניהם לעבודה, אי נמי להכשיר עצמו לעבודה. אבל להאכילו בתרומה – אין צריך בדיקה". הרי שאף רבנו תם, כרש"י וכרמב"ן, מחלק בין שני סוגי הכהונה הנזכרים לעניין יוחסין, ואף את שיטתו יש לבאר כדברינו לעיל. אם באנו לדון על הכשר לקהל הרי שיש חזקת כשרות המכשירה אותו לקהל. ברם אין החזקה קובעת אלא שאין חוששים לפגם, אך היא אינה מייחסת את האדם ייחוס חיובי וידוע. ממילא, להכשר קהל או לכהונה בגבולין די בחזקה, אך אין די בכך כדי להכשירו למזבח, שבו צריך להתייחס אחר אבותיו ייחוס חיובי, ולכן צריך בדיקת ארבע אימהות שהיא קובעת בוודאות את טיב ייחוסו לדורות הקודמים.

ד. בין עדות לתרומה לעדות ליוחסין

עתה יש לשוב לסוגיה בכתובות, שם אמרו: "אין מעלין מתרומה ליוחסין", ולעיל תמהנו מדוע חילקו ביניהם, שני עדים ליוחסין, ולתרומה די בעד אחד? והנה רבנו תם בספר הישר (שם) קבע שאף היוחסין האמורים בסוגיה זו, הזקוקים לשני עדים, הם לעבודה על גבי המזבח בלבד ולא לשאר ענייני הכהונה. אמור מעתה, בעדות עד אחד יש כדי להכשיר כוהן בגבולין, שם אינו נפסל אלא על ידי פגם, ואין צריך עדות כדי ליחסו אלא רק כדי לסלק ממנו את חשש הפגם, אך עד יחיד אינו מועיל במקום שהעדות נצרכת ליצירת ייחוסו החיובי, בן ידוע לאבותיו.

לבירור העניין יש להזדקק לחילוק בין עד אחד לשניים. עיקר ההבדל ביניהם הוא שעד אחד נאמן על הגדתו אך אינו יוצר ודאות מוחלטת, שהרי בעל הדבר יכול להכחישו באיסורים (קידושין סה ע"ב) ובדיני ממונות

בשבועה. ברם שני עדים הם בירור גמור[7]. אמנם אף עד אחד נאמן ודנים על סמך דבריו, אך האפשרות להכחישו מורה שאין כאן ידיעה ודאית. ויש להסביר שהחילוק בין עד אחד לשניים אינו מטעם חשד או העדר סמכות, אלא שיש לחשוש לטעות בדמיונו. לא שקיים ספק ממשי שהעד מדמה, כפי שמצינו לעניין עדות מיתה בעת מלחמה (יבמות קיד ע״ב) או כפי שהסביר בעל ספר החינוך (מצווה לו) את פסול הנשים לעדות, אלא שבעד אחד אין דרך לשלול חשש שמא אמר ׳בדדמי׳[8]. אמנם אנו מניחים שראיית המעשה, כגון הלוואה, שתי שערות, זנות, רציחה וכיוצא בהם, שווה בכל אדם, ומראה עיניו של ראובן אינו שונה משל שמעון או לוי. אך כיוון שמאחורי כל עין רוׂאָה ישנו אדם רוׂאֶה, אי אפשר לטעון לוודאות גמורה ללא סילוק החשש שמא הושפעו הראייה והעדות שבעקבותיה מהאדם הרואה אשר מתבונן במעשה דרך עיניו המיוחדות לו. מניעת חשש זה הוא תפקידו של העד השני, והיא הופכת את ההגדה לעדות גמורה. כל עוד העד האחד לא הוכחש – אנו אומרים שראיית כל אדם שווה. אולם אפשר להכחישו.

בלשון אחרת: בסתם – העד נאמן לגמרי ואפשר להתיר על פיו חֵלב, אישה לבעלה ולחייב ממון[9], ואין חוששים לטעות או לשקר אם לא קראו עליו ערער. ברם, אם יכחישוהו ויערערו על ראייתו שמא דימה לעצמו – אין דרך לפתור את הספק. אך העד השני פותר ספק זה. כל עוד רק אדם אחד ראה – אי אפשר לצאת מידי הספק המועלה כנגדו. אך אם שניים ראו מעשה אחד – תיאור המעשה אינו תלוי ברוׂאֶה, אלא יש כאן ראייה פשוטה ומכוונת. אם נשווה את שתי ההגדות על ידי בדיקה נוכל

7. ראה רמב״ם הלכות סנהדרין (פכ״ד ה״א): ״שבזמן שיבואו לפני הדיין שני עדים ידון על פי עדותן אף על פי שאינו יודע אם באמת העידו או בשקר״.

8. עיין נתיבות המשפט (סי׳ לא ס״ק א, וסי׳ נח ס״ק יח).

9. ״כל מקום שהאמינה תורה עד אחד הריהו כשניים״; ״כל מקום ששניים מחייבין אותו ממון עד אחד מחייבו שבועה״ (שבועות מ ע״ב). ״וכל המחוייב שבועה ואינו יכול לישבע משלם״ (בבא בתרא לד ע״א). כבר האריכו ראשונים ואחרונים בעניין עדות עד מיתה ועד אחד לשבועה, ואכמ״ל. ברצוני רק להטעים שדברינו אמורים לא רק אם עד אחד נאמן לא בתורת עדות, אלא אף אם ננקוט שהגדת עד אחד יש לה דין עדות – מכל מקום דברינו קיימים, שהרי זו עדות שאפשר להכחישה (השווה לדברי הקצות החושן סי׳ לד ס״ק ד).

להסיק שהמשותף לשתיהן הוא תיאור המעשה בלי ההשפעה של אישיות העד, והגענו לראייה שיש עמה ודאות.

לאור זה, מבואר החילוק בין תרומה ליוחסין. אם יש ידיעה שלפנינו כוהן ואין עוררין כנגדה – יש לקבלה, ולהעלותו לתרומה על פיה. אמנם אין כאן ודאות, שהרי אפשר לפקפק בדברי העד ולהכחישו. אך אם לא עשו כן – יש לסמוך על דבריו. ברם לעניין מזבח צריך ידיעה ודאית ומוחלטת. לא רק שתוכן העדות צריך להיות של ייחוס חיובי, כפי שהרחבנו לעיל, אלא אף דרגת ודאותה צריכה להיות מוחלטת. והדברים תלויים בזה, שהרי אם באנו לסמוך את קדושתו על ייחוסו לתולדת אבותיו – יש לבססה בוודאות. ואם יש ספק, ואפילו משום חשש 'בדדמי' – אי אפשר לקבוע רצף ודאי לעבר, ובלא קביעה זו מעמדו בתור זרע אבותיו מעורער, וחסרה לו הקדושה הבאה מכך. לעומת זאת, בתרומה הוא אינו שואב את כוחו ואת מעמדו מייחוסו לעבר, אלא משיוכו לשבט הכהונה בהווה, שיוך שנוצר כשנולד לאביו הכוהן. ולכן כל עוד העדות משייכת את הכוהן לשבטו ומורה על העדר פגם – אין חוששים לספק בעדות, ועל הבא להוציאו ממעמדו להביא ראיה.

נמצאנו למדים: במקום שבו הייחוס לדורות שעברו הוא יסוד הקדושה – צריך ודאות מוחלטת ואין ייחוס על ידי ספק או רוב נחשב לייחוס חיובי. לעומת זאת, במקום שבו הקדושה אינה יונקת את קיומה מן הייחוס ואין צורך בייחוס לאבותיו אלא רק כדי לברר או לקבוע את שיוכו למשפחת הכוהנים בהווה – אפשר להשתמש בדיני הבירורים הרגילים.

לכן מצינו חילוקים בייחוס כהונה בין פנים לחוץ בכמה מקומות:

א. לעניין דינו של שמואל בעניין זרעו מיוחס אחריו.

ב. שיטת ריש לקיש ביצא למדינת הים ובניו כרוכין אחריו.

ג. דין בדיקת ארבע אמהות לפי רבנו תם.

ד. העלאה מתרומה ליוחסין.

ה. ינאי רצה חזקת כהונה לעבודה

עתה נשוב לדון בשיטת רש"י בעניין כהונת ינאי, שבדבריו פתחנו. ונראה לומר שחזקת אמו של ינאי אינה מועילה לו משום שכשלבש את

הציץ – רצה ליטול לעצמו כתר כהונה לעבודה, וחזקה שאינה מבררת אינה יכולה ליחסו לכוהן ודאי לעניין זה. אכן, החכמים הכירו בכהונתו של ינאי לעניין קודשי הגבול, אך כשלבש את הציץ רצה ינאי לגשת אל הקודש לעבודה. ולכן אמרו לו: "הנח כתר כהונה **לזרעו של אהרן**". מפני שכדי להיות כוהן העובד צריך שיהיה בדרגת זרעו של אהרן, דרגה שחסרה לו מפני שנולד ספק באמו, ואין בכוחה של החזקה לרפא ספק זה, כמבואר בדברינו לעיל.

עתה גם הסוגיה בכתובות (כו ע"א) מבוארת. ראינו שם שחזקה מועילה להחזיקו בכהונה אף במקום 'תרי ותרי', שהרי שם לא מעלים אותו לעבודה במזבח, ואין צורך אלא בביטול חשש הפגם שדבק בו, ולא כבמקרה של ינאי. ואף שרש"י כתב שהמקרים אינם שווים לגמרי מפני שבכתובות העד המכשיר קדם לשני הפוסלים, וייסד בכך את תחילת הנהגתו משעה שבא לדין בחזקת כשר, הרי הרמב"ן ושאר הראשונים הקיפוהו חבילי קושיות ודחו בתוקף את חילוקו. לכן נראה שיש לצרף לאמור את הצעתנו, ולומר שהצורך בעד הראשון המכשיר בפני עצמו ויוצר את חזקת הכשרות הוא לביסוס חזקתו בגבולין בלבד, וכדי למנוע ספק בגלל העדויות הסותרות. ברם לעניין הבירור הגמור – הספק עומד במקומו, וייחוסו החיובי לזרע אהרן אינו יכול להיקבע, שהרי יש כאן הכחשה גמורה על ידי עדות. גם את הקושיה מסוגיית 'מאן דמכשיר בה מכשיר בבתה' (כתובות יג ע"א-ע"ב) יש לתרץ באופן דומה, ואין צורך להזדקק לחילוקים שבין סוגי החזקות השונים שהבאנו בראשית הדברים. והחילוק הוא בין כהונת ינאי לעבודה ובין הדיונים בגמרא בעניין כהונה מחוץ למקדש בשתי הסוגיות בכתובות. ותו לא מידי.

ב. ייחוס לכהונה גדולה

א.

מלבד החילוק בין ייחוס חיובי לבין ייחוס של העדר ספק, חילוק ששימש אותנו לחלק בין עבודה במקדש לבין כהונת גבולין, יש להציע חילוק נוסף, והוא בין כהונה גדולה לשאר הכהונה. כהונת הכוהן ההדיוט נובעת

משייכותו לשבט הכוהנים, וקדושתו של הכוהן הגדול נובעת מייחוסו אחר אהרן. ומקרא מלא דיבר הכתוב (ויקרא ט"ז לב; וראה גם שמות כ"ט כט-ל): "וכִפֶּר הכהן אשר ימשח אותו ואשר ימלא את ידו **לכהן תחת אביו**".

בטעם הדבר יש לומר, על פי מה שהצענו לעיל, שקדושת כהונה תלויה במשיחה, ולכן יש צורך בייחוס חיובי לכוהני הדורות הקודמים, כדי שהמשיחה של הדורות שעברו תימשך. ובניגוד לכוהן הדיוט שעבודתו מחנכתו – כוהן גדול טעון משיחה לדורות, ואין די בחינוכו לעבודה. ובניגוד למלך בן מלך שאינו צריך משיחה ומשיחת אביו מועילה לו – כוהן גדול בן כוהן גדול טעון משיחה כדי לקדשו בכהונה גדולה.

אמנם בפסוק נאמר: "אשר ימשח אותו ואשר ימלא את ידו לכהן תחת אביו", ודרשו חז"ל (יומא ה ע"א; וראה רמב"ם הלכות כלי המקדש פ"ד הי"ב) שכוהן גדול מתקדש במשיחה או בריבוי בגדים, ברם לפי דברינו יש לומר שהפסוק אינו מציין שני מקורות נפרדים לקדושת כוהן גדול, אלא שתי דרכים להשיג את קדושת משיחה. במגילה (ט ע"ב) אמרו:

> אין בין כהן משוח בשמן המשחה למרובה בגדים אלא פר הבא על כל המצוות... מתניתין דלא כר' מאיר, דאי ר' מאיר הא תניא: מרובה בגדים מביא פר הבא על כל המצוות דברי ר' מאיר, וחכמים אומרים אינו מביא. מאי טעמא דר' מאיר? דתניא: "משיח", אין לי אלא משוח בשמן המשחה, מרובה בגדים מנין? תלמוד לומר: "המשיח".

ולכאורה הקושיה עצומה, הלוא אפשר לומר שאין שום חילוק בין משוח בשמן המשחה למרובה בגדים, אך כיצד אפשר לרבות מרובה בגדים מתיבת "המשיח" אשר משמעותה היא שדרושה משיחה?! ברם לדברינו, שריבוי בגדים אינו אלא דרך נוספת להשגת קדושת המשיחה, דרשת ר' מאיר היא כפתור ופרח[10]. ואף אין הכרח להבין שחכמים נחלקו עם ר' מאיר בהבנת עניין קדושת מרובה בגדים, שהיא גורם מְקדש אחר. אלא יש לומר שנחלקו

10. עיין בלשון הסוגיה המקבילה (הוריות יב ע"א), ובתוספות הרא"ש שם ד"ה מאי טעמא.

רק על דין פר העלם דבר, אם הוא תלוי בקדושת משיחה או במשיחה ממש. ויש לעיין בדבר.

לאור האמור, יש לחלק בין כוהן גדול הנמשח לכוהן מרובה בגדים. הכוהן הנמשח – מחמת משיחתו מתקדש בקדושת כוהן גדול שנכנס תחת אביו. אולם מרובה הבגדים, שאינו נמשח, זקוק להמשכיות מאבותיו כדי להתקדש. ממילא, בנידון דידן של יוחסין, חלוקים הכוהנים הגדולים בעניין הצורך בייחוס חיובי. על כן נאמר שהביטוי בפסוק: "לכהן תחת אביו" מתקשר ל"אשר ימלא את ידו" הסמוך אליו, שעניינו חינוך בעבודה, ולא ל"אשר ימשח אותו" הקודם לו, שעניינו משיחה ממש. ואת הפסוק יש לקרוא כך:

> וכפר הכהן / אשר ימשח אותו / ואשר ימלא את ידו לכהן תחת אביו
> (ולא: וכפר הכהן / אשר ימשח אותו ואשר ימלא את ידו / לכהן תחת אביו).

סמך לפירוש זה יש להביא מהפסוק בפרשת תצוה (שמות כ"ט, כט) המדגיש את הקשר בין הבגדים להורשת הכהונה:

> ובגדי הקדש אשר לאהרן יהיו לבניו אחריו, למשחה בהם ולמלא בם את ידם.

לאמתו של דבר יש לראות בפסוק זה אישור לכלל דברינו. שהרי הפסוק קובע שבגדי הקודש יהיו **למשחה** עבור בני אהרן הכוהנים הבאים אחריו. ולפי דברינו, אין להבין שהביטוי "למשחה" הוא לשון מושאלת לגדולה, אלא דברים כמשמעם המקורי.

לסיכום נאמר שכוהן גדול הנכנס לכהונה על ידי ריבוי בגדים זקוק לייחוס חיובי על מנת לזכות בקדושת כוהן גדול. מעתה המעשה בינאי המלך, לפי הסברו של רש"י, מבואר היטב. הלוא ינאי המלך לא נתן עיניו בכהונת הדיוט, אלא חשק בכתר כהונה גדולה, ולכן לבש את הציץ, בגדו המובהק של הכהן הגדול. אולם לכהונה גדולה שבאה על ידי ריבוי בגדים אין די בסילוק חשש פסול ובחזקה המועילה לשם כך, אלא יש צורך בייחוס

חיובי המקשר לדורות הקודמים, ולכן לא הועילה לינאי חזקת אמו להיות כהן גדול, למרות הסוגיות בכתובות.

ב.

בדברינו עד עתה לא עסקנו בחילוק בין כוהן גדול הנכנס תחת אביו לבין כוהן המתמנה במקום כוהן גדול שאינו אביו, שנראה שהוא כשר. אמנם לשון הפסוק: "לכהן תחת אביו" מורה שבנו של הכהן הגדול הוא זה שצריך להיכנס תחתיו, ואין מקרא יוצא מידי פשוטו. ואכן בתורת כהנים (אחרי מות, פרשה ח הלכה ה) נזקקו לשאלה זו, וכך אמרו:

> "לכהן תחת אביו", מלמד שהבן קודם לכל אדם. יכול אף על פי שאין ממלא מקומו של אביו? תלמוד לומר: "ואשר ימלא את ידו", בזמן שהוא ממלא מקומו של אביו – הוא קודם לכל אדם, ואם אינו ממלא מקומו של אביו – יבוא אחר וישמש תחתיו.

והנה הרמב"ם (הלכות כלי המקדש פ"ד ה"כ) השווה בין דין קדימת הבנים בכוהן גדול לשאר השררות:

> כשימות המלך, או כהן גדול, או אחד משאר הממונים, מעמידין תחתיו בנו או הראוי ליורשו. וכל הקודם לנחלה קודם לשררות המת, והוא שיהיה ממלא מקומו בחכמה, או ביראה אף על פי שאינו כמותו בחכמה, שנאמר במלך "הוא ובניו בקרב ישראל" – מלמד שהמלכות ירושה, והוא הדין לכל שררה שבקרב ישראל, שהזוכה לה זוכה לעצמו ולזרעו.

ברם, לדברינו נראה שיש לחלק ביניהם, ואין להשוות בין תפקיד הכוהן הגדול לשררות אחרות. בשאר השררות – הירושה אינה נצרכת לחלות המינוי, והיא אינה מוסיפה דבר לתפקיד לאחר שנבחר. מטרתה היא בחירת האדם שיזכה בשררה ומתן קדימה לבן. לאחר בחירתו – השררה נובעת מעצם הבחירה ולא מירושתו אותה. ברם בכוהן גדול הצורך בירושה הוא

משום עצם קדושת הגברא, להאציל עליו מעמד של משוח, ולא רק לקבוע את מי למנות[11].

שמא יש לטעון שכוהן מרובה בגדים אשר אינו נכנס תחת אביו המשוח כשר, אך דרגתו פחותה מזו של כוהן גדול בן כוהן גדול. הד לכך יש אולי בירושלמי יומא (פ"א ה"א), שם הבחינו בעניין אריכות חיי הכוהנים ששירתו בבית ראשון "שהיו משמשין בו בנו ובן בנו" לבין כוהני בית שני שנטלו את הכהונה הגדולה שלא כדין. נמצאנו למדים שבבית ראשון הקפידו למנות כוהן גדול בן כוהן גדול, מה שאין כן בשני. נראה שהבדל זה הוא חלק מההבדל הכללי בין שני הבתים, שהרי בבית שני, אף על פי שהיה הכשר עבודה – מכל מקום היה חיסרון בקדושת כוהן גדול ובהשראת שכינה. הדבר דומה לחילוקים האחרים שמנו חז"ל בין שני הבתים, חילוקים הקשורים כולם לאותו עיקרון[12]. ברם ראיה מוצקה יותר לכך לא זכיתי למצוא, ועל כן אין הדברים יוצאים מכלל השערה. תן לחכם ויחכם.

ג.

מעתה נראה, שכשם שיש לחלק בין כוהן גדול הממלא מקום אביו לכוהן גדול אחר, ששניהם כשרים אך קדושת האחד עדיפה, כן יש לומר לגבי דברינו לעיל בעניין הצורך בייחוס חיובי. לאמתו של דבר שניהם כשרים, ואף הכוהן הגדול שייחוסו הוא על ידי חזקת כשרות בלבד. ברם חלוק הוא משאר כוהנים גדולים לעניין דרגת קדושתו.

ונראה שיש לתרץ את השאלה שבה פתחנו בעניין ינאי והנהגתו בכהונה גדולה, ונאמר בגמרא שם שחכמים לא פסלוהו, אלא רצו להורידו מן הכהונה הגדולה מפאת חיסרון הקדושה שהיה לו. אכן ינאי היה כשר מפני שחזקת אמו הועילה להכשירו, אך חסרה לו הקדושה הנובעת מן הייחוס החיובי של 'זרעו מיוחס אחריו', ולכן לא רצו בו, אלא רצו באחר, שקדושתו שלמה. וכמה מדויקת היא הסוגיה, שלא נאמר בשום מקום שרצו

11. עניין הירושה במלכות מצריך דיון נרחב יותר ויבואר במקום אחר.
12. ראה יומא כא ע"ב.

לפסלו, אלא רק להורידו מקדושתו. והיינו מפני שהיה אחר טוב וקדוש ממנו, ולא מפני שהיה פסול. וכמה דייקו חכמים בדבריהם שאמרו לו: "הנח **כתר** כהונה **לזרעו של אהרן**", בהדגישם שרצונם במתן כתר כהונה גדולה לכוהן שהוא מזרע אהרן ודאי, בניגוד לינאי שכשר אך אינו מיוחס אחר אהרן, משום שאהרן זכה **בכתר** הכהונה כדי להעבירו לזרעו אחריו בלבד ולא לשאר הכשרים[13].

13. הרמב"ן בחידושיו לקידושין שם כבר דייק שחכמים לא בהכרח רצו לפסלו. וזה לשונו: "שאפילו היה כשר גמור מפני שמעמידין אותו על חזקתו לא היה לו מקום לכעוס על החכמים ושיהרגו על כך, מאחר שיש עדים שמעידים כדבריהם ולא הוזמו, שהרי נמצא מה שאמרו ואף על פי שהוא כשר". אף שקביעתו צודקת שלא בהכרח פסלוהו, הרי השתלשלות הדברים אינה ברורה כל כך. ברם לפי דברינו, שלמרות שהיה כשר היה בכך פגם בעצם כהונתו, כעסו והתנהגותו ברורים יותר.

בעניין מצוות עשה "וקידשתו"

הרב בנימין תבורי

א. "וקידשתו" – מצוות עשה מדאורייתא או מדרבנן?

במשנה בגיטין (פ"ה מ"ח) פסקו שכוהן עולה לתורה ראשון משום דרכי שלום. בגמרא (שם נט ע"ב) תרו אחר מקור הדין:

> מנא הני מילי? אמר רב מתנה, דאמר קרא: "ויכתב משה את התורה הזאת ויתנה אל הכהנים בני לוי", אטו אנא לא ידענא דכהנים בני לוי נינהו? אלא כהן ברישא והדר לוי. רב יצחק אמר מהכא: "ונגשו הכהנים בני לוי", אטו אנן לא ידעינן דכהנים בני לוי נינהו? אלא כהן ברישא והדר לוי. רב אשי אמר מהכא: "בני עמרם אהרן ומשה ויבדל אהרן להקדישו קודש קדשים". ור' חייא אמר מהכא: "וקידשתו"[1] לכל דבר שבקדושה. תנא דבי רב ישמעאל: "וקידשתו" לכל דבר שבקדושה. לפתוח ראשון ולברך ראשון ויטול מנה יפה ראשון[2].

1. רש"י (שם) מוסיף את המשך הפסוק: "כי את לחם אלהיך הוא מקריב". אחרונים רבים שאלו מה חידש רש"י בהוספה זו, ולהלן נדון בכך.
2. עיין בפרי מגדים (או"ח, משבצות זהב ראש סי' קלה) שמציין ארבע נפקא מינות בין הלימודים האלה.

בהמשך שאלו, והלוא במשנה אמרו שטעם הדין הוא מפני דרכי שלום, שהוא מדרבנן, ואילו לפי הלימוד מהפסוקים משמע שהדין הוא מן התורה? והסבירו שמדין תורה כוהן עולה ראשון, אך זכות זו ניתנה למחילה. חכמים תיקנו שבשבת וימים טובים, כשיש רבים בבית הכנסת וייתכן שתהיה מחלוקת מי יעלה ראשון, יש חיוב לכבד את הכוהן בעלייה ראשון ואי אפשר למחול על זכות זו. נמצא שמסוגיית הבבלי דין "וקידשתו" הוא מן התורה.

בירושלמי (שם פ"ה ה"ט) נחלקו האמוראים במקור דין זה. לדעת רבי שמעון בן יוחאי הוא מהתורה, מהפסוק: "ואל זקני ישראל". ולפי רבי יהושע בן לוי ורבי חנינה הוא דין מדרבנן. בירושלמי אין כלל התייחסות לפסוק "וקידשתו".

כשם שמצאנו מחלוקת בין התלמודים כך מצאנו מחלוקת בין הראשונים. הרמב"ם הלך בשיטת הבבלי, ולכן מנה מצווה זו בספר המצוות. וכך כתב (עשה לב):

> שציוונו לכבד זרע אהרן ולנשאם ולרוממם ונשים מדרגתם מדרגה קודמת וראשונה... וזה כולו הגדלה לאל יתברך אחר שהוא לקחם ובחרם לעבודתו יתברך, "וקידשתו[3] כי את לחם אלוהיך הוא מקריב קדוש יהיה לך... והיה קדש" לרבות בעלי מומין[4] שלא נאמר אחר שזה אינו ראוי להקריב לחם אלוהיו לאיזה דבר נקדמהו ונכבדהו, ולכן אמר "והיו קדש" הזרע הנכבד כולו, תמים ובעל מום.

וכן פסק בהלכות כלי המקדש (פ"ד ה"א):

> מצות עשה היא להבדיל הכהנים ולקדשם ולהכינם לקרבן, שנאמר: "וקידשתו כי את לחם אלוהיך הוא מקריב", וצריך כל אדם מישראל לנהוג בהם כבוד הרבה ולהקדים אותם לכל דבר שבקדושה. לפתוח בתורה ראשון ולברך ראשון, וליטול מנה יפה ראשון.

3. כך מובא בהוצאת הרב חיים העליר זצ"ל, עיין שם בהערותיו על הנוסחאות השונות בדברי הרמב"ם.
4. דרשה זו נמצאת בתורת כהנים שם.

התוספות בחולין (פז ע"א ד"ה וחייבו) חולקים על שיטה זו, וסוברים שדין זה הוא מדרבנן והדרשות הם אסמכתא. גם רבינו סעדיה גאון לא הביא מצווה זו במניין המצוות. אמנם הוא מונה מצווה שיש להזהיר את הכוהן מחילול כהונתו, אך אינו מביא שיש חובה לכבד את הכוהן ולהקדימו לדברים שבקדושה. ייתכן שהוא סובר כשיטת התוספות, והגרי"י פערלא בביאורו לספר המצוות לרס"ג (עשה קנו) סובר שלפי רס"ג פסוק זה מלמד על חובת ההפרשה של הכוהן מטומאת מת. עוד הוסיף (מניין הפרשיות פרשה מט) שבה"ג לא מנה שום מצווה מהציווי: "וקדשתו". והוסיף שם:

> דעיקר העשה אינה אלא לקדשם ולהכניסם לקרבן. וזהו פשטיה דקרא, ואין מקרא יוצא מידי פשוטו. אלא דמזה נשמע גם כן שצריך להקדימם לכל דבר שבקדושה. וזהו כדברי הרמב"ם ז"ל בחבורו הגדול שם[5]. ומבואר שחזר בו הרמב"ם ז"ל בחבורו הגדול ממה שכתב בספר המצוות שם, דעיקר העשה אינה אלא לענין לנהוג בהם כבוד... אבל לא נתבאר מה הוא ענין קידוש והכנה והבדלה זו... אבל נראה לי ברור דכוונתם בזה למצות חינוך הכהנים לעבודת מקדש כשבא בתחילה להתקרב לעבודה... ולפי זה הדבר ברור דזו היא גם כן כוונת הבה"ג ז"ל במצות קידוש כהנים שמנה במנין הפרשיות שלו. ואם כן לא השמיט עשה זו ד"וקדשתו", אלא מנאה במנין הפרשיות שלו כראוי כמו שביארנו.

ב. לאלו עניינים נאמר דין "וקידשתו".

בגמרא גיטין שהזכרנו לעיל אמרו: "תנא דבי רבי ישמעאל: 'וקידשתו' לכל דבר שבקדושה, לפתוח ראשון ולברך ראשון וליטול מנה יפה ראשון". דין זה מוגבל, לכאורה, רק לדברים שבקדושה.

"לפתוח ראשון" היינו לקרוא בתורה ראשון, רש"י ושאר המפרשים הוסיפו שהכוונה אפילו לדבר ראשון בישיבה.

5. וכן משמע בספר החינוך מצווה רסט.

"לברך ראשון" הכוונה היא בסעודה, וכנראה גם לברכה ראשונה, לבצוע על הפת, וגם לברך ברכת המזון.

הראשונים התקשו לפרש את הביטוי "ליטול מנה יפה ראשון". רש"י בגיטין (שם) הסביר שהכוונה היא לחלוקת השותפים, דהיינו שיש לכוהן זכות לברר את חלקו קודם שותפו הישראלי, ונמצא שגם זכות ממונית כלולה בתוך הציווי "וקידשתו". התוספות (שם) חולקים על פירושו משום ש"הנותן עינו בחלק יפה אינו רואה סימן ברכה לעולם" (פסחים נ ע"ב), ולכן פירשו שמדובר במתנות עניים, כגון מעשר עני או צדקה. במקום אחר (מועד קטן כח ע"ב ד"ה וליטול מנה יפה ראשון) הציעו בתוספות מעין פשרה: הישראל חייב לתת לכוהן, "אבל הוא אין לו ליטול". עוד פירשו שם שהכוהן יוכל לקחת ובכל זאת לראות סימן ברכה משום שזה דינו, לקבל ראשון. בפירוש המיוחס לרש"י (נדרים סב, ב[6]) פירש "ליטול מנה יפה" בחלוקת לחם הפנים, ששאר הכוהנים חייבים לכבד את הכוהן הגדול ולתת לו קדימות בחלוקת לחם הפנים. ואף שפירוש זה מתאים לביטוי "לכל דבר שבקדושה", מכל מקום כבר התקשו הבאר שבע (הוריות יב ע"ב) והמנחת חינוך (מצוה רצט), והרי פסוק זה לא נאמר על כוהן גדול כי אם על כל הכוהנים[7].

ראינו שהקדמת הכוהן נאמרה בקריאת התורה, סעודה ועוד. רש"י פירש שיש לכוהן גם זכויות ממוניות, אך ראשונים אחרים חולקים על כך. נציין כי בגמרא (נדרים סב ע"א) למדו שתלמיד חכם נוטל בראש. ואם כן היה ראוי שגם כוהן יוכל לתבוע לדון את דינו לפני זרים. ברם הרמב"ם (הלכות תלמוד תורה פ"ו ה"י) והשולחן ערוך (או"ח סי' טו סע' ב; יו"ד סי' רמג סע' ה) כתבו זכות זו של ההקדמה בתלמיד חכם בלבד ולא בכוהן. ר' יונתן אייבשיץ (אורים ותומים סי' טו; תומים ס"ק ג) הסביר

6. וכן פירש הר"ן (מגילה יד ע"ב בדפי הרי"ף).
7. אמנם ייתכן שלדעת המיוחס לרש"י כשם שבמקדש מצאנו כמה מעלות בקדושה, קדושת עזרות, אולם, היכל וקודש הקודשים, כך גם יש בדין "וקידשתו" מעלות מעלות, וכשם שצריך להקדים את הכוהן לישראל כך יש דברים שצריך להקדים את הכוהן הגדול לשאר אחיו הכוהנים. וכדברי הרמב"ם בעניין "וקידשתו" בפירוש המשנה (הוריות פ"ג מ"ז): "למדנו שרב הקדושה יקדם", הרי שאין זה הקדמת כוהן לישראל, אלא הקדמה של היותר קדוש.

שאנו פוסקים שמצוות "וקידשתו" נאמרה רק לדברים שבקדושה, ולכן זכות זו לא כלולה בזכויות הכוהן. עוד חידש שם שלגבי תלמיד חכם גם מניעת ביטול תורה נחשב לדבר שבקדושה, ולכן זכות זו ניתנה לתלמיד חכם ולא לכוהן. מכוח חידוש זה הוא מוסיף שזכות זו ניתנה רק לתלמיד חכם ולא לקרובו או שלוחו.

ג. על אילו כוהנים נאמר דין "וקידשתו"

בעל מום

יש לחקור: האם מצוות "וקידשתו" נאמרה על הכוהנים שמקריבים בפועל את "לחם אלוהיך" או שהיא נאמרה על כל מי שמתייחס לשבט הכוהנים, וכדברי הפרי מגדים (שהזכרנו לעיל), האם מצווה זו אמורה גם לכוהנים בעלי מומים?

בגמרא גיטין הנזכרת לעיל הוסיף רש"י על תיבת "וקידשתו" את המשך הפסוק: "כי את לחם אלוהיך הוא מקריב", מכאן אפשר לדייק ששיטת רש"י היא שיש חובה לכבד רק את הכוהן שעובד, וממילא דין זה אינו נוהג אצל בעל מום, שהרי אינו ראוי לעבוד[8]. לעומת זאת, הרמב"ם כתב בפירוש בספר המצוות (מובא לעיל) שיש לכבד גם בעלי מומים, מפני שדין "וקידשתו" נאמר על "הזרע הנכבד כולו, תמים ובעל מום".

נמצאנו למדים שלשיטת הרמב"ם בספר המצוות דין זה חל על כל זכר ממשפחת הכוהנים[9], ולפי רש"י זהו הוא דין רק בכוהן העובד[10].

8. כך דייקו הרב אהרן לעווין בספרו אבני חפץ (סי' עא) ובשו"ת כתב סופר (או"ח סי' טו; הובאו דבריו בספר יסודי ישורון לידידי הרב גדליה פעלדער, חלק ב עמ' רכו). לעומתם, בתורה תמימה (ויקרא כא הערה נד) כתב שרש"י כיוון לסוף הפסוק "קדוש יהיה לך", ולמד שיש שני ציוויים בפסוק, מ"וקידשתו" למדו שכופים על הכוהנים את מצוות הכהונה, ומ"קדוש יהיה לך" למדו שיש מצווה להקדימו לדברים שבקדושה.

9. הרמב"ם בהלכות כלי המקדש (פ"ד הל' א-ב) לא הזכיר מאומה על כוהן בעל מום. המנחת חינוך (מצוה רסט) רצה לדייק משם שהרמב"ם סובר שאין חיוב לכבד כוהן בעל מום. אך לאור דבריו המפורשים בספר המצוות קשה לקבל הנחה זו, אלא אם כן נאמר שהרמב"ם חזר בו בהבנת המצווה.

10. על כל פנים נראה שלדעת רש"י קדושת כוהן יש לו, ולא כדברי החלקת מחוקק

קטן

לגבי כוהן קטן כתב המגן אברהם (או"ח סי' רפב ס"ק ו) שאין בו דין "וקידשתו", שהרי אף על פי שהוא אוכל בקודשים – הרי אינו מקריב, וכבעל מום, ולכן לא מעלים אותו לתורה ראשון. לכאורה לדעתו דין "וקידשתו" נאמר לגבי כוהן שעובד, וכרש"י. ומכל מקום גם לדעתו אפשר לומר שיש לכבד כוהן קטן, שהרי הוא ראוי לעבודה כשיגדל, ובזה הוא שונה מבעל מום[11]. ר' עקיבא איגר (שם) חולק וסובר שגם בעל מום נכלל במצווה זו, והדבר אינו תלוי בעבודה אלא בייחוס של הכוהן, וכרמב"ם. ולכן יש חיוב להעלות קטן כוהן ראשון אם אין כוהן אחר[12].

הפרי מגדים (או"ח משבצות זהב ראש סי' קלה, ושם ס"ק ח) אומר שלפי הדעות ש"וקידשתו" היא מצות עשה מדאורייתא יש להחמיר ולהעלות כוהן בעל מום אם אין כוהן אחר, אך אם יש כוהן אחר – אין להעלות כוהן בעל מום.

ד. התנגשות בין קדימת כוהן לקדימת תלמיד חכם או נשיא בקריאה בתורה

בגמרא (גיטין נט ע"ב) הקשו, כיצד אפשר לומר שכוהן עולה ראשון בשבתות ובימים טובים ואי אפשר למחול על זכות זו, והרי רב הונא היה עולה ראשון בשבתות וימים טובים? ותירצו שם: "שאני רב הונא, דאפילו רב אמי ורב אסי, כהני חשובי דארץ ישראל, מיכף הוה כיפי ליה".

בתוספות פירשו שרב הונא קרא ראשון משום שהציבור היה כפוף לו, אבל תלמיד חכם, ואפילו הוא גדול העיר, אינו קורא ראשון לפני כוהן. עוד העירו שם מהגמרא במגילה (כח ע"א) שרב פרידא אמר שזכה לאריכות

(אבן העזר סי' ה ס"ק א) שכתב שבעל מום אינו בקדושת כהונה, ולכן לדעתו יכול להיטמא למת, אינו נושא כפיו וכל כיוצא בזה.

11. השווה לדברי התוספות (גיטין כב ע"ב ד"ה והא לאו) שקטן נחשב "בר כריתות", מפני שכשיגדל יהיה כך.

12. דיון זה מבוסס על ההנחה שמעלים קטנים לתורה, ראה שולחן ערוך (או"ח סי' רפב סע' ג) ובמשנה ברורה (שם ס"ק יב).

ימים משום שלא בירך לפני כוהן. ושאלו שם אם זו מעלה? והרי "אמר רבי יוחנן: כל תלמיד חכם שמברך לפניו אפילו כהן גדול עם הארץ אותו תלמיד חכם חייב מיתה"! ותירצו: "כי קאמר איהו בשוין".

לפי הבנת בעלי התוספות, אם יש כוהן שהוא תלמיד חכם, אך יש תלמיד חכם גדול יותר, שאף שאינו כוהן מכל מקום כולם כפופים אליו – הרי שהוא יכול לעלות ראשון, אך רב פרידא אף פעם לא נהג כך. משמע מדבריהם שאם הכוהן הוא עם הארץ ממש, אסור לתלמיד חכם לא לעלות ראשון.

הרמב"ם בפירוש המשניות בגיטין שם מבאר שהתלמיד חכם הגדול ביותר חייב לעלות ראשון. רב הונא עלה ראשון משום שהיה תלמיד חכם גדול יותר מרב אמי ורב אסי, ולא משום שהם כפופים אליו. הרמב"ם מסתמך על דברי הגמרא בהוריות (יג ע"א), שם אמרו שממזר תלמיד חכם קודם לכוהן גדול עם הארץ. הרמב"ם שם אף מתפלא על המנהג "הנפסד" שמעלים כוהן ראשון, בין אם הוא תלמיד חכם ובין אם הוא עם הארץ[13].

נמצא, שהמחלוקת בין הרמב"ם לבין בעלי התוספות היא אם תלמיד חכם קורא לפני כוהן קטן ממנו בחכמה או לא, אבל הכול מודים שמעיקר הדין תלמיד חכם חייב לעלות לפני כוהן עם הארץ.

נציין, כי אף שבפירוש המשנה ביקר הרמב"ם את המנהג, במשנה תורה (הלכות תפילה פ' יב הל' יח) כתב ש"מנהג פשוט הוא היום שאפילו כהן עם הארץ קודם לקרות לפני חכם גדול ישראל", ולא הזכיר את ביקורתו שציין אליה בפירוש המשנה.

כבר בימי הגאונים התייחסו לדין זה. הטור (או"ח סי' קלה) כתב ששיטת רב עמרם היא שאסור לישראל, ואפילו הוא נשיא, לקרוא לפני כוהן. וכן היא דעת רב נטרונאי גאון, שאפילו כוהן עם הארץ קורא לפני ישראל תלמיד חכם[14].

הב"ח והבית יוסף (שם) הקשו על שיטת גאונים זו מהגמרא גיטין שהזכרנו לעיל. הב"ח הבין שדעת רב עמרם היא שנשיא אינו קורא לפני כוהן, ורק תלמיד חכם שהכול כפופים לו קורא לפני כוהן. הכפיפות צריכה

13. את דעתו זו כתב גם בתשובה לר' אפרים מצור (שו"ת הרמב"ם מהד' בלאו סי' קכה),
14. ומסתבר שהרמב"ם חזר בו בעקבות דעת הגאונים.

להיות בחכמה, ולא מפני מעמדו החברתי. עוד פירשו בדעת הגאונים שהכפיפות צריכה להיות בולטת וגלויה לעיני כול, ואז הכוהנים מוחלים, ואחרים אינם מתקנאים בהם. אמנם לפי הרמב״ם אין כאן דין של מחילה, אלא שכבוד התורה דוחה את דין ״וקידשתו״.

נמצא שלדעת הגאונים כוהן מוחל על כבודו מפני התורה, ולפי הרמב״ם התורה קודמת לכהונה.

ייתכן ששיטת הגאונים נאמרה רק בקריאת התורה ולא בעניינים אחרים. והיא כנראה מבוססת על הדעה שמן הפסוק: ״ויכתוב משה את התורה הזאת ויתנה אל הכהנים בני לוי״ למדו שהכוהנים קוראים לפני ישראל, בקרבן עדה (על הירושלמי גיטין שם) הסביר: ״שמע מינה דכהנים קודמים לתורה לכל זקני ישראל, שהן תלמידי חכמים״. הדין ״וקידשתו״ נאמר בעיקר על מצב שיש שוויון מעמדות או חכמה או כאשר יש הבדל קטן (כמו במגילה כח ע״א ובתוספות שם), אך בקריאת התורה יש הלכה מיוחדת שתמיד כוהן קודם לישראל.

ה. בעניינים אחרים

לפי הגמרא בגיטין כוהן קודם בכל העניינים שהוזכרו שם, אך יוכל למחול על כל הדברים חוץ מקריאת התורה. ברם לעיל הבאנו מדברי הגמרא בהוריות שממזר תלמיד חכם קודם לכוהן עם הארץ. ובגמרא במגילה (כח ע״א) אמרו שתלמיד חכם שמרשה לכוהן עם הארץ להקדימו – חייב מיתה. והסברנו שמצוות ״וקידשתו״ נאמרה רק כשהם שווים. דין זה תואם לאמור בשולחן ערוך (או״ח סי׳ רא ס״ק ב) ש״לא יקדים חכם ישראל לכהן עם הארץ לברך לפניו דרך חק ומשפט״ אלא יבקש רשות מהכוהן. אך אם הכוהן הוא תלמיד חכם – מצווה להקדימו משום ״וקידשתו״. ובסי׳ קסז (סעיף יד) פוסק שהגדול שבכולם בוצע. והרמ״א מוסיף שאם הם שווים – תלמיד חכם קודם, ואם הכוהן הוא עם הארץ – תלמיד חכם מקדימו. עוד הוסיף הרמ״א, שאפשר ורצוי לכבד תלמיד חכם כוהן אף על פי שיש תלמיד חכם גדול ממנו במעט (כמבואר מסיפורו של רב פרידא במגילה כח ע״א על פי הבנת רש״י), אך אין חיוב בדבר.

ו. מחילת כוהן

ראינו בגמרא בגיטין שלולא התקנה משום דרכי שלום, כוהן היה יכול לכבד אחר. אמנם אין להסיק מכך שאין דין "וקידשתו" אם הכוהן מוחל. העובדה שצריכים לקבל את מחילתו ולהתחשב ברצונו לפני שמעלים מישהו אחר לתורה – גם היא קיום של מצוות "וקידשתו".

מצאנו גם שכוהן יכול להיות עבד עברי. בגמרא בקידושין (כא ע"א) אמרו שעבד עברי כוהן אינו נרצע משום שנעשה בכך בעל מום, ואינו יכול לשוב אל משפחתו. מכל מקום יוכל להיות עבד עברי רגיל. אך בהגהות מיימוניות (הלכות עבדים פ"ג ה"ח) הקשה, והרי לפי הירושלמי "המשתמש בכהן – מעל", ואיך תיתכן מציאות של עבד עברי כוהן? את שאלתו השאיר ב"צריך עיון"[15].

מעשה רב כבר נידון בהגהות מרדכי לגיטין (אות תסא; הדברים הובאו בט"ז או"ח סי' קכח ס"ק לט):

> מעשה בכהן שיצק מים על ידי רבנו תם, הקשה לו תלמיד אחד, הא שנינו בירושלמי המשתמש בכהונה הרי זה מעל? והשיב רבנו תם אין קדושה בזמן הזה, דקיימא לן: בגדיהם עליהם – קדושתם עליהם, ואי לא – לא. והקשה, אם כן כל מיני קדושה לא ליעבד להו? ושתיק רבנו תם. והשיב הר' פטר, דנהי דיש בהם קדושה – יכול למחול. כדאמרינן פרק קמא דקידושין אין כהן נרצע מפני שנעשה בעל מום, והשתא בלא טעמי תיקשי, איך מצי משתעביד ביה? אלא ודאי מצי מחיל.

דברי רבנו תם קשים, האם סבר שאין קדושת כהונה בזמן הזה כלל? ואם הבין בפשוטו את הביטוי "השתמש בכהן מעל", איך מחילה יכולה להועיל?

הרמ"א (או"ח סי' קכח סע' מה) כתב: "אסור להשתמש בכהן אפילו

15. אמנם אפשר לומר שכל הדין הוא באדון ישראל, אך כוהן יכול להיות עבד כוהן. והסמ"ג (הובאו דבריו בערוך השלחן או"ח סי' קכח סע' ע) כתב שנאסר שימוש בחינם, אך אם הכוהן מקבל שכר – מותר.

בזמן הזה דהוי כמועל בהקדש, אם לא מחל על כך". על כל פנים לכל הדעות כוהן יכול למחול. ומקשה הט"ז (שם ס"ק לט), מדוע כוהן שנשא גרושה כופין אותו לגרשה? ומדוע לא נאמר שמוחל על קדושתו[16]? מחמת קושיה זו הסיק הט"ז שכוהן יכול למחול על קדושתו רק אם יש לו הנאה מכך, כגון לשרת תלמיד חכם כמעשה המובא ברבנו תם, אבל ללא סיבה – הכוהן אינו יכול למחול.

אולם אפשר ליישב קושיית הט"ז ולומר שיש שתי הלכות בדין קדושת כהונה[17]. קדושה שקידש הקב"ה את הכוהנים לעבודה במקדש, ועל קדושה זו אי אפשר למחול. ויש דין שני שמוטל על זרים לכבד כוהנים, ועליו כוהן יכול למחול. וממילא כוהן יכול למחול אפילו אם לא מגיעה לו שום הנאה. ומוסיף בעל הערוך השולחן שהביטוי "מעל" הוא לאו דווקא, וכל דבר שנעשה נגד התורה נקרא מעילה.

הסבר אחר בדברי רבנו תם שמעתי מפי מו"ר הגרי"ד הלוי זצ"ל[18]. יש שתי הלכות בכהונה, הלכה אחת שחייבים לכבד כל אחד שמתייחס לשבט הכוהנים, והלכה אחרת היא שכוהן הוא כלי שרת בבית המקדש[19], ודינו ככף ומחתה שהם כלי שרת[20]. כששאלו את רבנו תם, והרי המשתמש בכוהן מעל? השיב שדין מעילה ודאי מתייחס רק לכוהן כאל כלי שרת, שאם

16. לפי הבנת הט"ז, היה מקום להקשות עוד מהספרי שמובא בספר המצוות לרמב"ם מצוה לב "וקידשתו – על כרחו" והרמב"ם מוסיף "ואינו בבחירת כהן".

17. ראה באר היטב שם, וערוך השולחן שם ס"ק סח.

18. עיין ספר כף החיים עמ' רז על ענייני ברכת כהנים, שהציע גם הוא רעיון דומה.

19. השווה לדברי הירושלמי ברכות (פ"ח ה"ה): "ומנין שהמשתמש בכהן מעל? אמר ר"א בשם שמואל, דכתיב בעזרא: 'אתם קודש לשם והכלים קודש', מה כלים המשתמש בהם מעל אף כהנים המשתמש בהם מעל".

20. אחרי שנים רבות מצאתי יסוד זה בספר אור תורה לרב מאיר בלומענפעלד. הוא מאריך ומרחיב סברה זו ובהמשך מזכיר סברה אחרת. אביא מדבריו מפני שאינם מצויים:

> ולאחר העיון נראה דאפילו אם על הכהנים בעצמם אין דין כלי שרת, אבל כיון שכל קדושת כהנים לעבודה הרי היא על ידי הבגדים, כי בזמן שבגדיהם עליהם כהונתם עליהם, וכמבואר במסכת זבחים (יז ע"ב), והבגדים היו כלי שרת – ממילא נתקדשו הכהנים על ידי כלי שרת, וכיון שעבודתם נעשית בעת שהיו מלובשים הבגדים, והיינו הכלי שרת, נתחשבו כמו אחד, ותורת כלי שרת עליהם.

לא כן – אין זו מעילה[21], וזה נאמר רק בזמן שבגדיהם עליהם. כששאלו אותו 'למה עולה הכהן ראשון?', משמע שתלמידיו לא הבינו את תירוצו, שהרי הסיבה שהכוהן עולה ראשון בגבולין הוא מפני דין ייחוסו לשבט הכוהנים ולא דין בהיותו כוהן כלי קודש.

ז. סיכום

1. ראשונים נחלקו אם מצוות "וקידשתו" היא מהתורה או מדרבנן. שיטת הרמב"ם שהיא מדאורייתא ושיטת התוספות שהיא מדרבנן. רס"ג לא מנאה במניין המצוות, אך אין ראיה מכך.
2. דין זה נאמר על דברים שבקדושה. לאור זה הראשונים התקשו להבין את הברייתא בגיטין "לפתוח ראשון... וליטול מנה יפה ראשון וכו'".
3. יש מקום לדון אם מצוות עשה זו נאמרה לגבי כוהן העובד או לגבי כל אחד שמתייחס לשבט הכוהנים. לאור זה צריכים לדון בשייכות מצווה זו לכוהן בעל מום וכוהן קטן.
4. מעיקר הדין תלמיד חכם קודם לכוהן עם הארץ בכל דבר. המנהג הפשוט הוא שבקריאת התורה מעלים כוהן עם הארץ לפני תלמיד חכם, וייתכן שהקדמה זו היא רק בקריאת התורה. מצאנו שיטה מהגאונים שאסור להעלות תלמיד חכם לפני כוהן לעולם.
5. רוב הפוסקים סוברים שכוהן לא יכול למחול על כבודו. דעת הט"ז היא דעת יחיד, שכוהן אינו יכול למחול אלא אם כן הוא נהנה מהמחילה. ולכל הדעות כוהן יכול גם להיות עבד עברי.
6. המגן אברהם (סי' רא ס"ק ד) כתב שצריך עיון למה לא נזהרים להקדים כוהן, ובפרט שהקדמתו היא מהתורה? ומשיב שאולי הסיבה היא משום שאין לנו כוהנים מיוחסים בזמן הזה, ויש לדון בענין זה[22].

ויה"ר שייבנה המקדש במהרה ונשוב לכבד את הכוהנים גם בעבודתם.

21. אמנם בערוך השלחן שם כתב שמעילה אינה רק שינוי קדושה אלא כל עברה נקראת מעילה, "דכל שעושה דבר נגד התורה נקרא מועל".
22. בעניין ייחוסי כוהנים בזמן הזה ראה במאמרו של הרב י"צ רימון בקובץ זה עמ' סג.

כוהנים בני אהרן – מעמדו של החלל

הרב בנימין תבורי

בתחילת פרשת אמור (ויקרא כ"א, א) מזהירה התורה את הכוהנים שלא להיטמא למתים: "אמר אל הכהנים בני אהרן". הרמב"ן שם העיר שבקשר למצוות הקרבנות נאמר הציווי: "אל אהרן ואל בניו", ולא נזכרו ה"כהנים". אך כשהזהיר לא להיטמא למת, "והיא מעלה להם בעצמם", הזכיר "כהנים", שהם "כהני ה' ומשרתי אלהינו", ולא יטמאו לעולם, "והנה החללים מוצָאים מן הכלל הזה". רמ"ד פלאצקי בכלי חמדה (שם, דבריו הובאו בהערות הרב שעוועל לפירוש הרמב"ן שם) מבאר שלדעת הרמב"ן יש שתי קדושות לכוהנים:

1. קדושה הבאה מכוח האבות, שהכוהנים הם בני אהרן.
2. קדושה עצמית הנובעת מכהונתם.

והוסיף לבאר שחלל הוא בן אהרן, ולכן בדיעבד עבודתו כשרה[1], אך מותר לו להיטמא למת משום שאין לו קדושה עצמית של כוהן[2].

1. כמבואר לקמן.
2. כמבואר בספרא אמור פרשה א.

במקום אחר[3] כתבתי בשם מו"ר הגרי"ד הלוי זצ"ל שיש שתי הלכות בכהונה: הלכה אחת היא שחייבים לכבד כל מי שמשתייך לשבט הכוהנים, ולכן מותר לחלל, שאינו משתייך לשבט זה, להיטמא למת, והלכה שנייה היא שכוהן שלבוש בבגדי כהונה הוא כלי שרת בבית המקדש.

מדברים אלו משמע שחלל אמנם אינו כוהן, אך הוא יכול לעבוד בבית המקדש מחמת היותו מבני אהרן. במסכת קידושין (ס ע"ב) אמרו שאם כוהן עבד בבית המקדש ונודע שהוא בן גרושה, ולכן הוא חלל – עבודתו כשרה. בגמרא הביאו שלושה מקורות לדין זה:

> אמר רב יהודה אמר שמואל: דאמר קרא "והיתה לו ולזרעו אחריו", בין זרע כשר ובין זרע פסול.
>
> אבוה דשמואל אמר מהכא: "ברך ה' חילו ופועל ידיו תרצה", אפילו חולין שבו תרצה.
>
> ר' ינאי אומר מהכא: "ובאת אל הכהן אשר יהיה בימים ההם", וכי תעלה על דעתך שאדם הולך אצל כהן שלא היה בימיו? אלא זה כשר ונתחלל.

בגמרא הוסיפו ואמרו שבעל מום שעבד עבודתו פסולה, והביאו מקור לכך.

בירושלמי תרומות (פ"ח ה"א) הובאו רק שני מקורות שמהם למדו שמי שעבד ונמצא חלל – עבודתו כשרה. ר' יוחנן בשם ר' ינאי למד זאת מהפסוק "ובאת אל הכהן אשר יהיה בימים ההם", ורב למד זאת מהפסוק "ופועל ידיו תרצה". המקור השלישי, "והיתה לו ולזרעו אחריו" אינו מובא בירושלמי.

אחרונים רבים[4] הסבירו את ההבדל שבין הלימודים השונים. מי שלמד מהפסוק "הכהן אשר יהיה בימים ההם" הבין שהחלל היה כוהן עד עכשיו,

3. בעלון שבות גיליון המאה (נדפס שוב בספר זה לעיל עמ' מח). הרב צבי שכטר קדמני במאמרו, שחיטה לאו עבודה היא (הפרדס שנה מ"א חוברת ח), ודברים דומים נכתבו באהלי שם עמ' ריד, בבית יצחק תשמ"ה (עמ' לה) ובמקומות נוספים.
4. אבן האזל הלכות ביאת המקדש (פ"ו ה"י), דבר אברהם (סי' כו סעיף ט) ועוד.

וממילא כל דיני כהונה חלו עליו עד כה. ואילו מי שלמד מ"ברך ה' חילו" הבין שמעולם לא היה כוהן, ועבודתו כשרה אף על פי שהיה חלל. הדבר כמעט מפורש בירושלמי שם:

> על דעתיה דרב – ובלבד בקדשי מקדש, על דעתיה דר' יוחנן – ואפילו בקדשי הגבול. על דעתיה דרב – ובלבד בשעת מקדש, על דעתיה דר' יוחנן – ואפילו בזמן הזה.

לדעת ר' יוחנן, הלומד מן הפסוק "הכהן אשר יהיה בימים ההם", הדברים לא נאמרו רק לעניין קרבנות אלא גם לכל ענייני כהונה, ואף לקדשי הגבול. ואילו לדעת רב, הלומד מן הפסוק "ופועל ידיו תרצה", הדברים נאמרו רק לעניין עבודת המקדש, שהיא כשרה בחלל. לפי המקור השלישי, "והיתה לו ולזרעו אחריו", היה אפשר לומר לכאורה שיש ברית כהונה לכל זרע אהרן הכוהן. אך למעשה חלל בוודאי אינו כוהן, שהרי מותר לו להיטמא למת, כדברי הספרי, ואולי דין זה מוגבל רק לעניין עבודה שכשרה בחלל.

לדעת ר' יוחנן, דינו של מי שעבד ונודע שהוא חלל בן גרושה הוא דין מיוחד, והוא לא יסבור כדברי הרמב"ן שבהם פתחנו. ברם לדעת רב ייתכן שלחלל אין קדושה עצמית של כוהן, אך מכל מקום הוא יכול לעבוד משום שיש לו קדושה מכוח האבות. לפי מה שהבאנו לעיל בשם מו"ר הגרי"ד הלוי זצ"ל נסביר שאף שחלל אינו כוהן באישיותו, מכל מקום הוא יכול להיות כלי שרת בעבודה. יסוד זה הוא מפתח להבנת סוגיות רבות, ונדון בכמה מהן.

עָבַד אחרי שנתגלה שהוא בן גרושה

בסוגיות שהזכרנו, בבבלי בקידושין ובירושלמי בתרומות, דנו בכוהן שעבד ואחר כך נמצא שהוא בן גרושה. אך מה יהיה הדין אם כבר נודע לו שהוא בן גרושה ואחר כך עבד? הרמב"ם (הלכות ביאת מקדש פ"ו ה"י) כתב:

> כהן שעבד ונבדק ונמצא חלל עבודתו כשירה לשעבר ואינו עובד להבא[5], ואם עבד – לא חילל, שנאמר: "ברך ה' חילו ופועל ידיו תרצה" – אפילו חולין שבו תרצה.

הכסף משנה הסביר שלא מצאנו פסוק שאומר שחלל מחלל את עבודתו, ולכן הרמב"ם סבר שעבודה כשרה גם לאחר שנודע שהוא בן גרושה. המשנה למלך מוסיף שבסוף הלכות ביאת המקדש יש רשימה של שמונה עשר פסולי עבודה, וחלל אינו מוזכר שם.

אם מקור הלימוד הוא מהפסוק "הכהן אשר יהיה בימים ההם" – ברור שהדין מבוסס על אי ידיעה, סברנו שהוא כוהן עד שנודע לנו אחרת, וממילא לא ייתכן להכשיר עבודה שנעשית לאחר שנודע. אך הרמב"ם, כאמור, הסתמך על הלימוד "ברך ה' חילו", ולכן לדעתו עבודת חלל כשרה, ואין הבדל עקרוני בין לפני שנודע ולאחר שנודע[6]. ובעצם, קשה להבין את הדעה החולקת וסוברת "דדוקא עבודה שעבד קודם שנודע גזירת הכתוב היא שכשרה, אבל לאחר שנודע היא פסולה"[7].

הרמב"ן בחידושיו לקידושין (סו ע"ב) מחדש שהתורה מעולם לא הכשירה חלל, ואפילו נודע שהוא בן גרושה שעבד, אלא רק מי שנמצא ספק חלל[8]. מובן שחידוש זה שולל את כל הבנתנו בפירוש הרמב"ן לפסוק

5. ראוי לעמוד על השינוי בלשונו של הרמב"ם, עד שלא נודע שהוא בן גרושה הדין הוא ש"עבודתו כשירה", ומכאן ואילך "לא חילל". יש אחרונים (משאת משה לקידושין סי' צו, המרחשת חלק א סי' ח) שדנו בזה. יש שהעלו (ראה אבן האזל הלכות ביאת מקדש פ"ו ה"י) שלפי הרמב"ם יש שתי הלכות, עד שלא נודע שהוא בן גרושה – הוא כוהן בעצם ("כהן בימים ההם"), ואחרי שנודע עבודתו כשרה משום "ברך ה' חילו". ברם לכאורה אפשר לומר שיש רק הלכה אחת, והיא "ברך ה' חילו", אך לכתחילה לא נתיר לחלל לעבוד משום שצריכים כוהן שיש לו קדושה עצמית נוספת לקדושתו מכוח אבותיו.

6. הדיון שמופיע בשולחן ערוך ובפוסקים הוא בנודע שהוא בן גרושה. לאור הבנתנו, אין הבדל עקרוני בינו לבין מי שנולד בחזקת בן גרושה, וכך דעתו של המנחת חינוך (מצווה רסז אות יד). אמנם בעל משאת משה (ראה לעיל הערה 5) חולק על כך.

7. לשון המנחת חינוך שם בשם "יש אומרים". אך לא מצאתי בראשונים מי שכתב כן בפירוש. הערוך לנר (מכות יא ע"ב) הבין כך בשיטת רש"י, אך יש לדון בדבריו. ועיין בתוספות בכתובות (כג ע"א ד"ה עדי) ובתוספות בקידושין (יב ע"ב ד"ה אם).

8. הסבר זה של הרמב"ן הוא כדי לבאר את דעת ר' טרפון שם. אחרונים רבים (ערוך לנר

"כהנים בני אהרן". כוהן חלל או מי שנודע שהוא בן גרושה מופקעים מעבודה בכלל, וכל עבודה שיעשו – פסולה.

חלל שעבד בשבת

בתוספות בקידושין (יב ע"ב ד"ה אם) כתבו שחלל שעבד בשבת חייב מיתה. לפי השיטה שעבודתו פסולה ובעצם אינו כוהן, הדברים ברורים. אך לפי הסוברים שעבודתו כשרה נראה לומר שאינו חייב מיתה. שהרי אם לומדים שעבודתו כשרה עד שנודע שהוא בן גרושה מהפסוק "אשר יהיה בימים ההם" – נמצא שהוא היה כוהן בעצם, וקשה לומר שיהיה חייב מיתה על עבודתו. אך גם אם לומדים שעבודתו כשרה מ"ברך ה' חילו", ובעצם הוא בן אהרן גם לאחר שנודע, ייתכן לומר שאינו חייב מיתה[9].

חלל מחוסר בגדים

השלכה נוספת תהיה בחלל שעבד מחוסר בגדים. בהקשר זה יש לדון בשתי שאלות נפרדות:

1. האם עבודתו כשרה.
2. האם חייב מיתה על עבודתו.

בעל הצפנת פענח (תניינא עח, א; דבריו הובאו באריכות במפענח צפונות פרק ו סי' טו ובעיקר אות ד) כתב שכוהן בעל מום וחלל הם שני הפכים. על כוהן בעל מום יש מצוות כהונה אלא שעבודתו פסולה. והחלל – "אין עליו שם כהן כלל, אך לעבודה לא פוסל". ולכאורה בין אם יש לו בגדי

ודבר אברהם שהוזכרו לעיל) הקשו על שיטת הרמב"ן מפסחים עב ע"א. והם כתבו שהרמב"ן אמר חידוש זה רק לדעת ר' טרפון, אך להלכה הרמב"ן סובר, לדעתם, שההלכה היא גם בחלל ולא רק בספק חלל. אך המעיין ברמב"ן ובראשונים שציטטו אותו יתקשה להבין כך בדבריו.

9. עיין רש"ש שם שמעיר כך על פי שיטת הרמב"ם. הוא גם רומז לדיון אם זר ששחט בשבת חייב מיתה אף על פי שעבודת השחיטה כשרה בזר. בעל ההפלאה בכתובות (כג ע"א) מעיר כנ"ל, אך מתרץ שמדובר בכוהן גדול שעבד, וראה להלן.

כהונה ובין אם לא – עבודתו כשרה, שהרי אין משמעות לבגדי כהונה לאדם זר. ברם המנחת חינוך (סוף מצווה צט) סבר שעבודתו בלי בגדים בוודאי פסולה, מפני אינו עדיף מכוהן כשר שאינו לבוש בבגדי כהונה. אם נסבור שחלל זה היה נחשב כוהן (עד שנודע שהוא בן גרושה) – עבודתו בוודאי פסולה, ככל כוהן מחוסר בגדים. אך גם לפי הבנתנו בשיטת הרמב"ם, שחלל כשר לעבודה משום שהוא בן אהרן, דעת המנחת חינוך מובנת, אך דעתו של הצפנת פענח קשה להבנה.

נוסיף עוד, שאם חלל עבד בלא בגדים – לדעת המנחת חינוך (שם) אינו חייב מיתה, משום שלא נצטווה על בגדי כהונה. ומהכתוב "ברך ה' חילו" למדנו שיש ברכה בעבודתו, ולכן היא כשרה, אך גם לכאורה למדנו אין שם קללה, שיתחייב מיתה על עבודה בלי בגדים. ברם לאור דברינו אפשר לומר שאם עבודתו כשרה אפילו לאחר שנודע – נמצא שהוא בגדר בן אהרן שנצטווה על בגדי כהונה, ולכאורה יתחייב מיתה אם עבד ללא בגדים.

כוהן גדול שנודע לו שהוא בן גרושה

יש לדון מה יהיה הדין בכוהן גדול שעבד ביום הכיפורים ונודע שהוא בן גרושה, נראה שהדבר תלוי בשאלה איזו דרשה היא העיקרית.

במשך חכמה, על הפסוק "והיתה לו ולזרעו אחריו" (במדבר כ"ה יב), העיר שהפסוק מדבר על כהונה גדולה, וממילא הדין הנלמד ממנו שייך גם לכוהן גדול, ועבודתו כשרה. אולם אם לומדים מהפסוק "ברך ה' חילו", יש להסתפק בדין, שהרי הפסוק לא דיבר על כהונה גדולה. המנחת חינוך (קומץ המנחה למצווה קפה) סבר שבוודאי עבודתו כשרה, אך הזכיר שבעל ההפלאה חולק. אם למדים מהפסוק "הכהן אשר יהיה בימים ההם" – דעת המנחת חינוך מובנת. אך אם לומדים מ"ברך ה' חילו" קשה להניח שמי שהוא רק בן אהרן ולא כוהן יוכל להתמנות לכהונה גדולה, ולכאורה עבודתו פסולה, וכדעת ההפלאה.

בגמרא לא דנו על כוהן גדול שעבד, אבל בעניין אחר דנו בכוהן גדול שנודע שהוא בן גרושה. רוצח בשגגה גולה לעיר מקלט ואינו יוצא משם אלא במיתת הכוהן הגדול. במכות (יא ע"ב) דנו מה הדין אם אדם

גלה ואחר כך נודע שהכוהן הגדול הוא בן גרושה. לדעה אחת אנו אומרים ש"מתה כהונה" והרוצח חוזר. אפשר להסביר דעה זו רק אם נאמר שעד כה היה כשר בתורת כוהן ומכאן ואילך אינו כוהן. אך לדעה האחרת בגמרא אנו אומרים ש"בטלה כהונה", דהיינו שלמפרע הוא נפסל, ונמצא שכאילו נגמר דינו בלא כוהן גדול ואינו יוצא לעולם. לפי הבנה זו הוא מעולם לא היה כוהן גדול, אך עבודתו בתור כוהן הדיוט הייתה כשרה, ואילו עבודתו בתור כוהן גדול תלויה בדיון שהעלינו עתה. אין הבדל עקרוני בין עבודתו לפני שנודע שהוא בן גרושה ובין עבודתו לאחר שנודע. הרמב"ם פסק כדעה שבטלה כהונה (הלכות רוצח פ"ז הי"ב), וזה מתאים לשיטתו שעבודתו של חלל כשרה בדיעבד.

דיני תורה נוספים שנעשים בכוהן – האם יכול חלל לעשותם?

לפי דברינו יש לדון האם חלל כשר בדיני תורה נוספים שהתורה הצריכה בהם כוהן.

בעניין כוהן המטהר מצורע כתב הגרי"ז הלוי זצ"ל בחידושיו על התורה (תחילת פרשת מצורע) שאפשר "לדייק מלשון הכתוב 'הכהן המטהר' דהדין כהונה שבזה אין זה מדין כהונה של עבודה... ונפקא מינה לענין כהן חלל, דעבודתו כשרה בדיעבד מדין 'ברך ה' חילו', אבל מכל מקום יהא פסול בזה, משום דין טהרת מצורע שאינה אלא בכהן, דבזה בעינן דווקא כהן כשר ולא חלל". כמו כן, כיוון שהתורה קבעה שרק כוהן יכול לראות נגעים – חלל לא יועיל[10].

יש לדון גם בעניין פדיון הבן. בתורה נאמר: "וכל בכור אדם בבניך תפדה" (שמות י"ג יג), ו"אך פדה תפדה את בכור האדם" (במדבר י"ח, טו). אך לא קבעו בפירוש ממי פודים[11]. במדרש הגדול על הפסוק "ונתתה הכסף לאהרן ולבניו" (במדבר ג', מח) העירו:

10. גם הצפנת פענח שם כתב כן: "ונפקא מינה גם כן לגבי מראות נגעים בחלל, לא מהני כלום".

11. עיין עדות לישראל (ורדיגר; סדר פדיון הבן עמ' קנג) שדן בכך.

מכאן למדנו שפדיון הבן אינו ניתן אלא לזכרי כהונה, שנאמר: "לאהרן ולבניו" – להוציא את הנקבות[12].

כך פסק גם הרמב"ם (הלכות ביכורים פ"א ה"י): "וכן פדיון הבן לזכרי כהונה, שכן נאמר בו: 'ונתתה הכסף לאהרן ולבניו'".

לכאורה יש לבעל דין לטעון שהדרישה של "אהרן ובניו" תכלול גם חלל, וכדברינו לעיל. אמנם, הצפנת פענח דחה זאת מפני הלכה מיוחדת בהלכות פדיון הבן. הוא האריך לחדש שפדיון הבן הוא חיוב נמשך, ואם יימצא הכהן חלל – הפדיון נתבטל. הוא העלה עוד, שאפילו לפי הדעה שאף קודשי הגבול כשרים בדיעבד בחלל (כמבואר להלן) – דין זה מוגבל רק למקרה שחל שם תרומה (וכדומה) לפני הנתינה. אך בפדיון הבן ובראשית הגז אין שם 'מתנה' על הכסף או הגז לפני הנתינה לכוהן, ולכן אינו מועיל בחלל. כל דבריו מבוססים על הנחתו שחלל אינו כוהן כלל, ואינו יכול למלא שום תפקיד הקשור ל"כהנים בני אהרן". ולדעתו הוא זר ממש, אלא שעבודת זר כזה כשרה בדיעבד. אך כמובן בעל הדין יכול לחלוק ולומר שהדרישה ההלכתית בפדיון הבן "לאהרן ולבניו" – תכלול את כל בני אהרן, ואפילו את החללים. לאור שיטת הרמב"ם, שעבודת חלל כשרה בדיעבד אפילו לאחר שנודע שהוא בן גרושה, גם הטענה שפדיון הבן הוא "חיוב נמשך" לא תועיל לפסול חלל בה.

חלל בקודשי גבול

בפסחים (עב ע"ב) הובאה מחלוקת בין ר' אליעזר לר' יהושע מה דין כוהן שאכל תרומה ונודע שהוא בן גרושה: ר' אליעזר מחייב אותו בקרן וחומש, ור' יהושע פוטרו. בגמרא מסבירים שר' יהושע פוטר כיוון ש"שאני תרומה דאיקרי 'עבודה', ועבודה רחמנא אכשר". בגמרא הוסיפו שדבריו מבוססים על הלימוד מ"ברך השם חילו", ותרומה קרויה עבודה בפסוק "עבֹדת מתנה

12. בעניין אם מותר לפדות אצל כוהנת ראה בספר עדות לישראל (ראה בהערה הקודמת) עמ' קנט.

אתן את כהֻנתכם והזר הקרב יומת" (במדבר י"ח, ז), ו"עשו אכילת תרומה בגבולין כעבודת בית המקדש".

הרמב"ם (הלכות תרומות פ"י הי"ב) פסק: "... וכן כהן שהיה אוכל, ונודע לו שהוא בן גרושה או בן חלוצה הרי אלו משלמים את הקרן בלבד".

אמנם קשה, הרי שיטת הרמב"ם היא שעבודת חלל גם לאחר שנודע כשרה בדיעבד, ומדוע לא יהיה פטור מחומש אפילו אם אכל תרומה לאחר שנודע שהוא חלל[13]?

נראה שהרמב"ם הבחין בין עבודת מזבח, שכשרה מחמת הלימוד מ"ופֹעל ידיו תרצה", לבין אכילת תרומה. אמנם דעה אחת בבבלי קראה לתרומה "עבודה", אך בירושלמי תרומות (פ"ח ה"א, הובא לעיל) חילקו: "על דעתיה דרב (שלומד מ"ופֹעל ידיו תרצה") ובלבד בקדשי מקדש[14], על דעתיה דר' יוחנן (שלומד מ"ובאת אל הכהן אשר יהיה בימים ההם") ואפילו בקודשי הגבול". היה מקום לבבלי לפרש שדין זה קיים גם בקודשי הגבול, אך הרמב"ם, כנראה על פי הירושלמי, צמצם את הדין לעבודת המזבח בלבד[15].

נשיאת כפיים

בהלכות תפילה (פט"ו ה"ה) פסק הרמב"ם: "והחלל אינו נושא את כפיו לפי שאינו בכיהונו". ויש לעיין בדבריו.

בפרשת נשא (במדבר ו', כג) נאמר: "דבר אל אהרן ואל בניו לאמר: כה תברכו את בני ישראל". ולפי דברי הרמב"ן שהבאנו בפתיחת הדברים,

13. שער המלך (הלכות ביאת המקדש פ"ו ה"י) הקשה כן, ובדבריו דנו המנחת חינוך (מצווה רפ אות לה), אבן האזל שם ועוד.

14. אפשר להבין ש'קודשי מקדש' הם עבודות הנעשות על גבי המזבח, אך מפרשי הירושלמי הרחיבו מושג זה לעבודות נוספות.

15. לכאורה יש לשאול, מדוע פטור מחומש אם אכל לפני שנודע? מהקשר ההלכות נראה להסביר שזהו דין כללי, וכמו אשת כוהן שאכלה תרומה ונודע לה שבעלה מת. כן כתב גם המנחת חינוך שם. גישה אחרת היא, שאף על פי שהרמב"ם פסק את הדרשה מ"ברך ה' חילו" הוא גם פסק את הדרשה מ"ובאת אל הכהן", ויש חילוק בין אם נודע לו קודם שאכל או אחר שאכל, עיין במשאת משה הנ"ל ובאבן האזל על אתר. כמובן, לפי הבנה זו צריכים לחזור ולדון בסוגיית "מתה כהונה".

חלל אמנם איננו כוהן, אבל ייתכן שהוא בן אהרן ולכתחילה כשר לנשיאת כפיים. ואכן בעל פתח הדביר (או"ח סי' קכח) הקשה על הבית יוסף (שם) כיצד קבע שכל מי שאינו מחלל עבודה כשר לכתחילה לנשיאת כפיים, והרי מצאנו שנשיאת כפיים היא עבודה, כמבואר בתענית (כו ע"ב), שם הקישו על פי הפסוק (דברים י', ח): "לשרתו ולברך בשמו" בין כוהן המשרת לכוהן המברך, והרמב"ם הביא דרשה זו (הלכות תפילה פט"ו ה"ג) לראיה שכוהן שעבד עבודה זרה פסול לנשיאת כפיים. אמנם בתוספות במנחות (קט ע"ב ד"ה לא ישמשו) הביאו דרשה זו רק לעניין עמידה, שכשם שעבודה היא בעמידה כך גם ברכת כוהנים, אך הרדב"ז (שו"ת חלק ב סי' תשעח) למד מההיקש שברכת כוהנים היא עבודה, ועל כן הכוהן צריך ליטול את ידיו בברכה לפני ברכת כוהנים (כדעת הטור או"ח סי' קכח), כעין קידוש ידיים ורגליים לפני העבודה. על כל פנים, אם עבודת חלל כשרה (ולו רק בדיעבד) יש לדון אם נשיאת כפיים של חלל כשרה בדיעבד.

אמנם יש להעיר כי המושג "בדיעבד" איננו כל כך רלוונטי כאן כבקודשים, שהרי אם כבר עלה וברך מה נעשה? אפילו לדעת הראשונים שישראל המכוון לקבל ברכת כוהנים מקיים בכך מצוות עשה[16], מסתבר שאינו חייב לחפש כוהן שיברך אותו.

אכן יש להעיר כי דעת הפרי חדש (או"ח סי' קכח ס"ק מב) היא שאף על פי שעבודת החלל כשרה בדיעבד, מכל מקום בברכת כוהנים אין זה כך, ואפילו אם עלה לדוכן ועדיין לא בירך יש להורידו, מפני שבניגוד לעבודה – יש בנשיאת כפיים איסור עשה ואיסור ברכה לבטלה.

סיכום

עמדנו על דברי הרמב"ן שישנם שני דינים נפרדים: כוהן ובן אהרן. ולכן בדקנו מתי חלל או מי שנודע שהוא חלל יוכלו לעבוד, ומתי עבודתם כשרה בדיעבד. עבודתו של חלל כשרה בדיעבד לפני שנודע לו שהוא חלל, ולפי שיטת הרמב"ם גם אחרי שנודע לו. לעניין אכילת תרומה מצאנו דיון בבבלי ובירושלמי, ולעניין נשיאת כפיים מצאנו שהרמב"ם פסלו, ודנו בדבריו.

16. עיין ביאור הלכה ראש סי' קכח.

לפי הסברו של מו"ר הגרי"ד יש שני דינים בכוהנים: אישיותו וזהותו בתור כוהן, והגדרתו כמעין כלי שרת בזמן שבגדיו עליו. אם נבין שחלל יוכל להיות כלי שרת כזה (על פי הפסוק "ברך ה' חילו ופֹעל ידיו תרצה") נאמר שהוא יהיה כשר רק לעניין עבודת הקרבנות, אך לעניין אכילת תרומה ונשיאת כפיים אינו כוהן, וכשיטת הרמב"ם.

חזקת כהונה בזמן הזה

הרב יוסף צבי רימון

במאמר זה נדון בשאלת מעמד הכוהנים בזמן הזה, האם כוהנים שאין להם מגילת יוחסין או עדות על מעמדם הם כוהנים ודאיים או כוהנים בספק. נדון בדברים דרך תשובה לשאלה שנשאלנו עליה.

השאלה

וזה לשון השאלה:

למשה יש חברה גיורת, והם רוצים להתחתן. יעקב, אחיו של משה, טוען שאסור להם להתחתן כיוון שהם ממשפחת כוהנים.

השאלה הגיע אלינו, ובירינו את הפרטים הבאים: יעקב, משה, הוריהם והסבא והסבתא לא קיימו תורה ומצוות. יעקב חזר בתשובה לפני כמה שנים.

יעקב מחזיק עצמו בתור כהן מהסיבות הבאות:

כשדוד היה בן ארבע, אביו זלמן לימדו את תנועת האצבעות של הכוהנים. שנים רבות אחר כך גילה שכך עושים כוהנים. יעקב שאל את אביו על כך, והאב אמר שאין לו שום מושג מה משמעות תנועת האצבעות הללו, ורחל, אמו של זלמן, היא שלימדה אותו תנועות אלו. יעקב שאל את ירחמיאל סבו, בעלה של רחל, ואף הוא לא ידע על כך דבר. יש לציין

שהסבא ירחמיאל גדל עם אחיותיו, כי אביו אברהם נרצח כשיעקב היה בן שש.

פאני, בת דודה שנייה של יעקב ומשה, אמרה להם שהרב פיניה, הסבא של הסבא, היה סופר סת"ם, רב וממשפחת כוהנים. נציין שפאני אינה שומרת תורה ומצוות.

חברי הקהילה של הרב בלוי הם קרובי האם. יעקב שאל את הרב בלוי והוא אמר לו שעל סמך עדות זו הוא יכול לעלות לדוכן. מכאן ואילך, יעקב מחזיק את עצמו לכוהן, ואף פודה בכורות בפדיון הבן.

פנינו אל הרב בלוי, והוא אמר לנו שהוא מעולם לא החזיק אותו ככוהן, אלא שאמר לו שאם הוא רוצה – הוא רשאי לעלות לדוכן, אך לא התכוון שיפדה בכורות.

יעקב טוען שהוא בדק את הנישואין במשפחה, וכולם נישאו לנשים פנויות.

שם המשפחה שלהם אינו ידוע כשם של כוהנים.

יעקב ניסה לחפש בבית הקברות באוקראינה קברי משפחה, אך לא מצא דבר. גם בית הדין ניסה לחפש ולא מצא דבר.

תשובה

כדי לדון במעמדם של יעקב ומשה יש לעיין במקורות הדין.
בכתובות (כד ע"א) מובאת ברייתא:

> תנו רבנן: אני כהן וחברי כהן – נאמן להאכילו בתרומה, ואינו נאמן להשיאו אישה...
> רבי יהודה אומר: אף אינו נאמן להאכילו בתרומה...

כלומר, לדעת תנא קמא די לנו בעד אחד כדי להעיד שאדם הוא כוהן, אבל כדי להשיאו אישה צריך שני עדים. ולכאורה יש לשאול, מדוע די בעד אחד כדי להאכילו תרומה?

1. הריטב"א (שם כד ע"ב ד"ה ואי בעית אימא) מסביר שכיוון שמדובר באיסור – די בעד אחד, שהרי עד אחד נאמן באיסורין.

2. הרמב"ן (שם כד ע"ב ד"ה מהו) מסביר שדי בעד אחד כדי לאכול תרומה כי זהו דבר העשוי להתגלות.
3. הרמב"ם, על פי הר"ן (י ע"ב בדפי הרי"ף ד"ה גרסינן), מבאר שמדובר בתרומה דרבנן. וכדי לאכול תרומה מן התורה צריך שיעידו עליו שני עדים (והר"ן עצמו חולק).

עתה יש לשאול, מדוע אינו נאמן להשיאו אישה? הרי אף אם אינו כוהן הוא רשאי לשאת אישה!

הרמ"ה (דבריו הובאו בטור אבן העזר סי' ב) כתב שאסור לו לשאת אישה כי חוששים שהוא מפסולי הקהל. אולם, אם יש שניים המעידים עליו שהוא כוהן, הרי שהוא גם כשר, שהרי אם היה ממזר וכדומה לא היה נחשב לכוהן כשר. ולפי זה, גם אם יעידו עליו שהוא ישראל כשר יוכל לשאת אישה.

אולם, שיטה זו קשה, שהרי בקידושין (עו ע"א) מבואר שאישה יכולה להינשא לאיש גם בלי בדיקה אם הוא כשר, ובהמשך שם (עו ע"ב) פסקו שגם האיש רשאי לישא אישה בלי לבדוק אם היא כשרה, כי כל המשפחות – בחזקת כשרות הן.

1. הטור (שם) כותב בשם הרמ"ה שמדובר במשפחה שהגיע ממדינת הים. משפחה זו צריכה בדיקה, ולא עליה אמרו שכל המשפחות בחזקת כשרות הן.
2. הב"ח (שם) מציע שלכתחילה משפחה ממדינת הים צריכה בדיקה, אבל בדיעבד אם נישאת בלא בדיקה לא תצא.

אולם התוספות (קידושין שם) וראשונים נוספים (וכן במגיד משנה להלכות איסורי ביאה פ"כ ה"ה, דבריו הובאו בטור שם) סבורים שכוהן רשאי לישא אישה כשרה ומיוחסת. אך כיוון שהכוהן מסופק אצלנו – הרי שזרעו וזרעה, גם אם תתאלמן ממנו[1], יהיו ספק חללים ולא יוכלו לעבוד במקדש. ורק לעניין עבודה במקדש אינו יכול להיות כוהן, אך לא לעניין נשיאת אישה

1. גם אלמנת חלל פסולה, כמבואר במשנה קידושין פ"ד מ"ו.

(ולפי זה יש לפרש "אינו נאמן להשיאו אישה" – אם נשא אישה היא מאבדת את ייחוסה, וכך זרעו וזרעה)[2].

לדעת ר' יהודה גם לאכילת תרומה צריך שני עדים. בתחילה ביארו בגמרא שגם לדעתו לא צריך שני עדים מעיקר הדין, אלא שאם האחד מעיד על חברו, וחברו מעיד עליו – חוששים לגומלין, כלומר, שמא כל אחד מעיד על חברו כדי שחברו יעיד עליו. ואם כן, אם יש רק עד אחד המעיד עליו שהוא כוהן – הוא יהיה נחשב לכהן לעניין אכילת תרומה גם לדעת ר' יהודה.

בהמשך שם (כד ע"ב) הציעו שהמחלוקת היא האם מעלים מתרומה ליוחסין. רבי יהודה סבור שאם רואים כוהן אוכל בתרומה – זו עדות שמועילה גם לעניין יוחסין. לכן הוא מצריך שני עדים גם לאכילת תרומה. תנא קמא לעומתו סבור שאכילת תרומה אינה מעידה ליוחסין, ולכן די בעד אחד לאכילת תרומה, כדין עד אחד שנאמן באיסורין.

גם לפי גישה זו אנו רואים שמצד תרומה עד אחד נאמן לכל הדעות, והמחלוקת היא האם יש חשש שמא ילמדו מתרומה ליוחסין.

אכילת תרומה או חלוקת תרומה?

רש"י (ד"ה מעלין) כתב: "הרואה שמאכילין תרומה לאדם בחזקת כהן...", כלומר ראוהו שאכל תרומה. התוספות (כה ע"א ד"ה או דלמא) הקשו, והרי אפשר שהוא עבד כוהן, ולכן כתבו שמדובר בכוהן שמחלקים לו תרומה בגורן. ולהלן שם (כח ע"ב) אמרו שבמקומו של ר' יהודה לא היו נותנים תרומה לעבד בלא רבו, ולכן היו מעלים מתרומה ליוחסין, ובעירו של ר' יוסי היו נותנים תרומה לעבד בלא רבו, ולכן לא היו מעלים מתרומה ליוחסין.

בתוספות ישנים (שם) חלקו על התוספות, וסברו שאין הבדל בין אכילת תרומה לבין חלוקה בגורן, ומי שסובר שמעלים מתרומה ליוחסין סבור זאת גם לעניין אכילת התרומה. אלא שצריך שיהיה ברור שאינו עבד, כגון שיש עדים שאיננו עבד.

2. בעניין שיטת רש"י, יש להעיר כי בכתובות פירש דומה לרמ"ה, אך בקידושין סט ע"ב פירש כדרך התוספות, וראה שיטה מקובצת בכתובות, ופני יהושע.

על שיטת התוספות יש להקשות, והרי בגמרא (שם כד ע"ב) מבואר שמעלים מתרומה ליוחסין מפני שבתרומה יש עוון מיתה. ולכאורה מדובר בכוהן שאכל תרומה, שהרי כוהן שלוקח תרומה בגורן עובר על גזל בלבד.

וצריך לומר שהתוספות סברו שמי שנמצא בחלוקת הגורן מן הסתם גם אוכל את התרומה. או שנאמר שבנקודה זו נחלקו: האם אדם אוכל את פירות התרומה שמקבל בגורן. מי שסובר שאוכל את הפירות סובר שדי בכך כדי לקבוע שהוא כוהן, אך מי שסובר שאינו רגיל לאכול פירות אלו, אלא ייתכן שמוכר אחר כך את הפירות לכוהן אחר – ייתכן שאינו כוהן.

לפי דברי התוספות ישנים יש לבאר שכיוון שאנו רואים שהוא אוכל את הפירות הרי שנחלקו אם די בעובדה שהאדם אוכל דבר שיש בו עוון מיתה כדי שיעלוהו ליוחסין[3].

רבנו תם (ספר הישר, חידושים סי' ל, דבריו הובאו ברמב"ן ובריטב"א שם) מבאר שכיוון שיש בתרומה עוון מיתה – לכן צריך שני עדים כדי להתיר לו תרומה, "אבל בנשיאות כפים, כיון דבפרהסיא, אף על פי שעל פי עד אחד עשאה – מעלין ממנו ליוחסין".

מעלין משטרות ומנשיאות כפיים ליוחסין

בגמרא (שם כד ע"ב) נחלקו האם מעלים משטרות ליוחסין. כלומר אם כתוב בשטר "אני פלוני כוהן לוויתי מנה", והעדים מעידים, האם העדות היא רק על ההלוואה או גם על כל הפרטים הכתובים בשטר.

עוד דנו שם האם "מעלין מנשיאות כפיים ליוחסין". כלומר אם רואים כהן נושא את כפיו, האם אפשר להסיק מכך שהוא כוהן מיוחס. האם מעלים רק מאכילת תרומה שהיא בעוון מיתה או גם מנשיאת כפיים שהיא באיסור עשה, כלומר שאם זר בירך ברכת כוהנים עובר בעשה.

3. נעיר כי הרמב"ם בהלכות איסורי ביאה (פ"כ ה"ב) כתב שמעלים מאכילת תרומה ליוחסין. לעומת זאת, בהלכה ד כתב שאין מעלין מחילוק גרנות ליוחסין (ובהלכות תרומות פי"ב הכ"ב פסק שאין חולקים לעבד תרומה בלא רבו). ואם כן, מוכח שסבר כתוספות ישנים, שאלו שתי מחלוקות נפרדות.

עוד אמרו שם שייתכן שגם מי שסובר שלא מעלים מתרומה ליוחסין יודה בברכת כוהנים, כי היא נעשית בפרהסיה, ואדם שאינו כוהן לא יעז להראות עצמו ככוהן בפרהסיה.

ובגמרא רצו להוכיח מברייתא שדנה בדברי נחמיה (ח׳, ט). כדי להבין את הראיה נקדים שבני ברזילי עשו חסד עם דוד, ולכן דוד ציווה את שלמה שיגמול עמהם חסד, ויהיו מאוכלי שולחנו (מלכים א ב׳, ז). בספר עזרא (ב׳, סא) מסופר שבני חביה בני הקוץ היו כוהנים שהתחתנו עם בני ברזילי. וכיוון שבני ברזילי היו משפחה מכובדת – החליטו להשאיר למשפחה את השם "בני ברזילי", ולקרוא לעצמם גם "בני חביה בני הקוץ" וגם "בני ברזילי": "לקח מבנות ברזילי הגלעדי אישה, ויקרא על שמם". לכן נוצר ספק האם "בני ברזילי" הם מהכוהנים האמתיים או שהם מבני ברזילי.

בעזרא (ב׳, סא-סג) נאמר שהכוהנים שלא היה להם כתב ייחוס: "בקשו כתבם המתיחשים ולא נמצאו", ונחמיה אסר עליהם לאכול מן הקודשים. אפשר להסיק שהוא התיר להם את שאר הדברים, כלומר לאכול תרומה ולשאת כפיים.

ומכאן הבין רבא שלא ייתכן שמעלים מנשיאות כפיים ליוחסין, שאם כן, לא היו מתירים להם לשאת את כפיהם, כי היה בכך חשש שעקב כך ייעשו לכוהנים מיוחסים ויאכלו קודשים. ודחו בגמרא סברה זו, מפני שכוהנים אלו חזקתם רעועה, "ריע חזקייהו", שהרי אינם אוכלים מקודשי מזבח, ואם כך אין חשש לטעות. ולכן אין חשש שיטעו מחמת שהם אוכלים תרומה[4].

בגמרא סברו בתחילה שנחמיה התיר להם לאכול תרומה דאורייתא, ולכן אמרו "גדולה חזקה", שלא רק שהשאירה את המצב על כנו כפי שהיה בחוץ לארץ, שם אכלו תרומה מדרבנן, אלא העלתה אותם מדרגה, שעתה הם יכולים לאכול תרומה דאורייתא. והעלו בגמרא הצעה אחרת, שאף אם אכלו בארץ רק תרומה מדרבנן, כגון תרומת ירקות, בכל זאת אפשר לומר ש"גדולה חזקה", כי היה מקום לגזור שלא יאכלו תרומה כזו, שמא יבואו לאכול תרומה דאורייתא.

4. ואם היה חשש כזה – היה אסור להם לאכול גם תרומה, שמא יטעו וייהפכו לכוהנים מיוחסים, וכשם שלא חוששים שאכילת התרומה תטעה ותהפכם למיוחסים, שהרי ריע חזקתייהו, כך גם אין חשש בנשיאת כפיים.

ויש לעיין, האם בגמרא מתייחסים רק לכוהנים שהיו אצל נחמיה, שייחסו אותם לבני ברזילי, והתירו רק להם תרומה מדרבנן, או שמא כן הוא הדין לכל הכוהנים שאינם מיוחסים.

מי אוכל תרומה של תורה?

הרמב"ם (הלכות איסורי ביאה פ"כ ה"א) כתב:

> תרומה של תורה וחלה של תורה אין אוכל אותה אלא כהן מיוחס. איזהו כהן מיוחס? כל שהעידו לו שני עדים שהוא כהן בן פלוני הכהן, ופלוני בן פלוני הכהן, עד איש שאינו צריך בדיקה, והוא כהן ששימש על גבי המזבח...

ובהלכה ד כתב:

> מי שהעידו עליו שני עדים שראוהו שהיה אוכל בתרומה של תורה, הרי זה מיוחס. ואין מעלין ליוחסין לא מנשיאות כפיים ולא מקריאה בתורה ראשון ולא מחילוק תרומה בבית הגרנות ולא על פי עד אחד.

את הצורך בשני עדים בתרומה אפשר להבין בשתי דרכים, ואת שתיהן כתב המגיד משנה (הלכה א שם):

א. מצד התרומה לא צריך שני עדים, שהרי עד אחד נאמן באיסורים. אך כיוון שמעלים מתרומה ליוחסין, וליוחסין צריך שני עדים – לכן צריך גם בתרומה שני עדים.

ב. צריך שני עדים לתרומה כיוון שיש בה עוון מיתה. וכיוון שצריך שניים לתרומה – ממילא מעלים מתרומה ליוחסין.

ובניסוח אחר, לפי דרך א' צריך שני עדים בגלל מעלת היוחסין, ולפי דרך ב' צריך שניים בגלל מעלת התרומה[5].

5. אמנם לפי זה יוצא שהרמב"ם פסק כר' יהודה, ברם המגיד משנה בהלכה ד כתב

הר"ן מבאר שלדעת הרמב"ם, בסוגיה מדובר בתרומה דרבנן, ודי בעד אחד לכך. אך לתרומה מן התורה צריך שני עדים, וכדרך ב'. אמנם הוא מקשה על פירוש זה, כיוון שבסוגיה משמע שמדובר בתרומה דאורייתא[6].

יש לשאול, מה הסברה בדרך ב', והלוא עד אחד נאמן באיסורים? ונביא כמה דעות.

א. ראשונים רבים סבורים שלא אומרים 'עד אחד נאמן באיסורים' כאשר האיסור הוחזק. לפי זה כתב הפני יהושע (כתובות כג ע"ב ד"ה וכן שני אנשים, ובקונטרס אחרון אות פב), שכיוון שרוב האנשים אינם כוהנים – כאילו התחזק שהוא אינו כהן, שהרי כל הפורש – מן הרוב פורש.

אולם ראינו בקידושין (סג ע"ב) שעד אחד נאמן נגד רוב, כיוון שהעד מצטרף למיעוט. ולכן טַבָּח נאמן לומר שהבשר כשר אף על פי שיש רוב בשר טרפה. וכן, אם האב אומר 'קידשתי את בתי ואיני יודע למי' – הבת אסורה לכל העולם, אך אם בא אחד ואמר 'אני קידשתיה' – נאמן, ונמצא שעד אחד נאמן יותר מרוב העולם.

ויש לחלק בין המקרים. במקרה של השוחטים ברור לנו שיש מיעוט כשר, והעד רק מברר שהבשר הכשר הוא במיעוט זה. וכן לגבי האישה, ברור לנו שיש אדם שבת זו התקדשה לו, והעד רק מברר מיהו. אולם, אצל הכוהנים הדין שונה. שהרי אנו מניחים שיש מיעוט כוהנים השרויים בין הישראלים. אולם, מי אמר שיש כוהנים בלתי ידועים? שהרי ייתכן שכל הכוהנים כבר ידועים.

ב. השב שמעתתא (שמעתתא ו פרק טז) כתב שחזקת כהונה שונה משאר איסורים, שהרי העדות על הכוהן היא עדות נגד חזקה, כיוון שעובר במעי אמו דינו כזר.

ג. ייתכן שההבדל הוא שבעד אחד באיסורין העד מעיד על חפץ שהוא כשר או על אישה שכשרה לבעלה. אך בעדות לכוהן – לא מעידים על היותו כשר לישא את כפיו או שיכול לאכול תרומה, אלא העדות היא

שהרמב"ם פסק כלישנא קמא בגמרא שם כד ע"א, שמחלוקתם היא לעניין גומלין ולא לעניין מעלין. אמנם קצת קשה לומר כך, כי דרך הרמב"ם היא לפסוק כלישנא בתרא.

6. ואם היה מדובר בתרומה מדרבנן לא היו צריכים לומר שתרומה נאכלת בצנעה, אלא היו אומרים שתרומה קלה כי היא מדרבנן.

על שינוי מעמדו האישי. ועדות כזו, של ייחוס, היא חשובה והיא כעין דיני נפשות, ולכן צריך בה שני עדים[7].

קדושת כהונה ושבט כהונה

האחרונים התקשו, מדוע אנו מחמירים בתרומה ולא בפדיון הבן ונשיאות כפיים?

בשו"ת שבות יעקב (חלק א סי' צג) כתב שכוהנים נושאים כפיים כיוון שכנגד איסור עשה שיש לזר הנושא את כפיו – כוהן שאינו נושא את כפיו מבטל שלוש מצוות עשה. אמנם, זהו חידוש גדול, ולכאורה היינו אומרים שב ואל תעשה עדיף, ובוודאי במקום של ספק ברכות.

בשו"ת שבט הלוי (חלק ג יו"ד סי' קס) עונה שתי תשובות לשאלה זו:

א. לדעתו, לתרומה ולקדושת מזבח צריך שלכוהן תהיה קדושת כהונה, ואילו בפדיון הבן ומתנות כהונה די בהיותו משבט כהונה. הוכחתו היא שרב כהנא, שהיה ישראל, זכה בזרוע, לחיים וקיבה בעבור אשתו שהייתה בת כהן. ברם כשבת כהן מתחתנת עם ישראל – היא מאבדת את זכותה לאכול בתרומה[8].

ב. המאירי (קידושין סט ע"ב) מזכיר את שיטת הרמב"ם, שכוהני חזקה אסורים לאכול תרומה וקודשים, ומביא ש"גדולי המפרשים" סוברים "שכל שהוא בחזקת כהן – אין מהרהרין אחריו, ואף על פי שלא נמצא כתב יחוסו ושלא נתבררה שלשלתו", ובזמן נחמיה חיפשו ייחוס לכוהנים רק מפני שיצא עליהם ערעור. וסיים שם: "ומכל מקום אף

7. במשנה (מידות פ"ה מ"ד) אמרו שייחוסי הכוהנים היו נדונים בבית הדין הגדול, ולכאורה כשם שבכל איסור די בעד אחד כך די במורה הוראה אחד, ולא צריך אפילו מושב בית דין.

8. וכעין זה כתב בצפנת פענח (הלכות איסורי ביאה פ"כ ה"ג): "אך באמת עיקר הטעם לא משום דזה (עבודה בבית המקדש ותרומה דאורייתא) מהתורה וזה (תרומת חוץ לארץ) מדרבנן, רק משום דדבר דהוה גדר עבודה בעי דוקא מיוחס, וכל זמן שאינו מיוחס אסור לו לעבוד. אבל מתנות חוץ לארץ, כיון דלא הוה בגדר עבודה...". לדעתו, צריך כוהן מיוחס רק לדברים שהם בגדר "עבודה", ותרומת חוץ לארץ אינה עבודה. ולפי זה, נאמר כך גם לגבי עלייה לתורה וכדומה, שאין צורך לכוהן מיוחס, כי אין זו עבודה.

לדבריהם, דוקא בגלות בבל שהיה גלות מועט ועדיין חזקת אבות קיימת, הא לעתיד לבוא אין מחזיקין אותם עד שיתברר יחוסם על פי נביא". וכן מבואר ברמב"ם (הלכות מלכים פי"ב ה"ג).

ומדוע צריך נביא? והרי בכל התורה די בחזקה וברוב! וביאר ש"אין זה ממעלה דרבנן או חומרא דבעינן יחוס בכהונה, דקרא דנביאים לא מיירי מזה, אלא הוא דין דאורייתא או הלכה למשה מסיני". והוסיף שכך מבואר בספרי (במדבר פי' קטז). ושם אמרו ש"מקום היה אחורי בית לפרוכת ששם בודקים (בית הדין) יחוסי כהונה", ולמדו זאת מהפסוק (במדבר י"ח, ז): "ואתה ובניך אתך תשמרו את כהנתכם לכל דבר המזבח ולמבית לפרכת", כלומר: תשמרו את כהונתכם לייחוס. ומשמע שיש דין מיוחד של שמירה על ייחוס הכוהנים למזבח.

ולפיכך, טוען בעל שבט הלוי, אף שבכל דיני תורה די בחזקה או רוב, ואף לדיני תורה כמו פדיון הבן או נשיאת כפיים, ולעניינים אלו כוהני חזקה הם כוהנים גמורים. אבל לעניין קודשים, יש דין מיוחד שאותו למדו מהפסוק, שצריך שמירה, כלומר ייחוס ברור, או על ידי מגילת ייחוס או על ידי נביא.

יש לציין שלמרות שדבריו מסתברים, הרי שהם נכונים רק לפי הסוברים שהצורך בייחוס הוא מן התורה. אולם כפי שנדון מיד, המבי"ט (קרית ספר להלכות איסורי ביאה, תחילת פרק כ) סבור שבדיקת ייחוס היא מדרבנן בלבד, ועוד רבים סבורים כך.

שיטת המבי"ט – לדעת הרמב"ם מדאורייתא די בעד אחד

הרמב"ם (הלכות איסורי ביאה פ"כ ה"א) כתב:

> כל כהנים בזמן הזה – בחזקה הם כהנים, ואין אוכלין אלא בקדשי הגבול, והוא שתהיה תרומה של דבריהם. אבל תרומה של תורה וחלה של תורה אין אוכל אותה אלא כהן מיוחס.

מצד אחד, הרמב"ם כתב שהכוהנים הם כוהני "חזקה", ומשמע שהם מוחזקים בתורת ודאי. ומצד שני כתב שאינם אוכלים תרומה של תורה, וכמסקנה

שעולה לכאורה מההסבר השני בגמרא בכתובות (כה ע"א), האם זה אומר שחזקתם ירודה? המבי"ט (קרית ספר שם) כתב:

> מן התורה, כל שהוא מוחזק בבני אהרן הכהנים הוא כהן לכל הדברים, דהא סוקלין ושורפין על החזקות. דחזקה מדאוריתא, כדילפינן מבית המנוגע. ואוכל תרומה וחלה של תורה ומשמש על גבי המזבח בזמן בית המקדש, כיון דהוחזק שהוא מזרע אהרן כדאמר – מהניא ליה חזקתיה לכל הדברים, אף על גב דאכתי לא שמש, ובהאי חזקה היו בית דין הגדול מניחין אותו לעבוד.
>
> ונראה דאפילו בזמן הזה, כל מי שהוחזקה משפחתו בכהונה ולא קרא עליו ערעור הוי כהן לכל הדברים, דמהניא ליה חזקתו מן התורה, ומדרבנן הוא דצריך בדיקה עד כהן ששימש על גב המזבח אף על גב דאית ליה חזקה. דמדאוריתא בחזקה לחודה סגי, כדאמרינן.
>
> והנהו כהני דבימי עזרא דלא אהניא להו חזקתן אלא לתרומה דרבנן ולא לתרומה דאוריתא – היינו משום דריע חזקתייהו, שהיו מיחסים אותם אחר בני ברזילי שהיה ישראל. אבל כל דאית להו חזקת משפחת כהונה ולא ריע חזקתייהו – נראה דאפילו בזמן הזה מדאוריתא מהניא להו חזקתייהו אפילו למידי דהוי דאוריתא, דהא סמכינן עלייהו בפדיון בכור דהוי דאוריתא בכל זמן, אלא דבתרומה וחלה של תורה דאית בהו חיוב מיתה לזר חשו רבנן טפי לאצרוכי בדיקה.

כלומר, כיון שמדין תורה סומכים על החזקות, הרי שמה שכתב הרמב"ם, שכוהני חזקה אינם אוכלים בחלה ובתרומה – זהו חשש מדרבנן.

המבי"ט מוסיף, שהרי גם לעניין פדיון בכור אנו סומכים על חזקתם. ויש להוסיף שאנו סומכים עליהם גם בנשיאת כפיים, והכוהנים אף מברכים עליה, למרות שספק ברכות להקל.

גם המהרי"ט בנו (שו"ת המהרי"ט חלק א סי' פה) סבר כן. וכתב שמנהג העם בענייני מצוות התלויות בארץ הוא בנתינת תרומה גדולה ותרומת מעשר ופדיון מעשר שני בפרוטה, אבל אינם נותנים מעשר עני ומעשר ראשון ללוי. וכתב שיש בציבור מי שטוענים שהלוויים צריכים להוכיח שהם לוויים או כוהנים, ורק אז ייתנו להם. אולם לדעתו זו טעות,

כי הכוהנים והלוויים מוחזקים, ולכן סומכים עליהם בפדיון הבן וכדומה. והקשה על שיטתם:

> ותימא על עצמם, היאך הם נותנים חמש סלעים לכהן בפדיון הבן? והיאך נותנים המתנות הזרוע והלחיים והקבה לכהן? ואין אנו מצריכין אותו להביא ראיה על יחוסו! אלא הך מילתא – בורכא היא.

והוסיף שם שאמנם הרמב"ם כתב שכוהנים אוכלים היום רק תרומה דרבנן, אבל עקרונית אפשר להאכילם גם בתרומה מן התורה, אלא שמשתי סיבות כתב הרמב"ם שמאכילים את הכוהנים רק בתרומה מדרבנן: א. לרמב"ם תרומה בזמן הזה דרבנן משום ש"אין כל יושביה (=של ארץ ישראל) עליה", כלומר אין בימינו מציאות של תרומה מן התורה. ב. לדעת הרמב"ם מעלים מתרומה ליוחסין, ואם יאכל תרומה – יבוא להיות כוהן מיוחס הראוי לגבי מזבח. אבל למי שסובר שאין מעלים מתרומה ליוחסין – אין בעיה שיאכלו תרומה דאורייתא בזמן הזה. ונמצא שמצד חזקת כהונה – חזקתו מלאה.

פסיקת ההלכה בתרומה בזמן הזה

גם הרמ"א (יו"ד שלא, יט) כתב שאפשר לתת תרומה בזמן הזה לכל כוהן שירצה, ואפילו אינו מיוחס אלא רק מוחזק[9].

בשלחן ערוך (יו"ד שכב, ה) פסק שכיוון שהכוהנים טמאים – אינם יכולים לאכול חלה. אך כדי שלא תשתכח תורת חלה בחוץ לארץ קבעו חכמים (משנה חלה פ"ד מ"ד) שמפרישים שתי חלות, האחת, שאף היא מדרבנן, בשיעור של אחד מארבעים ושמונה, כשיעור חלה של תורה, והיא נשרפת. והוסיפו חלה שנייה שאין לה שיעור, ואותה אוכל כוהן שאין טומאה יוצאת מגופו:

9. כיוון שהכוהן טמא מת אינו יכול לאכלה אלא רק לשרפה, ויש אומרים שיכול לתת לבהמתו.

> חלת חוצה לארץ, אף על פי שהיא טמאה, הואיל ועיקר חיובה מדבריהם אינה אסורה באכילה אלא על כהן שטומאה יוצאה עליו מגופו, והם בעלי קריים וזבים וזבות ונדות ויולדות. אבל שאר הטמאים במגע הטומאות, אפילו טמאי מת, מותרים לאכלה. לפיכך, בין בסוריא בין בחוצה לארץ, אם רצה להפריש חלה אחת, מפריש אחד ממ"ח ונאכלת לקטן שעדיין לא ראה קרי, או לקטנה שעדיין לא ראתה נדה, ואינו צריך להפריש שנייה...

הרמ"א הוסיף שיש הנוהגים שלא לתת חלה לכוהן כלל, גם לא לקטן:

> ויש אומרים, כיון שאין חלה נאכלת בזמן הזה בארץ ישראל – גם בשאר מקומות אין צריכין להפריש רק חלה אחת, ולשרפה. וכן המנהג פשוט בכל מדינות אלו, שאין מפרישין רק חלה אחת בלא שיעור, ושורפין אותה כמו שהיו עושין כשמפרישין שתי חלות, שחלת האור לא היה לה שיעור.

כלומר, לפי הרמ"א, שלא אוכלים גם את החלה השנייה, חזרו לעיקר הדין ומפרישים חלה אחת בלבד.

הש"ך (שם ס"ק ט) מביא בשם המהרש"ל שני טעמים למנהג זה. הראשון הוא שחוששים שהקטן יאכיל את התרומה לאחֵר, והשני הוא שלא מחזיקים את הכוהנים לוודאיים בזמן הזה, וזה לשונו:

> וכן כתב מהרי"ל בהלכות פסח, דדרכו לדרוש ברבים שלא להאכילה לכהן קטן, שלא יאמרו חלת חוץ לארץ נאכלת. וכן כתב מהרי"ו בתשובה (סי' קנג) בדיני פסח, דאין נוהגין לתת החלה לכהן קטן. והטעם נראה לי דחיישינן שמא יפרר ואתי לידי תקלה או משום דלא מחזקינן בזמן הזה בכהן ודאי.

המהרש"ל (בבא קמא פרק ה אות לה), מקור דברי הש"ך, מפרט מה החשש שיש בכוהני חזקה:

ועוד נראה שראוי להחמיר ולאסור חרמים בזמן הזה, אפילו פירש לכהן והכהן כבר קיבל. מאחר שבעוונותינו הרבים אין לנו היחוס כמו שהיה בזמן הבית או אפילו אחר החורבן בימי התנאים והאמוראים, שהיו עדיין נזהרים בתרומות ובטהרות והיה קרוב מימי הבית. ועדיין היה יחוסיהם בידיהם. ובעונותינו, מרוב אריכות הגלות וגזירות וגירושים נתבלבלו. והלואי שלא יהא נתבלבל זרע קדש בחול. אבל זרע כהנים ולוים קרוב לודאי שנתבלבלו. ואם לא כולו, הרוב נתבלבל, כמעשה דאליהו ז"ל עם הלוים, הידוע בדברי רז"ל. ואם לא הרוב – בודאי קרוב למחצה נתבלבלו. ואם כן ניתי לידי תקלה, שמא יתן לכהן שאינו כהן ויהיה עדיין כהקדש ממש. ומשום הכי גם כן נהגו האידנא שלא ליתן החלה אף לכהן קטן, או לכהן שטבל לקירויו. משום דלא מחזיקנן בזמן הזה לכהן ודאי. וכן כתב זקן מורה הוראה מהררי"ו.

לדעתו רוב הכוהנים או לפחות קרוב למחציתם התבלבלו בזרע הלוויים, ולכן אין לתת להם חרמים לכוהן מוחזק, ואף נהגו שלא לתת חלה אף לכוהן קטן וגם לא לכוהן גדול שטבל לקריו "משום דלא מחזקינן בזמן הזה לכהן ודאי".

הרמ"א הזכיר את מנהג לא לתת לכוהן קטן תרומת חוץ לארץ גם בהלכות פסח (או"ח תנז, ב). והמגן אברהם (שם ס"ק ט) הסביר שהטעם "שאין מחזיקים אותו ככהן ודאי – דדילמא נתחללה אחת מאמותיו"[10].

10. אפשר לראות את חולשת חזקת כהונה ושאין כמעט כוהנים כשרים בין כוהני החזקה בסיפור על רב האי גאון (מובא בספר חסידים מהד' מקיצי נרדמים סי' תרל, עמ' 168):

> ורב היי היה עולה בכל שנה לירושלים מבבל, והיה שם בחג הסוכות כי היו מקיפין את הר הזיתים בהושענא רבא ז' פעמים, ואומרים מזמורים שסידר להם רב היי, ולפני רב היי הולכים כוהנים מלובשים סיריקון ומעילים ואחריו העם והוא בתווך, ורחוק מאלה שלפניו ק' אמה וכן משל אחריו, והיה רב היי שוחק, ולאחר הסעודה ראה הרוצח בעל התשובה את רב היי שלבו שמח, ואמר לו הרוצח 'רבי, למה היית הולך לבד כשהייתם מקיפים את הר הזיתים', אמר לו רב היי 'מפני שאני עולה בכל שנה מבבל להקיף את הר הזיתים בסוכות, ואני מטהר את עצמי בהושענא רבה. אליהו הולך עמי, לכך נִרְחָקִין מאשר לפנינו ומאשר לאחרינו ומדבר עמי. ושאלתי לו: מתי יבא משיח? ואמר לי: כשיקיפו

במקום אחר (סי' רא ס"ק ד) שאל המגן אברהם, מדוע מלבד קריאת התורה לא מקפידים היום להקדים את הכוהן לכל דבר משום מצוות "וקידשתו"? והשיב "ואפשר דאין אנו בקיאין ביחוסי הכהונה", וציין לסי' תנז שהזכרנו לעיל בעניין חלה[11]. ויש לשאול על דבריו, והלוא אם יש ספק, כיצד אנו סומכים על ייחוסי כהונה לפדיון הבן ולנשיאת כפיים, ואם אנו סומכים על חזקה זו למצוות אלו ולקרוא לו ראשון לתורה, מדוע לא נכבד אותו בכל שאר המצוות?

האם כוהן חזקה יכול לישא פסולה, והאם כופים אותו לגרש אם נשא פסולה

בשו"ת הריב"ש (סי' צד) נשאל על אדם שקילל כוהן, ואנשים שאלו את רבי עמרם בר מרואם כיצד צריך להענישו, מפני שראו שהמוסלמים היו מענישים אדם שקילל מי שקרוב לנביאים. ושאלה זו העביר הרב הנשאל לריב"ש. והריב"ש ענה, שאמנם יש לכבד כוהן ויש להיזהר לא לקלל אף אחד מישראל, ובוודאי לא כוהן, שקדושתו חמורה יותר. אולם, אם הכוהן נוהג לא כשורה – גם בזמן החכמים לא היו יראים לקללו, כמבואר ביומא (עא ע"ב), ששמעיה ואבטליון קיללו את הכוהן הגדול שזלזל בכבודם, והוסיף שדין זה הוא "אף אם היו נודעים ביחוסם, כל שלא היו נוהגין כשורה או שלא היו בני תורה. כל שכן כהנים שבדורנו שאין להם כתב היחס, אלא מפני חזקתן נהגו היום לקרוא ראשון בתורת כהן"[12].

הר הזיתים עם כהנים. ולקחתי כל הכהנים שמצאתי להקיף, אולי ביניהם כך. ואמר לי אליהו: ראה, כל הכהנים שאתה רואה מלובשים מעילים והולכים בגיאות – אין שום אחד מזרע אהרן. רק אחד שהוא הולך אחר כולם, שנבזה להם והוא נמאס בעיניהם והולך בבגדים רעים ואינו חפץ בכבוד, ומשים את עצמו כמי שאינו, והוא חיגר ברגלו אחת ומצד אחד חסר עין, אמר, זהו כהן אמת מזרע אהרן'. אמר רב היי: 'מזה שחקתי, שבכולם לא היה כהן אלא אותו בעל מום'.

11. והמשנה ברורה (שם ס"ק יג) מצדד לומר מכוח שאלה זו שלכתחילה יש להיזהר לכבד כוהן בכל דבר.

12. ובעניין המקלל פסק: "ראוי לגעור בו ברבים, ולהכריחו לבקש ממנו (=מן הכוהן) מחילה ולרצותו עד שימחול לו".

בשו״ת המהרשד״ם (אבן העזר סי׳ רלה) נשאל על אישה שנשבתה, ושבויה אחרת העידה עליה שלא נטמאה, והאישה רצתה להינשא לכוהן, והמהרשד״ם סמך על דברי הריב״ש, שחזקת הכוהנים בימינו היא מספק בלבד, ונמצא שכל הכבוד שאנו נוהגים כלפי כוהנים הוא מכוח מנהג בלבד, וכיוון שאיסור שבויה לכוהן הוא מדרבנן – יש לצרף ספק זה. ומכוח ספק ספיקא, שמא לא נטמאת, ואף אם נטמאת שמא אינו כוהן – פסק ששבויה זו מותרת לכוהן[13].

בשו״ת שבות יעקב (חלק א סי׳ צג) נשאל רבי יעקב ריישר בעניין אישה שנתאלמנה ולבעלה לא היו בנים, וחלצו לה כדין, ולאחר עשר שנים נישאה לכוהן. וכנראה שבזמן שנישאה שכחו שהיא חלוצה, והאישה עצמה כנראה לא ידעה מהאיסור. ועתה שאלו אם יש להפרישה מבעלה, שהרי לכוהן אסור לשאת חלוצה. והשיב להם השבות יעקב שלא כופים עליהם להתגרש, כיוון שאיסור חלוצה לכוהן הוא מדרבנן (כמבואר בשולחן ערוך אבן העזר ו, א). ואף שגם באיסור דרבנן צריך לגרש – למד מדברי המהרשד״ם שכוהני זמננו הם רק ספק[14], הרי זה כדין כוהן שנשא ספק חלוצה, שהדין הוא שאין כופים אותו להוציאה. ואף שהמהרשד״ם דיבר בשבויה, שהיא אסורה לכוהן רק מספק שמא נטמאת – השבות יעקב הקל גם במקרה של ודאי חלצה, ודימה איסור דרבנן לספק של תורה. ומכל מקום סיים שם:

> אף דאיסור כהונה חמיר, מכל מקום קשה גירושין, שהרי התירו ליחד ולא התירו לגרש, וכל שכן גט בכפיה. אך כיון הוא מילתא חדתי ומיראי הוראה אני – לא אסמוך עלי למעשה עד שיסכימו איזה גדולי חקרי לב.

יש שדחו את היתרו של השבות יעקב. הבאר היטב (אבן העזר סי׳ ו ס״ק ב) כתב שבתשובת כנסת יחזקאל (סי׳ נו) חלק על דברי השבות יעקב,

13. יש להעיר כי הריב״ש עצמו דיבר על רק ענייני כבוד וקדימה, אך לא לוותר כליל על קדושת הכוהן.

14. וסבור שהסיבה שכוהני חזקה לא אוכלים בתרומה היא משום שאינם מיוחסים דיים כדי לאכול בתרומה, ולא כשיטת המהרי״ט שכתב שיש חשש שמא יעלו מתרומה ליוחסין.

וכן כתב החיד״א (ברכי יוסף שם ס״ק ג): ״כהן בזמנינו שלא ידע שאשה חלוצה היא ונשאה – חייב להוציא. כן כתבו האחרונים ודלא כהרב שבות יעקב״.

בעקבות היתרם של הריב״ש והמהרשד״ם, שהתירו שבויה וחלוצה לכוהן בזמן הזה, היו אנשים שרצו להקל גם בגרושה ממש לכוהן. בשו״ת המהרי״ט (חלק א סי׳ קמט) מביא ״מעשה שהיה כך היה״, באדם שבמשך חמש עשרה שנה שימשו הוא, אביו ואחיו בכהונה, ״היינו, עלו לספר לקרוא ראשון ונשאו את כפיהם וחתמו אגרותיהם בשם ׳כהן׳ בכל מקום שהיו עומדים שם״, ״והנה הבחור... קידש גרושה זקנה עשירה בצינעא, אחרי שהוגד לאביו שהיא גרושה ואינו יכול לקדשה ולישא אותה, ואחר שקדשה ונאמרו לו שאינו יכול לקיימה, אמר שאינו כהן ורוצה להחזיקה״. ורבני ויניציאה יצאו חוץ כנגד הבן. והמהרי״ט כתב שגם המהרשד״ם שהקל בשבויה ״מכל מקום לא הקל בה הרב ז״ל אלא בשבויה דרבנן, דספיקא לקולא, וכל שכן בספק ספקא. אבל בגרושה דמדאורייתא גרושה ודאית – פשיטא דכייפינן ליה להוציא. ועוד אפילו תימא דספיקא הוי – מי לא מפקינן מספק באיסור כהונה?״.

פדיון הבן

היעב״ץ (שאילת יעב״ץ חלק א סי׳ קנה, דבריו הובאו בפתחי תשובה יו״ד סי׳ שה ס״ק יב) סבר שיש ספק בכהונה. ולכן כיוון שהכוהנים היום הם בספק – ראוי שלאחר הפדיון הכוהנים יחזירו את הכסף לאב, שמא אינם כוהנים, ונמצא שהכסף גזול בידם. ועוד הוסיף, שכדאי שהאב יפדה את בנו הבכור מכל כוהן שיפגוש, כי אולי אחד מהם הוא כוהן אמתי.

אולם, בגליון מהרש״א (לשולחן ערוך שם) כתב שהיעב״ץ הפריז על המידה, ואין כאן חשש גזל כיוון שהאב מעוניין לתת לכוהן זה, והוא יודע שכל כוהן הוא ספק.

המנחת חינוך (מצווה שנז) הציע שהרוצה לצאת לכתחילה ידי כל השיטות בפדיון הבן יזכה את הכסף על ידי אחר ״לכל הכהנים אמיתיים או מי שהוא אמת״, שהרי ״ובוודאי בעולם יש איזה כהן מיוחס״. וכתב עוד:

"אך באמת, כיון שאין שום כהן יכול להוציא מידו מאי זכות הוא? אך הזכות הוא שנעשה המצוה בשלימות[15]".

לעומת המנחת חינוך, החתם סופר (כתובות כה ע"ב ד"ה והנה, ובשו"ת יו"ד סוף סי' רצא) סבור כי הכוהנים הם בחזקה גמורה, ורק משום חומרת יוחסין אינם אוכלים בתרומה דאורייתא. ולכן הם יכולים לפדות את הבנים בלי שום פקפוק.

בשו"ת שבט הלוי (חלק ג יו"ד סי' קס, דבריו הובאו לעיל) כתב בעניין המחלוקת שבין השבות יעקב ובין המהרי"ט: "ולשון הש"ס מורה יותר כהשבות יעקב (שהכוהנים הם בחזקת ספק), אבל סברת ההלכה (כללי הספקות) מורה יותר כמהרי"ט ודעימיה, דחזקת כהונה חזקה גמורה היא מן התורה, אפילו לענייני דאורייתא כפדיון הבן ונשיאות כפים ומתנות". בסופו של דבר הוא מבאר, כאמור לעיל, שבגמרא דיברו בעניין תרומה, ולכן נצרכו שני עדים, מפני שבתרומה צריך ייחוס מיוחד, אבל לגבי פדיון הבן, נשיאת כפיים וכדומה, הכוהנים, לדעתו, הם בחזקה גמורה.

כשאין כוהן מיוחס

החתם סופר דן בתשובה (יו"ד סי' רלו) לחותנו ר' עקיבא איגר בעניין קרבנות בזמן הזה, אם יש בעיה מצד טומאה ומצד ייחוס הכוהנים. ר' עקיבא איגר טען שאי אפשר להקריב קרבנות בזמן הזה שהרי אין לנו כוהן מיוחס. אמנם, הכפתור ופרח (פרק ו) מביא שרבנו יחיאל מפריז סבר שאפשר להקריב קרבנות בזמן הזה[16]. והחתם סופר טען שנחמיה דרש כוהנים מיוחסים רק מפני שהיו לו כאלו, אולם אם אין כוהנים מיוחסים – אפשר להסתפק גם בכוהני חזקה. עוד הוסיף שגם אם הכוהן המוחזק הוא חלל – בדיעבד עבודתו כשרה, ו"למה נעכב מלהקריב ולא נסמוך על חזקת כשרות אמו

15. כלומר, שתחילה הקשה שכיוון ששום כוהן אינו זוכה בממון ואינו יכול להוציאו בדיינים אין כאן זכות, וכיוון שאין זכות, כיצד האב יכול לזכות לו שלא בפניו? ותירץ שכיוון שבכך המצווה נעשית בשלמותה – לפיכך זו זכות לכוהן שבעד שזכו לו את המעות עזר לישראל לקיים את המצווה בשלמותה.

16. הכפתור ופרח עצמו חלק על דבריו.

וחזקת כהונתו?", והוסיף שגם אין לחוש שמא בא גוי על אמו, מפני שרוב בעילות אחר הבעל. וסיים:

> על כן לפע"ד לא צריכים לכהן מיוחס, ונאכל שם מן הפסחים על כל פנים שהותר טומאה בציבור בערב פסח, ולא צריך לשקלים ולא לכהן הגדול.

בשבט הלוי (בהמשך התשובה המובאת לעיל, חלק ג סי' קס) חולק על החתם סופר, וסובר שלא ייתכן שנחמיה דחה משפחות כהונה רבות רק מפני שהיו משפחות אחרות מיוחסות. ומסיים שלעניין הלכה, הרמ"א והמגן אברהם כתבו שאין מחזיקים כוהנים בזמן הזה, שמא נתחללה אחת מאמותיו ועוד שאין אנו בקיאים בייחוסי כהונה.

לעומתו, מרן הרב קוק (משפט כהן סי' צד) כתב כדברי החתם סופר, שאם נבנה בית מקדש נוכל מן הסתם להשיג פרה אדומה ולהיטהר מטומאת מת, ונוכל להקריב קרבנות, כי הצורך בייחוס הוא רק כשיש כוהנים מיוחסים, אבל אינו מעכב. וזה לשונו:

> ואף על פי שאין לנו כהנים מיוחסים, אין זו ככל כך קפידא, דמן התורה סמכינן אחזקה, ולא אמרו מעלת יוחסין אלא בזמן שהיו להן יוחסין, ואלה שבקשו כתבם המתיחש הוי להו ריעותא כשלא נמצא בזמן קצר כזה. אבל באורך הזמן, שאין אבידת היוחסין ריעותא – יש לומר דאין מעכב כלל ענין כתב היחש. גם אולי ישנם גם כן יחידים מכהנים שיש להם כתבי יחס מסורים מדורות עתיקים.

יש להעיר, שבסוף דבריו כתב הרב קוק שיש יחידים בדורנו שיש להם כתב יחס. ברור שאין זה מעיקר הדין, והמגילה אינה הופכת אותם למיוחסים, שהרי לא די במגילה, וצריך עדות גמורה מפי שני עדים, וכמבואר ברמב"ם (הלכות איסורי ביאה פ"כ ה"ב, וכן בתשובתו [מהד' בלאו סי' תמ]). אלא שלכוהן המחזיק במגילה יש סיכוי גבוה יותר שהוא כוהן אמתי[17].

17. ובעניין מגילות היחס עיין במאמרו של הרב יעקב אפשטיין, כתב יוחסין ומעלתו

מעלים מנשיאות כפיים ליוחסין

החזון איש (שביעית סי׳ ס אות ד) התקשה: מדוע מצד אחד כוהנים עולים לנשיאות כפיים, ומצד שני, לדעת הרמ״א, אינם אוכלים חלת חוץ לארץ, אף שבגמרא אמרו שמעלים מנשיאות כפיים ליוחסין. וכתב שאכן הכוהנים מוחזקים, והיו צריכים גם לאכול חלה, ויש כאן סתירה, ואם אנו מונעים מהם חלת חוץ לארץ היינו צריכים למנוע מהם גם לשאת כפיים, אבל אין לנו כוח לתקן דבר כזה.

אמנם מפשט דברי הרמ״א והמהרש״ל אינו נראה כן. ומבואר מדבריהם שהכוהנים אינם אוכלים חלת חוץ לארץ מפני שהם ספק, ואין ודאות בכהונתם. וזה לשון השבט הלוי (שם):

> וראיתי לגאון ישראל החזון איש... וכתב דאין הכי נמי דמעיקר הדין הכהנים בחזקתן, אלא דאם כן היה לנו לתקן שלא יעלו הכהנים לנשיאות כפים ולתורה על פי עצמן ואין ידינו תקיפה לתקן, יעש״ה. ואני תמה על עצמי, דמדברי הקדמונים לא יראה כן... על כל פנים לדברי המהרש״ל לא שייך מה שכתב בחזון איש, דגם אם יעידו עליו לנשיאות כפים או לקריאת התורה – אין מעידין עליו מתוך כתב יחוס בזמן הזה, רק על מה שעשה איזה פעולה השייכי לכהנים דוקא, והא על הא גופא כתב המהרש״ל דספק גמור הוא, כיון שרוב הכהנים נתבלבלו, מכל מקום יראה דמהרי״ט ודעמיה, וכן החתם סופר והרבה מהגדולים שכתבו שהכהנים בזמן הזה כהנים גמורים ודאי הם – לית להו הא דמהרש״ל. וצ״ע, דהמגן אברהם העתיק לה לדינא. וה׳ יאיר עינינו.

וכן מפורש ברמ״א (אבן העזר ג, א), שהיום לא חוששים שמא יעלו מנשיאת כפיים ליוחסין, שהרי אין לנו תרומה דאורייתא, ואין

בימינו (כתב העת אמונת עיתך, גליון 24), מסקנתו היא שיש למגילות ״ערך היסטורי אבל לא ערך הלכתי״. והרב יעקב אריאל העיר שם: ״אך מכל מקום כוהנים המחזיקים כתב יחס בימנו הם כוהנים יותר בטוחים מאחרים, ולכן ליתר הידור עדיף להסתמך עליהם״.

לחוש שמא יאכילוהו תרומה דרבנן, כלומר שאף שנושא כפיו מעיקר הדין – מכל מקום לא יאכל חלת חוץ לארץ, ואין חשש שיקישו מכהונתו שבנשיאת כפיים לכהונה בענייני חלה.

לעלות על פי עצמו לקריאה בתורה ולנשיאת כפיים

הרמב"ם (הלכות איסורי ביאה פ"כ הי"ג) כתב שאין מעלים כוהן על פי עצמו לקרוא ראשון בתורה, לא לנשיאות כפיים ולא לאכילה בקודשי הגבול, עד שיהיה לו עד אחד שמעיד שהוא כהן.

מהגמרא משמע לכאורה שיש להקל בנשיאות כפיים, משום שאדם לא חצוף לישא את כפיו. אולם, מרש"י (כתובות כה ע"א ד"ה נשיאות כפיים) משמע שחזקה זו הייתה נהוגה בבבל, שהיה שם בית דין, והיו בודקים אחר נושאי כפיים. ולפי זה, לכאורה רש"י יסכים שבימינו הדין הוא כרמב"ם, ואין לכוהן לישא כפיו על פי עצמו.

הרמ"ך (על הרמב"ם שם) חלק, וכתב שהמנהג הוא שהכוהן עולה לתורה ראשון על פי עצמו, ואין סיבה לא לנהוג כך, שהרי אין נזק בכך, שהרי כל הקדימות בעליות לתורה הם מפני דרכי שלום ולא משום קדושת הכהונה.

המגיד משנה (שם, וכן שיטת הר"ן כתובות כה ע"ב, י ע"ב בדפי הרי"ף שם ד"ה גרסינן תו) מעיר שלכאורה יש נזק בכך, שהרי יעלוהו מנשיאת כפיים לאכילת תרומה דרבנן. וסיים שם "ומכל מקום איפשר לומר שמפני שאין אנו נוהגין כלל בארצותינו בתרומה לא חששו להאמינו בקריאה בתורה, ואף על פי כן אין ראוי לעשות כן".

השולחן ערוך (אבן העזר ג, א) מביא את שתי הדעות. והרמ"א כתב שיש להאמין לכוהן על פי עצמו לקריאה בתורה ולנשיאות כפיים במקום שאין נוהגת תרומה.

החלקת מחוקק (שם ס"ק א) העיר על דברי הרמ"א, וכתב שהרמ"ך דיבר רק על קריאה בתורה, שאין נזק אם יקרא בתורה, אולם לא דיבר על נשיאות כפיים. ולכאורה הרמ"ך מודה לרמב"ם בנשיאות כפיים, שהרי יש כאן איסור עשה.

למרות כל מה שראינו לעיל, המנהג בימינו הוא לאפשר לאדם לעלות לדוכן על פי עצמו. ונראה שההיתר הוא מפני שגם היום לא נוהגים

לתת תרומה לכוהן, ואולי יש לומר שכיוון שהתקבע המנהג בחוץ לארץ שהכוהנים עולים לדוכן – לא הפסיקו במנהגם כשבאו לארץ[18]. וייתכן שזה הטעם שהחזון איש התנגד לנתינת מעשר ראשון ללוי, כי אין להם חזקה.

האם השם "כהן" מורה על חזקת כהונה?

בשו"ת יביע אומר (חלק ז אבן העזר סי' ט) כותב שבפָּרָס היו נוהגים להדביק תואר 'כהן' לאנשים מכובדים, ונשאל על זוג שרצו להתחתן, ואלו פרטי המקרה:

> אמה של הבחורה אומרת שאביה של הבחורה הוא גוי, אבל היא יהודיה. הבחור אמר מתחלה שהוא כהן, שכן שמע מאביו. לשאלת בית הדין לאביו של הבחור, השיב, אמנם בפרס קראו לו 'כהן', אך באמת איננו יודע אם הוא כהן, כי מעולם לא הלך לבית הכנסת, חוץ מיום הכפורים, וגם אז לא נשא כפיו עם הכהנים, אך פה בארץ ישראל לא נקרא 'כהן' מעולם, לשאלה נוספת של בית הדין, השיב, שלא עשה פדיון הבן לבנו הבכור, כי באיראן לא עושים שום דבר לבן חוץ מברית מילה, ועל כל פנים הוא לא יודע כלל אם אביו היה כהן. עד אחד מעדת הפרסים בשם ק' ה' העיד, שהוא מכיר את ההורים מאיראן, ויודע הוא שאינם כהנים, אלא שבאיראן נתנו לו שם 'כהן' בתור תאר כבוד, כי הסבא שלו היה מחשובי העדה. הבחור חוזר ואומר שאיננו כהן, ודורש שבית הדין יתן הוראה לאפשר לו להתחתן עם הבחורה הנ"ל, שהיא כבר בהריון ממנו בחדש הרביעי, אחרת יהיה נאלץ ללכת ולהתאסלם אצל הקאדי של הערבים.

18. ואדרבה, בארץ ישראל הכוהנים עולים כל יום לדוכן ובחוץ לארץ רק בשבת, ויש מקומות שרק במוסף של ימים טובים.

ובהמשך התשובה כתב:

> לפי מה שנודע לנו שהדבר מצוי בערי פרס להדביק תאר 'כהן' לאנשים המכובדים בעיניהם (ויש כאלה שנודרים בעת חולים שאם יקומו מחולים יהיו כהנים), הילכך בודאי שיש להקל בנדון דידן לאפשר להם להנשא זה לזה...[19]

עיקרון זה נמצא כבר בגמרא. בחולין (קלב ע"א) מבואר שרב כהנא אכל מתנות כהונה בשביל אשתו, כי סבר שבת כוהן מקבלת מתנות אפילו אם נישאת לישראל. ולכן קראו לו 'רב כהנא', אף שלא היה כוהן[20]. ומכל מקום היו משתמשים בשמות כהונה גם כשלא היו כוהנים. ויש להעיר כי מצאנו בספר שמואל ב (ח', יח): "ובני דוד כהנים היו".

מי שנהג ככוהן

בהלכות איסורי ביאה (פ"כ הי"ג) כתב הרמב"ם שאם אדם שבא בזמן הזה ואמר "כהן אני" – אינו נאמן, ולא מעלים אותו לכהונה על פי עצמו ולא יקרא בתורה ראשון ולא יישא את כפיו עד שיהיה לו עד אחד שיעיד שהוא כוהן. אבל הוא אוסר עצמו בגרושה, זונה וחללה, ואינו מיטמא למתים, ואם נשא או נטמא – לוקה, והנבעלת לו – ספק חללה. וכן פסק בשולחן ערוך (אבן העזר ג, א).

המגיד משנה (שם) ביאר שהוא אוסר את עצמו מדין 'שויה אנפשיה חתיכא דאיסורא'[21].

19. אמנם יש להעיר כי בשו"ת בנין אב (חלק ד סי' ח) כתב הרב בקשי־דורון שבדק שמועה זו בין יוצאי פרס שבירושלים, ו"לא נמצא מי כיום מי שיודעים בו שקנה כהונה או נדר נדר להיות כהן... ויש לציין שתופעה כזו קיימת גם בשאר העדות, שקוראים 'כהן' למי שאינו כהן", ואדרבה הוסיף שהיו כוהנים, שמפני שלא הצליחו לחתן את ילדיהם הסתירו את עובדת היותם כוהנים, ופתרו בכך את בעיית הנישואין של ילדיהם.
20. ראה תוספות קידושין ח ע"א ד"ה רב כהנא, שכתבו שהיה רב כהנא אחר שהיה כוהן.
21. הגר"א (שם סי' ג ס"ק יב) הקשה, מדוע הנבעלת לו ספק חללה וכיצד אוסר את

והמשנה למלך ביאר שהכוהן אוסר את עצמו רק אם הוחזק בתור כוהן אחר כך, כלומר נהג כך שלושים יום, וממילא אנו מחזיקים אותו לכוהן לא בגלל דבריו אלא מפני החזקה. אולם, אם הטעם הוא משום מוחזקות – הרי כבר מצאנו שסוקלים ושורפים על החזקות, וכל שכן עניין כהונה[22].

כמו כן, אם ננקוט שמדובר בדין 'שוייה אנפשיה חתיכא דאיסורא' יש לדון כאשר אדם אמר על עצמו שהוא כוהן, אבל לא התכוון לאסור על עצמו באיסורי כהונה, ולא ידע שלאמירתו יש השלכות כאלה. בקצות החושן (סי' פ ס"ק ב) כתב שהדבר תלוי האם דין 'שווייה אנפשיה' נובע מדין נאמנות או מדין נדר. אם הוא נובע מדין נאמנות, ולטעם זה דעתו של הקצות נוטה (וכן כתב לעיל שם סי' לד ס"ק ב) – הרי שאנו מאמינים לו שהוא כוהן, וממילא אף שלא התכוון להטיל על עצמו איסורים הוא יהיה אסור באיסורי כהונה. אך אם דין זה הוא משום גדרי נדר – הרי שאם לא התכוון לאסור על עצמו לא יהיה אסור, מפני שנדר קיים רק כאשר אדם מתכוון אליו, וציין שכצד זה כתב בשב יעקב (חלק ב אבן העזר סי' ג).

בעניין זה נוסיף שבשו"ת חתם סופר (אבן העזר חלק א סי' עח) כתב שאם בעל האמין לאשתו שהיא נטמאה, אך הוא לא ידע שהיא נאסרת עליו באמירה זו – אין בדבריו אלו דין 'שוויא אנפשיה חתיכא דאיסורא', ואם התברר שהדבר אינו נכון – כגון במקרה שנידון שם, שבאו שודדים על אשת כוהן ואמרה שנטמאה, ואחר כך תירצה את דבריה ואמרה שהתכוונה שהתנהגו אליה בקירוב בשר אך לא בטומאה ממש, במקרה כזה הבעל יהיה מותר באשתו. אמנם במקרה שם קל יותר להתיר, שכן הבעל לא אמר מעצמו שחל עליו איסור, אלא שמע את המקרה מאחר.

ובקובץ תשובות (סי' ס) נשאל החתם סופר מה דינו של כוהן, שבהיותו בן שלוש הביאו אביו לעיר, טען שהוא כוהן והשאיר את הילד את גבאי הקהילה. ועתה החלו לפקפק בכהונתו של האיש, שבינתיים גדל ועתה הוא נושא כפיו, עולה לתורה ראשון ופודה בכורות. וכתב

הילדים? ולדעתו בעניין הקרובים אין אפילו ספק חלל, ומטעם זה יכול לפסול רק את עצמו.

22. ראה שב שמעתתא שער ו פרק א, מחנה אפרים הלכות איסורי ביאה שם, ושערי יושר שער ו פרק ח.

לבסוף שאף שלדעת הרמ"א שהזכרנו לעיל, שאם בא ואומר 'אני כוהן' הוא עולה לדוכן – מכל מקום אם "ירצה לטמאות למתים ולישא נשים בעבירה" אין מוחים בידו, כיון ש"הכא לא שויה נפשיה חתיכה דאיסורא כלל, דמנא הוה ליה למידע? כי היכי דאנן טעינן – הוא נמי טעה". יש להעיר כי גם במקרה הזה הבן לא אמר שהוא כוהן מפני שסבר כן, אלא מפני שאמרו לו שאביו אמר כן.

שאלה נוספת בעניין זה מצויה בשו"ת אגרות משה (אבן העזר חלק ד סי' יא). הרב פיינשטיין נשאל על "אחד שהחזיק עצמו לכהן, ונתברר שכל ידיעתו היא מאביו שבעת שקראו אותו לשמחת הבר מצוה אמר שהוא כהן, אבל אביו אינו שומר תורה כלל, וגם שברח מבית אביו בילדותו מצד מרדו באביו, שלפי הדעת לא היה לו לידע כל כך דבר כזה", ועוד שקרובת משפחה אמרה שאינו כוהן. וכתב ש"מצד אמירתו לאוסרו בפסולי כהונה מדין שויה אנפשיה חתיכה דאיסורא – אין לאוסרו, מכיון שהחזקת עצמו לכהן הוא על פי אמירת אביו שאין לו נאמנות. לכן אינו צריך לגרש את אשתו הגיורת, שהיא גיורת בצדק וזהירה בכל דיני התורה, ורשאי לחיות עמה כמו כל ישראל בגיורת, כי איננו כהן".

לכן כשאנו באים לדון מי שאנו סוברים שהוא כוהן – יש לבדוק שלושה דברים:

א. האם הוא יודע זאת מעצמו או מאחרים.

ב. האם התכוון לקבל על עצמו גם איסורי כהונה.

ג. האם נהג ככוהן בפועל, עלה לדוכן, עלה לתורה בעליית כוהן, פדה בכורות ושאר ענייני כהונה.

ספק כוהנים במשפחות הרחוקות מתורה

בשו"ת שבט הלוי (חלק י אבן העזר סי' רכה) נשאל על בעלת תשובה שבנישואיה הראשונים חייתה עם גוי, וכעת היא נשואה לבעל שהוא אולי כוהן, ודעת השואל, הרב לוי יצחק הלפרין, היא "שהבעל עצמו אינו כוהן באמת, ואם כן יכולים להשאר ביחד, והבנים והבנות כישראלים כשרים". ובעל שבט הלוי הסכים לומר ש"כהן זה אינו כהן על פי ההלכה", ואף שהחזיק עצמו בכהונה, מכל מקום הידיעה על 'כהונתו' היא לא מצד

מסורת ברורה, "אבל כשגם בעצמו אינו יודע כלום ומעולם לא נהג כהונה לא הוא ולא אביו, רק ראו על מצבה ישנה שזה משפחת כהנים, שאין כאן חזקה ואין כאן עדות". ולכן פסק:

> אבל באלו משפחות שכבר מדורות חיו חיים בלי תורה ומצות... באלו שהיו מעודם בקיבוצים חילונים שפרקו עול מכל מצות התורה בעוונותינו הרבים, והרימו ראש להתיר שם עריות ואיסור אשת איש בלי הגבלה, וגם אם היה להם אישות אולי על ידי חופה וקידושין הבעלים עצמם ר"ל הפקירו נשותיהם מדעת זה לזה, ביודעם ובלא יודעם, או שלא רצו לדעת משפטי התורה... ואם רבינו המהרש"ל כתב על כהני יראי אלקים דקרוב דרובם נתבלבלו – אם כן בהתוסף עוד על זה כהני הקיבוצים או כהני רוסיא החילונים גמורים מדורות שכמעט אין ספק דודאי נתחללו, והדברים נוטים שאין צריך להתרחק מגרושה הזאת.

אמנם יש להעיר כי בדין זה צריך להיות זהיר מאוד, ולא בכל מקרה פוסלים כהונה. יש לבחון גם את הקרובים, ולעתים גם את הכתובה ואת הגיטין וכל מה שאפשר, ולעתים גם בבתי קברות, ולחקור את המציאות היטב קודם שמגיעים למסקנות. וכן כתב בשבט הלוי שם לרב לוי יצחק הלפרין, שדרכו היא "להתרחק מהכרעה ממש בנדון שהמציאות אינו ברור כאחותי לדידי, וכבוד תורתו למד המציאות יותר", וכן כתב הגרי"מ לאו (שו"ת יחל ישראל סוף סי' צ): "ומדברים אלו עולה לדינא כי יש לדון בכל מקרה ומקרה לגופו, לדון מה כוונתו באומרו 'כהן אני', מהן ידיעותיו בהגדרת כהונה, מנין לו ידיעה זו, ויש לחקור ולחפש עדויות על כך, אך אין להסתפק בכך ששם משפחתו 'כהן' ולאוסרו בכך, אלא הוי רגלים לדבר. והקב"ה ינחנו בדרך אמת". מכל מקום זהו סניף נוסף שיש להביא בחשבון.

מסקנת הדברים

לאור כל מה שראינו יש לומר שבנידון דידן משה רשאי להינשא לחברתו הגיורת. והנימוקים הם:

העדות העקיפה על תנועות האצבעות מגיעה מאביו זלמן ששמע מאמו רחל. זלמן עצמו לא ידע את טעם הדבר ובעלה של רחל לא שמע על כך. מלבד העובדה שמדובר בעדות עקיפה דרך אישה שלא שמרה תורה ומצוות, מסתבר לומר שאף אם היא ראתה זאת במשפחתה – היה זה בבית אביה, שהרי בעלה לא ידע מכך דבר, או במקום אחר. יש לציין שגם שם המשפחה של משפחת אמה של רחל, הסבתא, זהה לשם משפחת האב, אם כי לא ידוע על כל קשר בין שתי המשפחות.

נמצא, שכיוון שהעדות הישירה על הכהונה אינה על הדור הזה אלא על כמה דורות קודם, וזו עדות של אישה שאיננה שומרת תורה ומצוות – לכן אין כאן כל עדות בעלת משמעות היכולה לראות אותם ככהנים.

משה עצמו, שעל מעמדו אנו דנים, מעולם לא נהג ככוהן בשום דבר[23].

כשיש אדם שאין לנו מידע מהימן על כהונתו – הולכים אחר הרוב שאינם כוהנים. ומדובר באדם שמשפחתו רחוקה מתורה ומצוות כבר כמה דורות, ובמקרה כזה מסתבר שאין לחשוש לחזקת כהונה.

לפסק דין זה הסכים גם הגאון הרב שלמה דיכובסקי שליט"א, חבר בית הדין הרבני הגדול בירושלים.

23. כאמור, בשו"ת אגרות משה (אבן העזר חלק ד סי' יא) הקל גם אם אדם החזיק עצמו לכוהן כל עוד ברור לנו שעשה כך בלי מידע מהימן, וכל שכן כאן שלא החזיק עצמו לכוהן כלל.

מעמדה ההלכתי של בת כוהן

הרב אביעד תבורי

מבוא

זכר הנולד לכוהן יש לו מעמד של כוהן. מעמדו ההלכתי מאפשר לו זכויות ומחייבו בחובות. הכוהן חייב לעבוד במקדש במשמרתו, זכאי לקבל מתנות כהונה, רשאי לאכול תרומה ובשר קודשים, ונאסר עליו להיטמא למתים. לעומתו, דין בת כוהן – שונה הוא. מצד אחד היא רשאית לאכול תרומה, אך מצד שני מותר לה להיטמא למת. במאמר זה נבחן את מעמדה ההלכתי של בת כוהן ושל אשת כוהן.

במשנה בסוטה (פ"ג מ"ז) מחלקים בין כוהן לכוהנת:

1. מנחת כוהנת נאכלת, מנחת כוהן אינה נאכלת אלא נשרפת.
2. כוהנת מתחללת, וכוהן אינו מתחלל.
3. כוהנת מטמאה למתים, וכוהן אינו מטמא למתים.
4. כוהן אוכל בקדשי קדשים, וכוהנת אינה אוכלת בקדשי קדשים

חילוקים אלו נלמדו מפסוקים המחלקים בין זכרים לנקבות, וחלקם אף מפורשים בפסוקים. עתה נבוא לדון, האם הלכות אלו מורות על חילוק מהותי בין בני הכוהנים לבנות הכוהנים, או שהחילוקים הם מכוח תפקידם

של בני הכוהנים בעבודה. ובמילים אחרות, האם יש לבת כוהן קדושת כהונה עצמאית?

נבחן את פרטי ההלכות וננסה לראות האם יש בהבדלים אלו כדי לקבוע אם יש לבת הכוהן מעמד בפני עצמו או שהיא ככל כוהן, אלא שמפני שאינה זכר אין לה חובות וזכויות מסוימים.

אכילת תרומה

כוהן אוכל בתרומה וזר אינו אוכל. בת כוהן אוכלת בתרומה כל עוד היא בבית אביה. בפסוקים (ויקרא כ"ב, יא-יג) נאמר:

> וכל **זר** לא יאכל קדש...
> **ובת כהן** כי תהיה לאיש זר הוא בתרומת הקדשים לא תאכל.
> **ובת כהן** כי תהיה אלמנה וגרושה וזרע אין לה ושבה אל בית אביה כנעוריה, מלחם אביה תאכל, וכל **זר** לא יאכל בו.

מבנה הפסוקים הכיאסטי מבליט שאמנם בת כוהן אינה נחשבת לזר אך מעמדה כ'כוהן' אינו מוחלט, וכשהיא נישאת לזר – דינה כזר, וכשנפרדת ממנו, בגירושין או באלמנות, היא "שבה אל בית אביה", היינו חוזרת למעמד הכהונה.

כדי להבין את מעמדה של בת כוהן יש להבחין בין אכילתה לאכילתה של אשת כוהן. גם אשת כוהן, ואפילו אם אביה ישראל, אוכלת תרומה. בויקרא (שם) נאמר:

> וכהן כי יקנה נפש קנין כספו יאכל בו, ויליד ביתו הם יאכלו בלחמו.

רש"י מביא שני הסברים לאכילה זו, וזה לשונו: "ואשת כהן אוכלת בתרומה מן המקרא הזה, שאף היא קנין כספו. ועוד למד ממקרא אחר 'כל טהור בביתך וגו'', בספרי".

רש"י מפנה לדברי הספרי (פרשת קרח פי' קיז), וזה לשון המדרש:

> "כל טהור בביתך יאכלנו", למה נאמר? והלא כבר נאמר: "כל טהור בביתך יאכל אותו", ומה תלמוד לומר: "כל טהור בביתך יאכלנו"? להביא את בת ישראל המאורסת לכהן שתהא אוכלת בתרומה. או אינו מדבר אלא בנשואה? כשהוא אומר "כל טהור בביתך יאכל אותו" – הרי נשואה אמורה. הא מה תלמוד לומר: "כל טהור בביתך יאכלנו"? להביא את בת ישראל המאורסת לכהן שתהא אוכלת בתרומה.

כלומר, במדרש למדו שבת ישראל שמאורסת לכוהן היא מוגדרת כמי שחיה בביתו של הכוהן, היינו שאינה אוכלת מכוח היותה 'קניין כספו' של הכוהן, אלא מכוח היותה בת ביתו, היינו כוהנת בעצמה.

הראשונים נחלקו איזו דרשה היא העיקרית ואיזו אסמכתא.

בתוספות (יבמות סח ע"א) טענו ש"ההיא דספרי אסמכתא הוא, וכמה דרשות יש בגמרא שדורש בתורת כהנים ובספרי מפסוקים אחרים", ולדעתם הלימוד מ"קנין כספו": "דרשא גמורה היא". לעומתם, הריטב"א טוען שהדרשה שבספרי היא העיקרית, והדרשה בגמרא היא אסמכתא. ועל דברי הגמרא בכתובות (נח ע"א), שם אמרו שהיבם אינו מאכיל בתרומה: "מאי טעמא? 'קנין כספו' אמר רחמנא, והאי קנין דאחיו הוא", כתב הריטב"א:

> והא דאמרינן בגמרא "'קנין כספו' אמר רחמנא והאי קנין אחיו הוא" – דרשא דרבנן בעלמא הוא, תדע דהאי קרא ד"קנין כספו" אינו לענין אשת כהן כלל, שאינו אלא לענין עבד כהן, דאשת כהן נפקא לן בספרי מדכתיב "כל טהור בביתך יאכל אותו".

נמצא שנחלקו מהי הדרשה המרכזית ומהי ה"אסמכתא". ונראה כי ההבדל בין הדרשות אינו רק מהו מקור הדין, אלא יש בין הדרשות הבדל מהותי. לפי הדרשה מהפסוק בספר ויקרא, אשת כוהן אוכלת תרומה מכוח התלות הקניינית שלה בבעלה הכוהן, ומעמדה הוא כשל כל קנייני הכוהן, כגון עבדיו ובהמותיו[1]. לעומת זאת, לפי הדרשה מהפסוק בספר במדבר, אשת

1. בתורה תמימה (שם הערה נ) כתב שאף שהאישה, העבד ובהמת הכוהן קרויים "קנין כספו" של הכהן – יש הבדל ביניהם: "שהרי בעבד הדין מה שקנה הוא – קנה רבו

הכוהן אוכלת תרומה מכוח מעמדה במשפחת הכהונה, וייתכן שאף מכוח קדושתה העצמית.

במשנה (תרומות פ"ו מ"ב) אמרו: "בת ישראל שאכלה תרומה ואחר כך נשאת לכהן, אם תרומה שלא זכה בה כהן אכלה – משלמת קרן וחומש לעצמה", ופירש הר"ש משאנץ:

> "לעצמה" – דתרומה נמי אם היתה בעין לא היתה מחויבת ליתן לכהן, דנעשית כהנת בנישואיה.

נראה שהר"ש סבר כי לעניין תרומה – אשת כוהן (וכמובן בת כוהן) מקבילה במעמדה לכהן[2].

כל זה כאמור באשת כוהן, אך עדיין יש מקום לדון כיצד בת כוהן שאינה נשואה אוכלת בתרומה, האם משום שהיא ממשפחת הכהונה או שיש לה מעמד עצמאי, קדושת כהונה מסוימת. כמו כן יש לדון במעמדה של בת כוהן שנישאת לישראל, המנחת חינוך (מצווה רפ) דן בשאלה זו, ומציע כמה הבדלים בין בת כוהן הנשואה לישראל וסתם אישה 'זרה' בעניין תשלום חומש ומיתה בידי שמים באכילת תרומה. כמו כן יש לציין את דינה המיוחד של בת כוהן אם זינתה באירוסיה: "את אביה היא מחללת באש תשרף" (ויקרא כ"א, ט), כלומר עדיין נשארה בה זיקת כהונה, ובהמשך נדון במשמעות זיקה זו.

דין "וקידשתו" ושרפת בת כוהן שזינתה

במסכת גיטין (נט ע"ב) דנו האמוראים בדין "וקידשתו", הקובע שיש לכבד ולהקדים את הכהן. האם דינים אלו שייכים בבת כהן[3]?

קנין מוחלט, ובנכסי אשתו אינו קונה כי אם לפירות, וגם קנין פירות אינו מדאורייתא רק מתקנת חכמים".

2. וראה את דברי הרב משה סאקאלווסקי (אמרי משה סי' יג אות ד) שמסביר כך כיצד אשת כוהן מאכילה את עבדיה בתרומה.

3. אמנם ברור שבת כוהן לא שייכת בדין "לפתוח בתורה ראשון, ולברך ראשון" בברכת

במאמר המופיע בספר זה (ראה לעיל עמ׳ מב-מג) מובא שהמגן אברהם ור׳ עקיבא איגר נחלקו אם מצוות "וקידשתו" שייכת בקטנים ובבעלי מומים. מחלוקתם תלויה בביאור הפסוק: "וקדשתו, כי את לחם אלהיך הוא מקריב". דעת המגן אברהם היא שהחלק השני של הפסוק, "כי את לחם אלהיך הוא מקריב", הוא תנאי ל"וקדשתו", כלומר עליו לעבוד עבודה כדי שיהיו מחויבים לכבדו. ור׳ עקיבא איגר סבור כי יש לכבד כל כוהן שהוא מזרע אהרן (ודבריו מיוסדים במדרש תנאים).

לפי דברי ר׳ עקיבא איגר יש מקום לומר שדין "וקידשתו" יחול בבת כוהן[4].

ידידי הרב יעקב פרנצוס הפנה אותי לספר כלי חמדה (לרב מאיר דן פלאצקי, פרשת וישב אות ב), שם דן הרב המחבר בעניין תמר שנידונה לשרפה. רש"י מביא מדרש שתמר הייתה בת כוהן, ולכן נידונה בשרפה. הרב פלאצקי חוקר האם ההלכה שמיתתה של בת כוהן היא בשרפה, בניגוד לבת ישראל, היא מפני שהיא מחללת את קדושת אביה הכהן[5], או שאף לה יש קדושת כהונה עצמאית, ואותה היא מחללת[6].

וזה לשון הכלי חמדה:

> הן אמת שזה נראה ברור דהבדל יש בין קדושת בת כהן לבן כהן, דבן כהן הרי הוא קדוש כמו האב, ואינו מכח האב, רק כיון דהוא נולד מכהן הרי הוא גם כהן, כאביו. מה שאין כן בת כהן, קדושתה רק מכח האב, ואינה קדושה בעצמותה...

המזון (לשון הרמב"ם בהלכות כלי המקדש פ"ד ה"ב), ויש לדון רק אם שייכת בדין "ליטול מנה יפה ראשון".

4. בספר פסקי תשובות (חלק שני סי׳ קכח הערה 465) כתב כדבר פשוט שאין מצוות "וקידשתו" בבת כוהן. ולכאורה הדבר תלוי במחלוקת הפוסקים.
5. כצד זה כתבו בפירוש הדר זקנים לויקרא כ"א, ט: "ואם תאמר, למה דינה בשריפה יותר משאר נשים המזנות שהן בחנק? יש לומר לפי שהיא בת אדם גדול וחשוב דינה להיות נדונת במיתה חמורה טפי מבת ישראל שזינתה", וכן כתבו פרשנים נוספים.
6. כצד זה כתב המשך חכמה שם: "מקדושת אביה היא מתחלא. פירוש, המכוון כאילו היה כתוב 'מתחללת', אבל הפירוש: שהקדושה שיש לה מאביה היא מחללת, עשתה זה חול ומחולל, והואי כאילו אינה בת כהן... והקדושה שיש לה אבדה".

הוא ממשיך ומסביר על פי דרכו את המשנה בסוטה, שם חילקו בין כוהן לכוהנת, וקבעו: "כהן אינו מחלל וכהנת מתחללת":

> והטעם כנ"ל, דכהן קדושתו בעצם, וזה אי אפשר להפריד ממנו בשום אופן, מה שאין כן כהנת, דקדושתה רק מכח אביה, ולכן יכולה לחלל את הקדושה...

נראה שצדדי ההסתפקות שהצענו בדין שרפת בת כוהן הם בדיוק צדדי ההסתפקות בדין "וקידשתו" לבת כוהן. היינו, מי שסובר שאין לבת כוהן קדושת עצמאית, והיא מחללת את קדושת אביה – יסבור שאין דין "וקידשתו" בבת כוהן, ומי שסובר שאת קדושת עצמה היא מחללת – יסבור שיש דין "וקידשתו" בבת כוהן.

טומאת קרובים

לעיל הזכרנו שהמשנה בסוטה התירה לכוהנת להיטמא לכל המתים. הרמב"ם בהלכות אבל (פ"ב ה"ו) כתב שהכוהנים הזכרים חייבים להיטמא לקרוביהם, והוסיף: "במה דברים אמורים? בזכרים שהוזהרו על הטומאה, אבל הכהנות, הואיל ואינן מוזהרות על הטומאה – כן אינן מצוות להתטמא לקרובים. אלא אם רצו – מתטמאות, ואם לאו – לא מטמאות".

הגרי"ד סלוביצ'יק (שעורים לזכר אבי מארי, חלק א עמ' מד-מה) מוכיח מכאן ש"קיום אבלות אינו יוצא לפועל על ידי סתם טומאה, כי אם על ידי חילול כהונה".

נמצא ששיטת הרמב"ם היא שכיוון שלכוהנת אין שום קדושה, ממילא לא שייך לדבר על חילול כהונה.

לעומת הרמב"ם, הראב"ד (שם) ועוד ראשונים חולקים, וסוברים שיש חיוב לכוהנת להיטמא לקרובותיה. ונראה שלדעתם גם אצל כוהנת יש חילול כהונה, ומשום שיש לה חלק בקדושת כהונה.

עבודה בבית המקדש

במשנה במסכת קידושין (פ"א מ"ח) אמרו שנשים לא עובדות בבית המקדש:

> הסמיכות והתנופות וההגשות והקמיצות והקטרות והמליקות והקבלות והזאות – נוהגים באנשים ולא בנשים, חוץ ממנחת סוטה ונזירה שהן מניפות.

מן המשנה לא ברור אם לאישה יש איסור עבודה, וייתכן שהמשנה רק פטרה נשים מהקרבת קרבנות, אך בגמרא (שם לו ע"א) הביאו פסוקים שמהם דרשו שיש איסור עבודה.

בתוספות (שם ד"ה הקבלות) שאלו מדוע הביאו בגמרא פסוקים ללמוד מהם שאישה פטורה מעבודה, והלוא עבודה היא מצוות עשה שהזמן גרמא, שהרי אין עבודה אלא ביום? ותירצו, שהפסוקים מלמדים שאישה מחללת את העבודה ועבודתה פסולה. כלומר, דינה כזר.

כן משמע גם מדברי הרמב"ם. הרמב"ם (ספר המצוות, מצוות לא תעשה עד) מנה איסור של עבודת זר בבית המקדש, וכך כתב בהלכות ביאת המקדש (פ"ט ה"א):

> זר שעבד במקדש – עבודתו פסולה וחייב מיתה בידי שמים, שנאמר: "והזר הקרב יומת"... אי זהו זר? כל שאינו מזרע אהרן הזכרים, שנאמר: "וערכו בני אהרן", "והקטירו בני אהרן", בני אהרן ולא בנות אהרן.

לכאורה מפורש בדבריו שבת כוהן נחשבת לזרה לעניין עבודה במקדש, ואחרונים רבים דנו בדבריו (ראה למשל בדברי בעל המשנה למלך בספר פרשת דרכים, חלק דרך מצוותיך, ובדברי הרב יוסף ענגיל באתוון דאורייתא כלל יט).

בהלכות קרבן פסח (פ"א ה"ג) דן המשנה למלך בעניין זה, ומזכיר נפקא מינה מעניינת בשם המהרי"ט (קידושין שם) בעניין עבודת אישה בבמת יחיד. ההלכה היא שבבמת יחיד זר רשאי לעבוד, והמהרי"ט טוען

שאישה רשאית לעבוד בבמת יחיד, ואם כן לדעתו אישה פסולה לעבודה במקדש כמו כל זר.

מתנות כהונה

השולחן ערוך (יו"ד סא, ח; שלג, יד) פסק על פי הגמרא (חולין קלא, ב) שמתנות כהונה, כמו זרוע, לחיים וקיבה וכן ראשית הגז, ניתנות לכוהנת, ואף אפשר לתת אותם לבעלה הישראל. לגבי פדיון בכור בהמה פסק (שם שו, א) שהם ניתנים לכוהן בלבד, ואילו לגבי בכור אדם לא פירש מה הדין. ונעיין בדברים.

הראשונים נחלקו לגבי מקור מצוות פדיון בכור. היראים (סי' קמ) סבר שהפסוק (במדבר י"ח, טז): "ופדיו מבן חדש תפדה בערכך כסף חמשת שקלים בשקל הקדש" הוא המקור למצוות פדיון הבן. כלומר, העיקר הוא שהישראל ייתן את הפדיון, אך לא הזכיר שצריך לתת את הכסף דווקא לזכרי כהונה.

לעומת דבריו הסתומים לכאורה, הרמב"ם, אף שבהלכות ביכורים (פ"י ה"כ) התיר לכוהנת לאכול את מתנות הכהונה "מפני שאין בהם קדושה", הרי שבתחילת הלכות ביכורים (פ"א ה"י), כתב בפירוש:

> וכן פדיון הבן לזכרי כהונה, שכן נאמר בו: "ונתת הכסף לאהרן ולבניו".

ייתכן אפוא, שלפי היראים, בניגוד לדעת הרמב"ם, כשם שמתנות כהונה אחרות (תרומה, ראשית הגז וכו') ניתנות גם לנקבות משבט הכהונה – כך גם פדיון הבן, ורק במדבר, כפי שמתואר בתורה, נתנו את הפדיון לזכרים[7].

מחלוקת זו באה לידי ביטוי בשני תירוצי התוספות בקידושין (ח ע"א), שם ביארו כיצד קיבל רב כהנא סודר תמורת פדיון הבן, והרי הוא לא היה כוהן? תירוצם הראשון הוא שלא מדובר ברב כהנא הידוע, אלא היה רב כהנא אחר שהיה כוהן. ובתירוצם השני אמרו שרב כהנא זכה בסודר עבור

7. ייתכן שגם היראים מודה שאם יש כוהן זכר – עדיף לתת לו.

אשתו שהייתה בת כוהן. לפי תירוץ זה לא רק שכוהנת זוכה בפדיון הבן, אלא היא גם יכולה לקבלו באמצעות שליח. וייתכן אפילו שיש עדיפות לתת את הפדיון לכוהנת, וכך משמע מדברי החתם סופר בתשובה (יו"ד סי' שא), שכתב שהיא יכולה לקבל פדיון כמתנה על מנת להחזיר, בעוד שאצל כוהן דבר זה נאסר משום שנראה ככוהן המסייע בבית הגרנות.

להלכה, אחרונים כתבו שמחמת המחלוקת הנזכרת, אם אי אפשר להגיע לכהן ביום הפדיון – ייתן לכוהנת בלי ברכה, וכשישוב וימצא כוהן – יחזור ויפדה.

סיכום

על פי המקורות והדיונים שהעלינו, נראה שיש במעמדה הייחודי של בת כוהן רמות שונות של "קדושה", אך אי אפשר להוכיח מדין אחד לחברו, ולכן אין לדון אם יש לכוהנת "קדושת כהונה", אלא בכל דין מדיני הכהונה יש לדון אם כוהנת או אשת כוהן שייכות בו או לא.

אשר ימלא את ידו לכהן תחת אביו

הרב יאיר קאהן

במאמר זה נדון בחינוך כוהן גדול, וננסה להראות שיש קשר אדוק בין חינוכו כל השנה לחינוכו ביום הכיפורים.

כיצד מרבים את הכוהן הגדול בבגדים

בהלכות כלי המקדש (פ"ד הי"ג) כתב הרמב"ם:

> כיצד מרבין אותו (=את הכוהן הגדול) בבגדים? לובש שמנה בגדים ופושטן, וחוזר ולובשן למחר שבעת ימים יום אחר יום, שנאמר: "שבעת ימים ילבשם הכהן תחתיו מבניו", וכשם שרבוי בגדים שבעה – כך משיחה בשמן שבעה, יום אחר יום. ואם עבד קודם שיתרבה בבגדים כל שבעה או קודם שימשח כל שבעה – עבודתו כשירה, הואיל ונתרבה או נמשח פעם אחת נעשה כהן גדול לכל דבר.

דברי הרמב"ם צריכים ביאור, הרי אם נעשה כהן גדול לכל דבר אחרי פעם אחת, מה התועלת בשבעת ימים? הראב"ד השיג על הרמב"ם, וזה לשונו:

נראה מדבריו, ימים שהיה בהם המשיחה לא היה עובד, ואין זה מן החכמה! אלא כשאמרו "נתרבה שבעה ונמשח שבעה" דבעינן שבעה לכתחילה – הני מילי לעבודת יום הכיפורים, אבל לעבודת אותן הימים בכל יום עובד בשמונה בגדים.

יסוד המחלוקת בין הרמב"ם לבין הראב"ד הוא בפירוש הברייתא ביומא (ה ע"א):

"וכפר הכהן אשר ימשח אתו ואשר ימלא את ידו לכהן תחת אביו", מה תלמוד לומר? לפי שנאמר "שבעת ימים ילבשם הכהן תחתיו מבניו", אין לי אלא נתרבה שבעה ונמשח שבעה, נתרבה שבעה ונמשח יום אחד, נתרבה יום אחד ונמשח שבעה מניין? תלמוד לומר: "אשר ימשח אותו ואשר ימלא את ידו", מכל מקום. אשכחן ריבוי שבעה לכתחלה, משיחה שבעה לכתחלה מנא לן? איבעית אימא מדאיצטריך קרא למעוטה, ואיבעית אימא דאמר קרא "ובגדי הקדש אשר לאהרן יהיו לבניו אחריו למשחה בהם ולמלא בם את ידם", איתקש משיחה לריבוי, מה ריבוי שבעה – אף משיחה שבעה.

ברייתא זו עוסקת בחנוכת הכוהן הגדול, ומבחינה בין דין חינוך לכתחילה על ידי ריבוי בגדים ומשיחה למשך שבעה ימים לבין מצב שבדיעבד, שבו מסתפקים בחינוך של יום אחד. לפי הראב"ד, ברייתא זו עוסקת בעבודת יום הכיפורים, אבל כדי לעבוד בתור כוהן גדול בשמונה בגדים בשאר ימות השנה די ביום אחד, ואפילו לכתחילה. כן היא גם שיטת רש"י שם, שכתב: "אין לי אלא שיהא כשר לבא אל אהל מועד ביום הכפורים אלא מי שנתרבה שבעה ונמשח שבעה כשנתמנה". הרי שגם רש"י מפרש שבעבודת יום הכיפורים הכתוב מדבר. ונראים הדברים, שהרי ברייתא זו דורשת את הפסוקים בפרשת אחרי מות העוסקים בעבודת יום הכיפורים.

אבל הרמב"ם הבין שברייתא זו עוסקת בדין חינוך כוהן גדול בכלל, ולא רק לקראת עבודת יום הכיפורים. וכך משמע מדרשת הספרא (אמור פרשה ב):

"אשר יוצק על ראשו שמן המשחה", מה תלמוד לומר? לפי שנאמר: "שבעת ימים ילבשם הכהן תחתיו מבניו אשר יבוא אל אהל מועד לשרת בקודש", שיכול אין לי אלא שנמשח שבעה ונתרבה שבעה, נמשח שבעה ונתרבה יום אחה, נמשח יום אחד ונתרבה שבעה נתרבה יום אחד ונמשח יום אחד ואפילו שעה אחת מנין? תלמוד לומר: "אשר יוצק על ראשו שמן המשחה", אפילו שעה אחת "ומילא ידו ללבוש את הבגדים" אפילו שעה אחת.

הרי שבספרא דרשו את הפסוקים בפרשת אמור כמי שעוסקים בקדושת כוהן גדול בכלל, ולאו דווקא בעבודת יום הכיפורים.

במה מחנכים

הן לדעת הרמב"ם והן לדעת הראב"ד חינוך שבעת ימים אינו מעכב, ובדיעבד די בריבוי בגדים פעם אחת, ואפילו בלי עבודה. אך לפי זה יש לעיין בדברי הגמרא ביומא (יב ע"א):

"ומתקינין לו כהן אחר" (משנה שם פ"א מ"א). פשיטא, אירע בו פסול קודם תמיד של שחר – מחנכין אותו בתמיד של שחר. אלא אירע בו פסול אחר תמיד של שחר, במה מחנכין אותו? אמר רב אדא בר אהבה: באבנט. הניחא למאן דאמר אבנטו של כהן גדול זה הוא אבנטו של כהן הדיוט. אלא למאן דאמר אבנטו של כהן גדול לא זהו אבנטו של כהן הדיוט מאי איכא למימר? אמר אביי: לובש שמונה ומהפך בצינורא, וכדרב הונא, דאמר רב הונא: זר שהפך בצינורא חייב מיתה.

מסוגיה זו נראה שלא די בריבוי בגדים, והכוהן אינו נהיה כוהן גדול אלא אם כן יבצע עבודה כלשהי בבגדי כהונה גדולה. וכך הבין רש"י (עיין יומא ה ע"א ד"ה ריבוי). אבל הרמב"ם והראב"ד תמימי דעים שעל ידי ריבוי בגדים לבדו נעשה כוהן גדול לכל דבר, וכיצד יפרנסו סוגיה זו? וכך הקשה השאגת אריה (גבורת ארי יומא שם)[1].

1. עיין בשיעורי הגרי"ד על עבודת יום הכיפורים ליומא יב ע"א.

כמו כן יש להבין את שיטת הראב"ד, המבחין בין חינוך הכהן הגדול לקראת עבודת יום הכיפורים לבין חינוכו בשאר ימות השנה. מדוע הדין לחנכו במשך שבעה ימים נאמר רק בעבודת יום הכיפורים?

ונראה לומר, שהרי בשאר ימות השנה אין עבודות שהם כשרות בכוהן גדול ופסולות בכוהן הדיוט, ולכוהן הגדול אין עדיפות על כוהן הדיוט, אלא יש לו קדימה בלבד, שהכוהן הגדול מקריב חלק בראש ונוטל חלק בראש. אבל ביום הכיפורים העבודה כשרה רק בכוהן הגדול (ראה הוריות יב ע"ב), וכל אחיו הכוהנים – זרים הם לגבי עבודה זו. לכן, מעמד הכוהן הגדול בשאר ימות השנה אינו אלא מינוי הכוהן למי שהוא גדול מאחיו, ולשם כך די לנו במשיחה או ריבוי בגדים פעם אחת. אבל עבודת יום הכיפורים, שבשיאה הכוהן הגדול נכנס לתוך קודש הקודשים, ואחיו הכוהנים נחשבו לזרים – דורשת חינוך של שבעה ימים לכתחילה.

לכהן תחת אביו

מו"ר הרב סולובייציק זצ"ל העיר שפרשת עבודת יום הכיפורים, כלומר העבודה המיוחדת של יום הכיפורים והכניסה לפני ולפנים, נאמרה רק לאהרן הכוהן. אמנם בסוף הפרשה כתוב: "והיתה לכם לחקת עולם בחדש השביעי בעשור לחדש" (שם, כט), אבל הכוונה היא לכוהן הגדול הממלא את מקומו של אהרן ונכנס תחתיו[2], כמו שנאמר: "וכפר הכהן אשר ימשח אותו ואשר ימלא את ידו לכהן תחת אביו" (שם, לב). מכאן למדנו שגם לדורות הכוהן הגדול יכול לעבוד עבודת יום הכיפורים, אבל רק כאשר הוא מכהן תחת אביו, כלומר במקום אהרן. וכך דייק בלשון הפייטן (בפיוט 'אתה כוננת'): "תחת אהרן מגזעו יעמד לשרת לפניך ביום הסליחה". נמצא שכדי לעבוד ביום הכיפורים לא די בהיות הכוהן גדול מאחיו, אלא הוא צריך למלא את מקומו של אהרן[3].

2. כן כתב הגר"א (שיטתו מובאת בכתב והקבלה לויקרא ט"ז, ג, ובמקומות רבים נוספים), שתחילת הפרשה עוסקת באהרן שיכול להיכנס בכל עת אל הקודש, ולאו דווקא ביום הכיפורים. ומפסוק כט נאמרו דיני כניסת הכוהן הגדול לבית קודש הקודשים בכל שנה.
3. עיין בשיעורי הגרי"ד על עבודת יום הכיפורים עמ' יז.

להשלמת הדברים יש להוסיף דברים שביארתי במקום אחר[4]. משמעות עבודת יום הכיפורים והכפרה התלויה בה מושרשים בכפרה שהשיגו בני ישראל במדבר אחרי חטא העגל. יום הכיפורים הוא יום מתן הלוחות השניים, ובו זכו בני ישראל לכפרה על חטא העגל. אמנם נראה שבכך לא תם תהליך הכפרה על חטא העגל. מיד לאחר יום הכיפורים בני ישראל נצטוו על בניית המשכן. בתורה (שמות ל״ה, כ-כט) מתוארת ההתלהבות שליוותה את ההתרמה למלאכת המשכן, עד שהביאו יותר מן הדרוש (שם ל״ו, ה-ז). מסתבר שהתלהבות זו נבעה לא רק מצימאון להשראת השכינה, אלא גם מרגשי אשמה על עשיית העגל: לבני ישראל, שפירקו את נזמי הזהב שלהם עבור העגל, ניתנה עתה ההזדמנות לנדב את תכשיטיהם למשכן וכליו. נמצא שההתעסקות במשכן הייתה חלק מתהליך התשובה של כלל ישראל על חטא העגל[5]. ותעיד על כך הקריאה בשם בצלאל, נכדו של חור (שם ל״א, ב), שלפי המסורת נהרג בחטא העגל[6].

היום השמיני של המילואים, יום סיום חנוכת המשכן, הוא גם יום כפרה על חטא העגל. חודשים רבים עמל עם ישראל על מלאכת המשכן כדי לזכות שוב בגילוי שכינה, מעין מעמד הר סיני[7], ואכן, ביום השמיני, לאחר שבעת ימי המילואים, אהרן מצווה להקריב עגל לחטאת, ולהגשים את ההבטחה ״כי היום ה׳ נראה אליכם״ (ויקרא ט׳, ד). בני ישראל באים בהתרגשות אל סביבות המשכן ומחכים לבשורה, המתח הולך וגובר, ולבסוף האש יוצאת מלפני ה׳: ״וַיֵּרא כבוד ה׳ אל כל העם, ותצא אש מלפני ה׳ ותאכל על המזבח את העֹלה ואת החלבים״ (שם, כג-כד).

הרמב״ן (שם, ג) זיהה את הקשר בין קרבנות יום השמיני לבין עבודת יום הכיפורים: ״והנה קרבן אהרן כקרבנו ביום הכפורים בשוה, וחטאת העם כחטאתם ביום הכפורים, שעיר עזים אחד לחטאת״. אולם, יש הבדל מהותי בין יום השמיני ליום הכיפורים, שהרי ביום השמיני הקרבנות הוקרבו מחוץ

4. וביום צום כיפור ייחתמון, אלון שבות תשס״ה, עמ׳ 111 ואילך.
5. מוטיב זה מופיע במדרש פעמים הרבה, ראה למשל שמות רבה פרשות: מח, ו; מט, ב; נא, ד; שם, ח.
6. עיין סנהדרין ז ע״א.
7. עיין רמב״ן תחילת פרשת תרומה.

להיכל, על מזבח הנחושת, ובני אהרן שניסו להקריב לפני ה׳ נשרפו[8]. ונמצא שתהליך הכפרה על חטא העגל הסתיים רק ביום הכיפורים, כאשר הותר לאהרן להיכנס לפני ולפנים.

כדי להיכנס לפני ולפנים, אהרן חייב להקריב קרבנות שיכפרו על חטא העגל. שני הקרבנות המרכזיים של סדר עבודת יום הכיפורים שדמם נזרק בהיכל הם פר החטאת של הכוהן הגדול ושעיר החטאת אשר לעם. ונראה שקרבנות אלו נועדו בשורשם לכפר על חטא העגל. שעיר החטאת אשר לעם הוא מן השעירים הנשרפים, והשעיר היחיד מלבדו שנשרף הוא שעיר החטאת שמביא העם על עוון עבודה זרה, המוזכר בפרשת שלח (במדבר ט״ו, כב-כו). גם בין קרבנות היחיד נשרפים רק פר החטאת של הכוהן גדול ביום הכיפורים ופר חטאת של כוהן משיח (ויקרא ד׳, ג-יב). גם בתהליך ההקרבה וזריקת הדם יש דמיון רב בין חטאות יום הכיפורים ובין שעיר עבודה זרה ופר כהן משיח[9]. נראה אפוא, שקורבנות אלו באים לכפר על חטא העגל. כדי להיכנס לפני ולפנים עבור בני ישראל, אהרן צריך להביא כפרה הן על חלקו בעגל והן על חלקם של עם ישראל בו. הוא מצווה להביא שעיר חטאת על העם, על שנכשל בשוגג בעבודה זרה. ועליו להביא פר חטאת של כהן משיח על מנת לכפר על חלקו בחטא[10].

נמצא שיום הכיפורים הוא יום כפרה על חטא העגל לא רק משום שבו ניתנו לוחות שניים, אלא גם מפני שביום זה מצווה אהרן להקריב פר ושעיר לחטאת, ולזרוק את דמם בהיכל. קרבנות שהם כעין פר חטאת של כהן משיח ושעיר עבודה זרה. והייתה זאת לכם לחוקת עולם, שהכוהן אשר ימלא את ידו לכהן תחת אהרן ישחזר את העבודה שעשה אהרן במדבר, ועל ידי החיבור לכפרה ההיא – יכפר על בני ישראל מכל חטאתם.

8. עיין במאמרו של הרב יואל בן נון במגדים ח.
9. אמנם יש בקרבנות יום הכיפורים מה שאין בחטאות אלו, שביום הכיפורים הדם נזרק גם בקודש הקודשים.
10. מכאן משמע שאהרן לא נכשל בעבודה זרה, שהרי כוהן משיח שעבר עבודה זרה בשוגג דינו כדין הדיוט, ומביא עז לחטאת (עיין רמב״ם הלכות שגגות פ״א ה״ד). וכעין זה דייק במשך חכמה (שמות ל״א, כז).

מתקינים לו כוהן אחר תחתיו

חנוכת אהרן עצמו הייתה במשך שבעה ימים, כמו שכתוב (שמות כ"ט, לה): "ועשית לאהרן ובניו ככה ככל אשר צויתי אתכה שבעת ימים תמלא ידם". לכן, כדי שכוהן יהפוך לממלא מקומו של אהרן – הוא צריך לעבור תהליך דומה[11], שנאמר (ויקרא ח', לד): "כאשר עשה ביום הזה צוה ה' לעשות לכפר עליכם"[12].

אמנם כל זה אינו אלא לכתחילה. אבל בדיעבד גם הראב"ד מודה שהכוהן הגדול כשר לעבודת יום הכיפורים גם אם נמשח או נתרבה בבגדים פעם אחת, וכפי שמשמע בברייתא ביומא (ה ע"א)[13]. בדרך זו נראה להסביר את מה ששנינו (משנה יומא פ"א מ"א): "ומתקינין לו כהן אחר תחתיו שמא יארע בו פסול", כלומר שאם הכוהן הגדול הראשון ייפסל – יתמנה הכוהן השני גם בלי ריבוי בגדים.

נעיין עתה בדברי הספרא (אחרי מות פרשה ה):

> "וכיפר אשר ימשח אותו", מה תלמוד לומר? לפי שכל הפרשה אמורה באהרן, אין לי אלא אהרן עצמו, מנין לרבות כהן אחר? תלמוד לומר: "אשר ימשח אותו", אין לי אלא משוח בשמן המשחה, מרובה בגדים מנין? תלמוד לומר: "ואשר ימלא את ידו", מנין לרבות כהן אחר המתמנה? תלמוד לומר "וכפר הכהן".

11. בגבורת ארי (יומא ה ע"א) כתב שריבוי הוא בלבישה בלבד בלי עבודה. על פי זה אפשר לפרש למה הרמב"ם סבר שלכתחילה הכוהן הגדול אינו צריך לעבוד בימי חנוכתו.

12. מכאן למד ר' יוחנן את דין הפרשת הכוהן הגדול לפני יום הכיפורים (יומא ב ע"א). מו"ר הרב סולובייציק זצ"ל הבין את שיטת ר' יוחנן לפי המעמד המיוחד של כהונה גדולה הנדרש עבור עבודת יום הכיפורים. עיין שיעורי הגרי"ד על עבודת יום הכיפורים ליומא שם.

13. לולא דברי הראב"ד היה אפשר לפרש שהברייתא מרבה מי שעבד שבעה ונמשח יום אחד וכן מי שעבד יום אחד ונמשח שבעה, אבל מי שנמשח יום אחד ונתרבה יום אחד – פסול. אך זה רק לעבודת יום הכיפורים, שבה צריך כוהן הממלא מקום אהרן. אבל לשאר דיני כוהן גדול די לנו בכוהן שנתרבה יום אחד ונמשח יום אחד ואפילו שעה אחת, וכלשון הספרא בפרשת אמור.

ברייתא זו צריכה ביאור. אחרי שלמדנו שעבודת יום הכיפורים כשרה בכל כוהן גדול ולא רק באהרן, הברייתא הוסיפה לרבות כוהן אחר המתמנה, ומשמע שאנו עוסקים במי שאינו כוהן גדול. וקשה, והלוא עבודת יום הכיפורים אינה כשרה אלא בכוהן הגדול? ופירש הראב"ד (ספרא שם):

> מנין שצריכין אנו להתקין לו כהן אחר שמא יארע בו פסול, וזו התקנה תהא במקום משיחה או ריבוי בגדים שצריך להיות בכהן גדול קודם יום הכפורים. ולפי שאי איפשר לו למשחו קודם לכן או להלבישו שמונה בגדים, לפי שאין ממנין שני כהנים גדולים כאחד משום איבה, ההתקנה הזו היא במקום משיחה ורבוי בגדים.

כלומר, לדעת הראב"ד ברייתא זו עוסקת בעבודת הכוהן השני שהתקינו שמא יארע פסול בכהן הגדול, והברייתא מחדשת שהתקנת הכוהן מועילה במקום משיחה וריבוי בגדים משום שאי אפשר לחנך אותו בחינוך הרגיל. אמנם לאור מה שראינו יש להקשות, מדוע אי אפשר לחנכו בחינוך הרגיל? והלוא לדעת הראב"ד שבעת ימים אינם מעכבים אפילו לעבודת יום הכיפורים!

הראב"ד נשמר מקושיה זו, וטען שהחינוך חייב להיות קודם יום הכיפורים, וכיוון שאי אפשר לחנך כוהן הדיוט שמתקינים אותו שמא יארע לכוהן הגדול פסול – לכן התורה חידשה דין התקנה החל קודם יום הכיפורים, והוא עומד במקום משיחה וריבוי בגדים. לפי פירוש הראב"ד, מחדשים בספרא שדין התקנת הכוהן אינו רק הכנה על מנת שיהיה כוהן טהור הראוי לעבודת יום הכיפורים בשעת הצורך, אלא דין חינוך נשנה כאן. ההתקנה וההכנה שבעת ימים הם מעשה חינוך בכוח, והוא יבוא לידי ביטוי בפועל אם הכוהן הגדול לא יוכל לעבוד.

נמצא, שהכוהן, על ידי התקנת שבעת ימים לפני יום הכיפורים, עבר תהליך של חינוך בן שבעת ימים בכוח, וראוי הוא למלא את מקום אהרן. לכן, אם יצטרך לעבוד – אינו זקוק לכאורה למעשה חינוך נוסף. וקשה, והרי בגמרא ביומא (יב ע"א) שאלו "במה מחנכין

אותו?". ומתוך סוגיה זו נראה שחינוך הכוהן הוא על ידי עבודתו בו ביום, ודברי הראב"ד צריכים עיון[14].

ונראה לומר, שכיוון שהתקנת הכוהן הוא מעשה חינוך בכוח, כפי שביארנו, ואם לכוהן הגדול לא יארע פסול התקנה זו לא תחול כלל – לכן אם הכוהן הגדול נפסל, הכוהן שנכנס לעבודה זקוק למעשה עבודה שיוציא את החינוך שנתחנך בשעת ההתקנה לפועל. משום כך, בסוגיה ביומא דרשו שהכוהן החדש יעבוד בפועל בבגדי כהונה גדולה, כדי שיהיה ביטוי מעשי להתקנה.

ומיושבת קושייתנו מהסוגיה ביומא, שם דרשו מעשה עבודה עם ריבוי הבגדים. והלוא הרמב"ם והראב"ד תמימי דעים שדי לנו בריבוי בגדים לבד בלי עבודה. אך לפי מה שביארנו הקושיה סרה מאליה. מפני שבגמרא ביומא לא עסקו במעשה חינוך, כי אם בהוצאת חינוך התקנת הכוהן מהכוח אל הפועל, וכפי שביארנו.

שבעת ימים ילבשם הכהן תחתיו מבניו

ראינו שלפי הראב"ד הדרישה של מעשה חינוך בן שבעה ימים נאמרה לעניין עבודת יום הכיפורים, ולדעת הרמב"ם כל כוהן גדול צריך לכתחילה חינוך של שבעה ימים. ונראה לפרש את שיטת הרמב"ם בדרך שהסברנו את שיטת הראב"ד. כלומר, על ידי מעשה חינוך כלשהו חלה קדושת כהונה גדולה. הדרישה של שבעת ימים היא כדי שהכוהן יתחנך כמו שהתחנך אהרן, וזה נצרך כדי שיכהן תחתיו וימלא את מקומו.

ואולי גם הרמב"ם מודה שמילוי מקומו של אהרן נאמר רק בעבודת יום הכיפורים. אלא שהרמב"ם סובר שלכתחילה מעשה החינוך של הכוהן הגדול אמור להכינו להיות ראוי גם לעבודת יום הכיפורים.

כעין זה הסביר מו"ר הרב סולובייצ'יק זצ"ל את פסק הרמב"ם (הלכות איסורי ביאה פי"ז הי"ג) שכוהן גדול "אינו נושא שתי נשים לעולם כאחת, שנאמר: 'אשה', אחת ולא שתים". והראב"ד השיג עליו: "לא מתחורא זאת

14. עיין בבית ישי סי' לב שדן בעניין זה.

הסברא, שלא אמרו במסכת יומא אלא 'ביתו' אמר רחמנא ולא ב' בתים, ואפשר שלא נאסר בב' נשים אלא ביום הכפורים". ובשיעורי הגרי"ד על עבודת יום הכיפורים (ליומא יג ע"א) הסביר שלפי הרמב"ם האיסור לשאת שתי נשים הוא לעולם, וטעמו הוא כדי שיהיה ראוי תמיד לעבודת יום הכיפורים. לפי זה הרמב"ם והראב"ד הולכים לשיטתם בעניין דין חינוך. לפי הראב"ד, חינוך כוהן גדול לשאר ימות השנה אינו דורש שבעת ימים כלל, ואין שום סיבה שאחרי מעשה החינוך הראשון לא יתחיל עבודה בתור כוהן גדול. הרמב"ם לעומתו סובר שמעשה החינוך של שאר ימות השנה אמור לכתחילה להפוך את הכוהן להיות ראוי לעבודת יום הכיפורים. לכן כל עוד אינו ראוי למלא את מקום אהרן – לא נגמר חינוכו לכתחילה אפילו לשאר ימות השנה.

ועוד נראה, שלפי הרמב"ם הדרישה שלכתחילה הכוהן הגדול ימלא את מקומו של אהרן לא נאמרה רק ביום כיפורים, אלא גם בכל השנה כולה הכוהן הגדול אמור למלא את מקומו של אהרן, שנאמר (שמות כ"ט, ל): "שבעת ימים ילבשם הכהן תחתיו מבניו אשר יבוא אל אהל מועד לשרת בקודש". כלומר, מעשה החינוך נועד לא רק כדי שתחול עליו קדושת כהונה גדולה, אלא גם כדי שיוכל למלא את מקומו של אהרן.

יה"ר שנזכה שיבוא בן אהרן, ויכפר על חטאותינו.

חיוב כוהן גדול בעבודת יום הכיפורים

הרב אמנון בזק והרב ראובן ציגלר

חלק א

א. הפרשיות בתורה

עבודות המקדש ביום הכיפורים מפורטות בתורה בשתי פרשיות. בספר ויקרא פרק ט"ז התורה מתארת בהרחבה את סדר העבודה של הכהן הגדול בבואו אל הקודש, והפרשה מסתיימת בציווי (פסוק כט):

> והיתה לכם לחֻקַּת עולם בחדש השביעי בעשור לחדש.

הפרק כולו מופנה אל הכוהן הגדול, מתחילתו: "דבר אל **אהרן** אחיך... בזאת יבא **אהרן** אל הקדש" (פסוקים ב–ג) ועד סופו: "וכפר הכהן אשר ימשח אֹתו, ואשר ימלא את ידו לכהן תחת אביו" (פסוק לב), ובמשך כל תיאור העבודה חוזרת התורה ומדגישה: "והקריב אהרן" (פסוקים ו, ט, יא), "ונתן אהרן" (ח), "וסמך אהרן" (כא).

שונה הוא התיאור שבפרשת פנחס, בפרק העוסק בקרבנות המוספים (במדבר כ״ט). ציווי ההקרבה שם הוא סתמי, ״והקרבתם״ (פסוק ח), והוא מקביל לחיובי הקרבנות של שאר המועדים המוזכרים שם.

נמצא, שמפשוטי המקראות משמע שהעבודות שצריכות להיעשות על ידי הכוהן הגדול הם רק עבודות היום המיוחדת ליום הכיפורים, אך את קרבנות המוספים, ולכאורה גם קרבן התמיד שמוזכר בפרשת פנחס (שם יא), יכול לעשות גם כוהן הדיוט.

ב. דין הברייתא

אולם בברייתא ביומא (עג ע״א)[1] אמרו: ״וכל עבודות יום הכיפורים אינן כשירות אלא בו״. כן משמע גם בסדר העבודה המתואר במשניות במסכת יומא: שחיטת התמיד וקטורת של שחר (פ״ג מ״ד) וקרבנות המוסף (פ״ז מ״ג) ועוד. אף על פי כן בכמה מקומות אנו רואים שכלל זה אינו מתקיים.

1. הפייסות – במסכת יומא בפרק ב מציינים במשנה את ארבעת הפייסות שהיו נוהגים בכל יום: תרומת הדשן, עבודת קרבן התמיד והעלאת האיברים לכבש, הקטרת הקטורת, והעלאת האיברים מהכבש למזבח. לכאורה על פי ההקשר אפשר להסיק שהפייסות היו נוהגים אף ביום הכיפורים, והכוהנים היו מתחלקים בעבודות הסדירות שבמקדש, נמצא שהיו עבודות שהכוהן הגדול לא היה עושה[2].
2. בגמרא יומא (מב ע״א) נחלקו רב ושמואל האם שחיטת פר כוהן גדול של יום הכיפורים כשרה בזר. לדעת רב השחיטה כשרה בזר, כיוון ש״שחיטה לאו עבודה היא״[3]. ושמואל חולק משום שנאמר ״והקריב אהרן״, וכן כתוב ״והיתה זאת לכם לחקת עולם״, ולמדו מזה ששחיטה זו פסולה בזר. ברם במקום שאין דרשה, כגון קרבן התמיד, השחיטה כשרה בזר[4].

1. וראה גם הוריות יב ע״ב, יומא לב ע״ב וחולין כט ע״ב.
2. הראשונים נחלקו בעניין זה, ובחלקו השני של המאמר נעמוד על מחלוקת זו.
3. עיקרון זה מופיע בכמה מקומות בתלמוד, ובהסברו נחלקו הראשונים, עיין בתוספות שם ד״ה שחיטה.
4. כך מדייקים התוספות (שם לב ע״ב ד״ה אם כן) וראשונים נוספים.

3. מפשט לשון המשניות משמע שהכוהן הגדול לא היה עובד בעבודות שלפני קרבן התמיד, שהרי בתיאור ליל יום הכיפורים אמרו במשנה (שם פ"א מ"ז): "בקש (=הכוהן הגדול) להתנמנם... ומעסיקין אותו עד שיגיע זמן השחיטה". והכוהן הגדול מופיע בסדר היום רק בטבילה שלפני שחיטת התמיד (שם פ"ג מ"ב).

ג. שיטת הריטב"א בשם הרמב"ן

פתרון לשאלות שהעלינו אפשר למצוא בדברי הריטב"א (יומא יב ע"ב), שכתב "בשם רבינו הגדול ז"ל", הוא הרמב"ן[5], כך:

> דמדאורייתא אין חובה בכהן גדול אלא בעבודת היום ממש, אבל תמידין ועבודות של כל יום ויום כשרות אפילו בכהן הדיוט, אלא דמצוה בכהן גדול טפי, ורבנן שוו חובה בכהן גדול אף בתמידין, ולא התירו אלא דברים שאינן עיקר העבודה... והיכא דכהן גדול חלוש, עושין עבודת התמידין אף בכהן הדיוט, והיינו דקא תני תנא דיני פייסות במכילתין.

כלומר, מן התורה עבודת היום כשרה בכוהן גדול בלבד, ועבודה של כל יום כשרה בכל כוהן. וחכמים חייבו את הכוהן הגדול לעבוד גם בעבודות הקבועות, ובמצבים שונים התירו לכוהן הדיוט לעשות אותן[6].

5. הכסף משנה (הלכות עבודת יום הכיפורים פ"א ה"ב) הביא שיטה זו בשם הרמב"ם, וכך עורר קושי רב בהתאמת הדברים לשיטת הרמב"ם שם שעליה נעמוד בהמשך. אך כבר עמדו האחרונים על שיבוש זה (עיין בהערת המהדיר לריטב"א שם, וראה תוספתא כפשוטה, יומא עמ' 724 הערה 22). יש להעיר כי אף שהריטב"א היה תלמיד מתלמידי הרמב"ן, מכל מקום העריץ את הרמב"ם ואף כתב ספר שבו הגן על הרמב"ם מפני קושיות הרמב"ן, הוא ספר הזיכרון.

6. בדרך זו הלכו גם התוספות בחולין (כט ע"ב). בגמרא (שם ע"א) הביאו את דין המשנה ביומא (פ"ג מ"ד) שאת קרבן התמיד "קרצו (=שחטו, הכוהן הגדול) ומירק (=סיים) אחר שחיטה על ידו", וביארו בגמרא שהכוהן הגדול ישחט רוב שני סימנים. בהמשך אמרו שם: "לפי ששנינו: 'הביאו לו את התמיד, קרצו ומירק אחר שחיטה על ידו', יכול לא מירק יהא פסול?" ועוד לפני סיום השאלה תמהו: "יכול לא מירק

הרש"ש בחידושיו ליומא (יב ע"א ד"ה רש"י) מביא ראיה לשיטה זו מהסוגיה להלן שם ע ע"ב. שם נחלקו כיצד יש להבין את הפסוק "מלבד עֹלת הבֹקר" (במדבר כ"ח, כג), שממנו משמע שעם קרבן התמיד היו מקריבים גם חלק מהמוספים. לדעת ר' יהודה מקריבים עם תמיד של שחר רק אחד משבעת הכבשים, ואת היתר מקריבים לאחר עבודת היום. טעמו הוא: "**דילמא חולשא חליש כהן גדול**", ופירש"י: "דילמא חליש ולא מצי למיעבד עבודת היום, **והוא עיקר הכפרה**". נמצא שאם אנו סבורים שמן התורה עבודות היום נעשות בכוהן גדול ושאר העבודות נעשות בו רק מדרבנן – מובן מדוע חששו לחולשת הכוהן הגדול דווקא בעבודות היום. אך אם כל עבודות היום הן מדאורייתא בכוהן גדול, מדוע יש לחשוש רק לחלקן?[7]

נציין שגם ר' אלעזר בר' שמעון, הסובר שעם קרבן התמיד היו מקריבים שישה מכבשי המוספים, אינו חולק על עיקרון זה, אלא שלדעתו,

יהא פסול?! אם כן הויא לה עבודה באחר, ותניא: כל עבודות יום הכיפורים אינן כשרות אלא בו!", ותירצו: "הכי קאמר: יכול יהא פסול מדרבנן?...". בתוספות (ד"ה אם כן) הקשו, מדוע התקשו בעבודה באחר, והרי גם שחיטת פר כוהן גדול כשרה באחר לפי דעה אחת, כאמור לעיל? בתוספות הוסיפו, "ואפילו מאן דפסיל – היינו דווקא פרו דקאתי לחובת יום הכיפורים. וקאי עליה 'אהרן' ו'חוקה', אבל תמיד, **דלא שייך לחובת יום הכיפורים, ולא קאי עליה 'אהרן וחוקה', לא!**". ותירצו שמכל מקום פסול מדרבנן. משמע שהעבודות שאינן מחובת יום הכיפורים חיובן אינו מן התורה בכוהן גדול.

אמנם בתוספות בסוגיה המקבילה (יומא לב ע"ב) הוסיפו משפט אחד שמשנה את כל ההבנה: "ואפילו מאן דפוסל, היינו דוקא פרו... אבל תמיד, דלא שייך לחובת יום הכיפורים – לא קאי עליה אהרן וחוקה **בשחיטה, כיון דלאו עבודה היא**". ולפי זה ההבחנה היא רק בין **שחיטת** התמיד ליתר העבודות.

7. אמנם אין זו ראיה מוחלטת, שהרי עדיין יש מקום לחלק בין העבודות הקבועות לבין עבודות היום שהתורה עצמה העידה עליהן שהן עיקר הכפרה: "והיתה זאת לכם לחקת עולם לכפר על בני ישראל מכל חטאתם" (ויקרא ט"ז, לד), ועדיף שהכוהן הגדול יעשה עבודות אלו ולא אחר.

אמנם אפשר לומר עוד, שהטעם של חולשת הכוהן הגדול נכון בכל העבודות, ראה בגבורת ארי (יומא יב ע"א), והבאר שבע (הוראיות יב ע"ב) הסביר שלא רצו להעמיס עבודות רבות על הכוהן בזמן אחד, "ונמצא טרחו של כהן גדול מתרבה, שהעבודות יהו תכופות עליו", לפיכך התחילו את העבודות מוקדם בבוקר, ולכן יש הפסקות רבות בין עבודותיו, כדי שלא ייחלש.

מבחינה פסיכולוגית, עדיף שיעשה קודם את הקרבנות הרגילים: "דילמא פשע, דלגבי עבודת היום זריז הוא"[8].

מרן הגרי"ד סולובייצ'יק זצ"ל (שיעורי הגרי"ד, עבודת יום הכיפורים, ירושלים תשס"ה, עמ' מא) מביא בשם אביו ספק בהבנת שיטת הרמב"ן:

> האם הקובע הוא עבודת היום במובן המצומצם, דהיינו הנעשית בבגדי לבן, או, כמשמע מלשונו, שלא מיעט אלא "תמידין ועבודות של כל יום ויום" – עבודה המיוחדת ליום זה. ונפקא מינה לגבי איל העם, המיוחד ליום הכיפורים אך הנעשה בבגדי זהב[9].

אם נלך בעקבות הפרשיות בתורה, הרי שמשמע ככיוון השני, שכל העבודות המיוחדות ליום הכיפורים, אף אלה הנעשות בבגדי זהב, הן כלולות בפרשת אחרי מות, שבה מודגשת עבודתו של הכוהן הגדול לאורך כל הדרך.

ברם על שיטה זו, הנראית פשוטה וברורה, ישנו קושי גדול מדברי הגמרא (יומא לב ע"ב): "גמירי: חמש טבילות ועשרה קידושין טובל כהן גדול ומקדש בו ביום"[10].

כלומר מן התורה יש חמישה שלבים בעבודת יום הכיפורים, הנובעים מחילופי העבודות שבין בגדי זהב לבגדי לבן. מכוח זה למדו בגמרא שיש כניסה מיוחדת לקודש הקודשים בבגדי לבן, והיא כדי להוציא את הכף

8. הרש"ש מביא ראיה נוספת לשיטה זו מפר כהן גדול, במשנה (יומא פ"ד מ"ג) השתמשו בביטוי: "שחטו", בניגוד לקרבן התמיד שבו נאמר: "קרצו" (ראה לעיל הערה 6). מסביר הרש"ש: "דדוקא גבי תמיד תני כן, משום דמן התורה אפילו כל השחיטה כשרה בכהן הדיוט. אבל שחיטת פרו, דדוקא בכהן גדול למאן דאמר דבזר פסולה... גזרו חכמים במירוקו אטו עיקר שחיטתו... וגם נראה, דלא לחנם נקיט התנא שם קריצה חלף שחיטה שבכל מקום, אלא דלשון קריצה הונח על חיתוך הרוב... ובפרו נקיט התנא 'שחטו', דרצה לומר כסתם שחיטה דהיא בכולה".

9. ובהמשך דבריו הביא נפקא מינה נוספת לעניין השעיר שנעשה בחוץ.

10. בהמשך מביאים בגמרא פסוק למקור לדין זה, והמפרשים דנו מה היחס בין הלימוד ממסורת, "גמירי", ובין הפסוק. ראה בתוספות ד"ה גמירי, בתוספות הרא"ש שם, תוספות ישנים שם ובריטב"א ד"ה ומהדרינן ובהערות המהדיר. המהר"ץ חיות כתב: "דכן דרך הגמרא, לחקור אחר ראיות ממקרא אף שהם הלכות מקובלות".

והמחתה, ורק כך אפשר יהיה להגיע למניין של חמש טבילות, שכן בכל החלפת בגדים טובל הכוהן הגדול. וסיכמו בברייתא את סדר העבודה:

א. בגדי זהב – תמיד של שחר.
ב. בגדי לבן – עבודת היום.
ג. בגדי זהב – אילו ואיל העם[11].
ד. בגדי לבן – הוצאת כף ומחתה.
ה. בגדי זהב – תמיד של בין הערביים.

מכיוון שאי אפשר להגיע למִכסָה זו של חמש טבילות בלי שגם העבודות הקבועות היו נעשות בכוהן גדול, הרי שמוכח מכאן שאף עבודות אלו הן מן התורה בכוהן גדול!

על קושיה זו משיב המקדש דוד (סי׳ כד, עבודת יום הכפורים סע׳ ז):

> דמדרבנן, כל עבודות התמיד אינן כשרות אלא בו, כמו עבודות היום, ומדאורייתא ליכא דין בעבודות התמיד דאין כשרות אלא בו, אבל מכל מקום מדאורייתא חובה על כהן גדול ללבוש בגדי זהב ולעבוד בעבודות התמיד ולהחליף אחר כך מבגדי זהב לבגדי לבן, וזה הוי חובה

כך השיב גם החזון איש (או״ח סי׳ קכו ס״ק י):

> ונראה דמודה הרמב״ן דבשביל מצות י׳ קידושין וחליפת בגדים, שהוא מצות היום, צריך כהן גדול... ומה שכתב הרמב״ן שאינו אלא למצוה

11. בחלוקה שבין הטבילה השלישית והחמישית נחלקו הראשונים: לדעת רש״י (יומא לב ע״א ד״ה לא משכחת) רק אילו ואיל העם היו נעשים בטבילה השלישית, ויתר המוספים קרבים בסדר החמישי עם תמיד של בין הערביים (אך להלן [שם ע ע״ב ד״ה ואחר כך] הוסיף רש״י גם את אימורי החטאת בסדר השלישי, ובפירושו לתורה [ויקרא ט״ז, כג, ד״ה ופשט] צירף גם מקצת המוספים לסדר זה), וכן דעת התוספות (שם ע ע״ב ד״ה ואחר כך). אולם הרמב״ם (הלכות עבודת יום הכפורים פ״ב ה״ב) סובר שכל הקרבנות קרבים עד סוף הסדר השלישי, ובסדר החמישי היו מקטירים את הקטורת ומטיבים את הנרות. ועיין בדברי הגרי״ד (שם עמ׳ נט-סא) בביאור השיטות השונות.

טפי בכהן גדול, מבואר שם דמדרבנן קאמר, היינו שלעניין מצות ה׳ עבודות שצריך שיהיה בכהן גדול היה סגי שיזרוק כהן גדול דם התמיד, אבל לא אכפת לן אם ישתתפו כהנים אחרים בעבודת התמיד, וחכמים תיקנו על עצם עבודת התמיד שיצטרך כל עבודה כהן גדול דווקא, וזה אינו אלא למצוה ומדרבנן...

אך למרות הסבר זה דומה שהקושי נשאר, וצריך עיון.

ד. שיטת הרמב״ם

בניגוד לשיטת הרמב״ן כתב הרמב״ם (הלכות עבודת יום הכפורים פ״א הל׳ א–ב):

> נמצאו כל הבהמות הקרבים ביום זה חמש עשרה... עבודת כל חמש עשרה בהמות אלו הקריבין ביום זה אינה אלא בכהן גדול בלבד... וכן שאר העבודות של יום זה, כגון הקטרת הקטורת של כל יום והטבת הנרות – הכל עשוי בכהן גדול נשוי, שנאמר: ״וכפר בעדו ובעד ביתו״, ״ביתו״ – זו אשתו.

לדעת הרמב״ם כל העבודות הקבועות וכן התמידין והמוספין – כולם נעשות בכוהן גדול בלבד, ולא עוד אלא שגם דין התורה ״׳ביתו׳ – זו אשתו״, חל לגבי **כל** העבודות. מדבריו משמע שביום הכיפורים כל העבודות, גם הקבועות, הופכות להיות מערכת אחת של כפרה, ואינו דומה קרבן התמיד של כל השנה לתמיד של יום הכיפורים, הנכלל בכתוב ״וכפר בעדו ובעד ביתו״.

מקבילה לרעיון זה אנו מוצאים בגמרא בזבחים (צ ע״ב – צא ע״א) שם דנו בשאלה אם תדיר קודם או מקודש, ואמרו שם: ״תא שמע: תמידין קודמין למוספין, ואף על גב דמוספין קדישי!״. כלומר, מהעובדה שקרבנות התמיד קודמים לקרבנות המוספים משמע שהתדיר, במקרה זה בכל יום, קודם למקודש, הנוהג רק בשבת. אך דחו לימוד זה שם ואמרו: ״אטו שבת למוספין אהני, לתמידין לא אהני?!״. כלומר קדושת השבת אינה באה לידי

ביטוי דווקא בקרבנות השבת, אלא מאצילה קדושה גם על קרבן התמיד, והוא שווה לקרבנות המוספים. הרי לנו דוגמה נוספת שהיום המיוחד גורם קדושה לא רק לקרבנות הבאים כחובת היום אלא גם למערכת הקבועה[12].

נסה להבין מה המקור לשיטה זו. לעיל ראינו שמהמקראות משמע שהכוהן הגדול צריך לעשות רק את עבודות היום המיוחדות, אך לא את העבודות הקבועות.

1. אפשר לומר שהלימוד שאמרו: "גמירי, חמש טבילות ועשרה קידושין טובל כהן גדול ומקדש בו ביום" הוא המקור לשיטת הרמב"ם. כלומר, כל העבודות הם הם חלק מעבודת יום הכיפורים, והם מרכיבים של תהליך הכפרה[13].
2. הרשב"א בחולין (כט ע"ב ד"ה הויא), בעניין מה שאמרו: "מירק אחר שחיטה על ידו" (ראה לעיל הערה 6), מעלה אפשרות אחרת:

> ואי נמי למאן דאמר פרו (=שחיטת פרו של יום הכפורים בזר) פסולה, לא דוקא פרו, אלא כל הקרבנות (=פסולים בזר), דגמרינן מיניה, ולא נקט התם פרו אלא משום דקרא כתיב ביה.

כלומר הלימוד שפר כוהן גדול פסול בזר (יומא מב ע"ב: "דכתיב 'אהרן' ו'חוקה'"), מלמד על פר כוהן גדול ועל כל עבודות יום הכיפורים. וגם כאן יש לומר שכל העבודות כלולות בעניין הכפרה[14].

12. בהמשך שם אמרו שעיקרון זה חל גם לגבי קדושת ראש חודש שחל בשבת, ראש השנה שמשפיע על קדושת ראש חודש שבו ועוד.
13. אפשרות זו מעלה ערוך השולחן העתיד (קדשים סי' קנז ס"ק ג).
14. מקור נוסף עולה מדברי רש"י בראש המסכת (ב ע"א), וזה לשונו: "שכל עבודת יום הכיפורים אינה כשירה אלא בו, כדיליף בהוריות בפרק בתרא, דכתיב גבי יום הכפורים: 'וכפר הכהן אשר ימשח אותו'". והיות שלגבי עבודת היום כתב רש"י (שם ה ע"א ד"ה מה) שלא צריך פסוק שנלמד ממנו שהן בכוהן גדול, שהרי "כל הפרשה באהרן נאמרה, 'בזאת יבוא אהרן', 'ונתן אהרן', 'והקריב אהרן', 'ובא אהרן'", ממילא משמע שדבריו הראשונים שהזכרנו מתייחסים לעבודות הקבועות.

דבריו בשני המקומות משתבצים כפתור ופרח למעט בעיה אחת: בגמרא בהוריות (יב ע"ב) הזכירו את הדין שכל עבודות יום הכיפורים כשרות דווקא בכוהן גדול, אך לא הביאו שום פסוק ללמוד ממנו, ומניין למד רש"י שהפסוק "וכפר הכהן אשר ימשח

הקושי המרכזי בשיטה זו הוא ביאור עניין הפייסות שהזכרנו, ובכך נעסוק בחלק השני של המאמר.

חלק ב

א. מחלוקת הראשונים בעניין הפייסות[15]

לעיל הזכרנו שהמשניות בפרק שני ביומא עוסקות בארבעת הפייסות שהיו נוהגים בכל יום במקדש[16]:

1. **הפיס הראשון** – תרומת הדשן (ומי שזכה בה היה מסדר גם את המערכה ומעלה שני גזרי עצים למזבח).
2. **הפיס השני** – שחיטת התמיד וזריקת דמו, דישון המזבח הפנימי, דישון המנורה והעלאת איברי התמיד לכבש (הכוהן שזכה בפיס היה שוחט את התמיד, הכוהן שלימינו היה זורק את הדם, וביתר העבודות, כולל העלאת איברי התמיד לכבש על ידי חמישה כוהנים, היו זוכים שאר הכוהנים שלצד ימין).
3. **הפיס השלישי** – הקטרת הקטורת.
4. **הפיס הרביעי** – העלאת האיברים מהכבש למזבח.

האם פייסות אלו נהגו גם ביום הכיפורים? בעניין זה נחלקו הראשונים. ר' זרחיה הלוי, בעל המאור, כתב (א ע"א בדפי הרי"ף ליומא):

אותו" הוא המקור לחיוב עבודת התמידים והמוספים בכוהן גדול ביום הכיפורים? האחרונים עמדו על קושי זה בניסוחים שונים, ורבים ציינו את התמיהה ולא השיבו תשובה (רש"ש, חשק שלמה [שאף כתב: "ומצוה ליישב"], זכרון שארית יוסף, ועוד). וצריך עיון.

15. ש' ליבוביץ' ("הפייסות ביום הכיפורים – ההלכה והפיוטים", עלון שבות, גיליון 134), עמד על מחלוקת הראשונים בעניין, ועל השתקפותה בפיוטים השונים שבסדר העבודה.

16. מטרת הפייסות היא כדי "להרגיש כל העזרה, שנאמר: 'אשר יחדיו נמתיק סוד, בבית אלהים נהלך ברגש'" (יומא כד ע"ב), ובירושלמי (שם פ"ב ה"א) אמרו: "כדי לעשות פומפי (=פומבי) לדבר".

> והוי יודע כי בעלי הקרובו"ת[17] שהכניסו בפיוטיהן בסדר עבודת היום ארבעה פייסות טעו כולן במשנתנו, ולא הבינו כי הפייסות החשובים במשנתנו לשאר ימות השנה הם ולא ביום הכיפורים, לפי שכל עבודת היום אינה כשרה אלא בכהן גדול.

לעומתו כתב הרמב"ן במלחמות השם (שם):

> גם בעיני יפלא, אבל אף בסדר עבודת הבבלי אשר מימי רבותינו כתוב בו פייסות, וכן בדברי הפייט הראשון ר' אליעזר ברבי קליר ובקרובות הגאונים... ואי אפשר שיטעו כל רבותינו ואבותינו ולבעל המאור הזה לבדו נתנה חכמה ואין לזרים אתו. ונתתי לבי לדרוש ולתור היאך שנו זה הפרק בסדר יומא, שהוא אמור על הסדר, והכא בזה הפרק אין בו דבר מסדר היום כלל. ועוד, היאך שנו אותו סתם ולא פירשו שהדברים אמורים בשאר הימים חוץ מן יום הכיפורים. ולפיכך נראה לי כי יש שם פייסות לעולם, ואפילו ביום הכיפורים, והם שנויות במשנתינו...

לכאורה אפשר להסביר את מחלוקת הרמב"ן ובעל המאור כך: בעל המאור סובר כשאר הראשונים שהזכרנו לעיל, שכל עבודות היום, גם הקבועות, נעשות מן התורה בכוהן גדול בלבד, וממילא אין מקום לפייסות. והרמב"ן סובר, וכשיטתו לעיל, שרק עבודות היום המיוחדות נעשות מן התורה בכוהן גדול בלבד, ולכן סובר שחכמים לא ביטלו את הפייסות לגמרי. אולם הבנה כזו אינה הכרחית כלל, ולשיטת הרמב"ן ייתכן שהיא אפילו בלתי אפשרית, וכמבואר לקמן.

גם לדעת בעל המאור ייתכן שרק עבודות היום המיוחדות נעשות מן התורה בכוהן גדול, אך כיוון שמדרבנן לכל הדעות כוהן גדול עושה

17. 'קרובות' הן הפיוטים המיוחדים לחגים ולמועדים, נקראים 'קרובות' מפני שאמר אותם הש"ץ שהיה קרב לתיבה. בעקבות הגיית ת' בדומה לסיומת es בצרפתית – השתרש השיבוש 'קרובץ'. והבית יוסף (או"ח סי' סח) כתב: "ושמעתי כי הוא ראשי תיבות: קול רנה וישועה באהלי צדיקים".

גם את העבודות הקבועות – הרי שאין מקום לפייסות. אפשר לנמק זאת בשלוש דרכים:

1. ייתכן שעצם קיום הפייסות פוגע במעמד הכוהן הגדול, שכן הפיס מערער את היות הכוהן הגדול הדמות המרכזית בעבודת היום. סברה זו בוודאי מבארת את שיטת בעל העיטור (סדר עבודת יום הכיפורים, מהד' רמ"י קח, א), שכתב: "ונראה שלא היה פיס ביום הכיפורים, אלא כהן גדול נותן לאוהבו או לקרובו", ואף שבעל המאור ודאי חולק על האפשרות לתת את העבודות לאוהביו של הכוהן הגדול, מכל מקום ייתכן שאף הוא מסכים שהבעיה היא בעצם קיום הפייסות, אלא שלדעתו, כיוון שבטלו הפייסות – נעשות כל העבודות בכוהן גדול, ולא באחר ואפילו הוא קרוב[18].
2. ייתכן שהבעיה אינה בפייסות אלא בתכליתם. דהיינו שאם כוהנים אחרים עובדים באותו יום הרי זה פוגע במעמד הכוהן הגדול, לפחות מדרבנן. במשנה (פ"ד מ"ד) אמרו: "בכל יום כהנים עולין במזרחו של כבש ויורדין במערבו, והיום כהן גדול עולה באמצע ויורד באמצע", לשון יחיד, היינו רק הכוהן הגדול עולה[19]. ופירש"י (שם מג ע"א): "והיום כהן גדול מראה כבודו וחיבתן של ישראל שהוא שלוחן". ייתכן שכבודו של הכוהן הגדול וחיבתן של ישראל בא לידי ביטוי כשהכוהן הגדול בלבד עובד ביום הכיפורים.
3. גם לשיטת הרמב"ן במלחמות לא היו מבצעים את הפייסות כדרכם בכל יום, שהרי הכול מודים שהכוהן הגדול היה עושה את עבודות התמיד, הקטורת וכו', וכדלהלן. והרמב"ן עצמו כותב אילו פייסות היו, ולדעתו בתרומת הדשן היו מפייסים שהרי היא עבודת לילה, וכן שאר עבודות ההכנה כמו סידור עצים ודישון המנורה כמבואר

18. והמהרי"ל הלכות יום כיפור (אות כג) בשם מהר"י סג"ל כתב שהפיוטים 'אמיץ כח' ו'אתה כוננת' נחלקו במחלוקת זו, אם היו פייסות ביום הכפורים או שכל העבודות נעשו בכוהן גדול.
19. אמנם הב"ח (שם מג ע"ב), בעקבות הרמב"ם (הלכות עבודת יום הכפורים פ"ב ה"ה), גורס: "והיום עולין באמצע ויורדים באמצע". והרמב"ם כתב: "בכל יום הכהנים עולים במזרחו של כבש ויורדין במערבו והיום עולים באמצע ויורדין באמצע לפני כהן גדול כדי להדרו".

לקמן. ממילא אפשר להסביר שבעל המאור סבר שכיוון שלא היו יכולים לעשות את הפייסות לפי הסדר הרגיל, ולא מצאנו בשום מקום שיש סוג אחר של פייסות – ממילא משמע שלא היו כלל פייסות.

אמנם גם הרמב"ן מודה שמן התורה הכוהן הגדול היה מקריב את הקרבנות ועושה את העבודות הקבועות (אמנם הריטב"א הציע את שיטתו בדרך אחרת). הרמב"ן דן בכל פיס לגופו, ומסביר שבכל פיס היו מפייסים על העבודות שהיו נעשות בכוהן הדיוט ביום הכפורים, ולדעתו אין לפיס קו מנחה כללי, אלא כולו נועד לפרטי העבודות, ועבודה שנעשית יש לה פיס, ועבודה שאינה נעשית אין לה פיס. המניע לכל מאמצו של הרמב"ן הוא מפני ש"אי אפשר שיטעו כל רבותינו ואבותינו" בעלי הפיוטים, וכן, "היאך שנו אותן סתם ולא פירשו שהדברים אמורים בשאר הימים, חוץ מן יום הכיפורים?".

על מנת לעמוד על שיטת הרמב"ן יש לבחון כל פיס לגופו.

ב. הפיס הראשון – תרומת הדשן

במשנה (תחילת פרק שני ביומא) מבארים מדוע תיקנו את הפיס הראשון: תרומת הדשן, ובגמרא (שם כב ע"א) אמרו ש"מי שזכה בתרומת הדשן – זכה בסידור מערכה ובשני גזרי עצים".

בניגוד ליתר הפייסות, לדעת הרמב"ן פיס זה נהג ביום הכפורים כבכל יום, "הואיל והוא כשר קודם חצות – אינו עבודת יום הכיפורים אלא עבודת לילה, ואינו בכהן גדול כלל, שלא נתנו לכהן גדול אלא עבודת היום".

יסוד דברי הרמב"ן בסוגיית הגמרא בראש פרק שני, שם ביארו מדוע החליטו להפיס על עבודה זו:

> מעיקרא סבור, כיון **דעבודת לילה היא** לא חשיבא להו ולא אתו, כיון דחזו דקאתו ואתו לידי סכנה – תקינו לה פייסא.

כלומר, הפיס נתקן כדי למנוע סכנת ריב ופגיעה בכוהנים[20]. אלא שבתחילה סברו שלא יבואו לריב על תרומת הדשן, מפני שהיא "עבודת לילה", ופירש רש"י: "לא חשיבא ליה לכהנים", כיוון שראו שכוהנים רבים רוצים להשתתף בו – תיקנו פיס. בגמרא הקשו מהעלאת איברים ופדרים, שגם לה תיקנו פייסות, אף על פי שהיא עבודת לילה; ותירצו: "סוף עבודה דיממא היא".

ושוב חזרו לדון בתרומת הדשן:

> האי נמי תחלת עבודה דיממא היא, דאמר ר' יוחנן: קידש ידיו לתרומת הדשן, למחר אין צריך לקדש, שכבר קידש **מתחילת עבודה!**

מדברי ר' יוחנן משמע שתרומת הדשן היא תחילת עבודת היום, אך בגמרא דחו הבנה זו מפני שייתכן שאפשר להבין אחרת את דבריו:

> אימא, שכבר קידש **מתחילה** לעבודה.

ולפי הסבר זה אין לראות את תרומת הדשן כתחילת עבודת היום אלא כעבודת לילה. על פי מסקנת הגמרא ביסס הרמב"ן את שיטתו.

ייתכן שבעל המאור, נוסף למה שהעלינו לעיל בשיטתו, חולק גם בנקודה זו על הרמב"ן. ויטען כי אף שבגמרא הגדירו את תרומת הדשן כעבודת לילה, הרי לכל הדעות יש לה זיקה לעבודות היום, שהרי אם קידש את ידיו לתרומת הדשן בלילה אינו צריך לקדש שוב ידיו ורגליו לעבודות היום. ומכיוון שיש לה זיקה לעבודות היום, וכל מטרתה להכשיר את עבודות היום – הרי שלעניין הפיס יש לדון אותה כעבודת היום, ולכן ביום הכפורים שכל העבודות היו בכוהן גדול – אין מפייסים עליה.

20. כמבואר במשנה שם: "מעשה שהיו שניהם שוין ורצין ועולין בכבש, ודחף אחד מהן את חבירו, ונפל ונשברה רגלו, וכיון שראו בית דין שבאין לידי סכנה – התקינו שלא יהו תורמין את המזבח אלא בפייס", וביתר חריפות בגמרא (כג ע"א): "מעשה בשני כהנים שהיו שניהן שוין ורצין ועולין בכבש, קדם אחד מהן לתוך ארבע אמות של חבירו, **נטל סכין ותקע לו בלבו**".

תכונת מיוחדת זו שבתרומת הדשן, שיש לה שייכות לעבודות הלילה ולעבודות היום, מיישבת את קושיות הרמב"ן (וראה גם תוספות שם כא ע"א ד"ה משום) שגם אם הכוהן הגדול מרים את תרומת הדשן, הרי שהיא מחייבת קידוש ידיים ורגליים לפניה, ואם כן מספר הטבילות והקידושין גדל ליותר מחמש, ובניגוד לברייתא שהזכרנו לעיל: "חמש טבילות ועשרה קידושין טובל כהן גדול ומקדש בו ביום". וכדברי הגרי"ד (שם עמ' מד):

> העובדה שתרומת הדשן סוללת את הדרך לקראת עבודת היום מספקת כדי להצריך כהן גדול לתרומה זו ביום הכיפורים לדעת בעל המאור. אך קיום של עבודת היום ממש אין כאן, היות שהיא מתבצעת בלילה, וממילא שאין למנות קידוש ידים ורגליים דתרומה זו במניין טבילות וקידושים דיום הכיפורים.

יש לציין כי רק בסוגיה הנזכרת דחו בגמרא את הגִרסה שבדברי ר' יוחנן: "שכבר קידש מתחילת עבודה", ברם במקומות אחרים הוזכרו דברי ר' יוחנן כפשוטם וללא תיקון, ומהם משמע לכאורה שתרומת הדשן נחשבת עבודת יום. במקום אחר (שם כז ע"ב) הביאו בשם ר' יוחנן שזר שסידר את המערכה חייב, והקשו: "וכי יש לך עבודה שכשירה בלילה ופסולה בזר?". ודחו קושיה זו: "והרי תרומת הדשן!", שהיא עבודה שכשרה בלילה ופסולה בזה, וחזרו ודחו: "תחלת עבודה דיממא היא, דאמר ר' אסי אמר ר' יוחנן: קידש ידיו לתרומת הדשן...". והראשונים שם העירו שסוגיה זו חלוקה מהסוגיה לעיל שם (כב ע"א), וסבורים בה כי תרומת הדשן היא עבודת יום, ובניגוד לשיטת הרמב"ן[21]. והעיר הריטב"א שם (ד"ה שכבר קידש) שהתירוץ בגמרא שם (כב ע"א) הוא "שינויא דחיקא... וליתיה אלא ללישנא קמא". כך גם משמע בהמשך הסוגיה שם (כח ע"א), ובעיקר בסוגית הירושלמי

21. בתוספות הרא"ש שם (ד"ה שכבר) כתב: "תרומת הדשן לא שייכא ליום שלפניו, **והיא תחלת עבודה לצורך היום**, והרמת הדשן מכשרת המערכה להקטרת היום, כמו תרומה שמכשרת השירים, הילכך חשיבא תחלת עבודה דיממא". יש להעיר כי דברי התוספות ישנים שם משובשים, ויש להבינם על פי דברי תוספות הרא"ש אלו.

(פ"א ה"ח), שם הביאו את דברי ר' יוחנן כפשוטם: "תרומת הדשן תחילת עבודה של מחר היא".

מקור נוסף העוסק בעניין תרומת הדשן ביום הכיפורים הוא דברי הגמרא שם (כ ע"ב), שם משמע כבעל המאור, שאף תרומת הדשן הייתה נעשית בכוהן גדול. שם אמרו שביום הכיפורים מקדימים לתרום את הדשן מחצות (ולא מזמן קריאת הגבר כבכל יום), משום "**דאיכא חולשא דכהן גדול**", ופירש רש"י: "**שהרי עליו לבדו הוא מוטל**, צריך להשכים יותר". הראשונים הסבירו את דברי הגמרא לפי שיטת הרמב"ן בשתי דרכים:

1. ריב"א (כ ע"ב בתוספות ד"ה משום) שינה את הגרסה ל"דאיכא חולשא **דכהן**", היינו כל כוהן.
2. ר"י (שם) והרמב"ן במלחמות כתבו שאין הכוונה להקל על **עבודת** הכוהן הגדול, אלא להאריך את זמן היום, "דלהכי מקדמי לתרום ולסדר מערכה ולסלק האברים שלא נתעכלו, כדי שימצא כהן גדול מזומן כל מה שצריך מיד כשיעלה עמוד השחר קודם שיהיה רעב וחלש" (לשון ר"י).

ג. הפיס השני – קרבן התמיד ודישון המזבח והמנורה

כאמור, הפיס השני כלל את עבודות התמיד, דישון המזבח והמנורה והעלאת האיברים לכבש המזבח. לגבי חלק מהעבודות, אין ספק שהכוהן הגדול היה מבצען, שהרי משנה מפורשת היא (פ"ג מ"ד):

> הביאו לו את התמיד, קרצו ומירק אחר שחיטה על ידו, קבל את הדם וזרקו, נכנס להקטיר... ולהיטיב את הנרות, ולהקריב את הראש ואת האברים.

ואכן הרמב"ן סובר שהפיס השני נעשה רק בעבודות שהמשנה לא מציינת אותן:

> הפיס השני – רוב בעלי הקרובות פירשוהו ואמרו בו: מי מדשן המזבח הפנימי ומי מדשן את המנורה. ולא כתבו בו מי השוחט, ולא מי זורק,

> ולא מי מעלה איברים לכבש, מפני ששחיטת התמיד, אף על פי שלא מצינו שחיטה שפסולה אפילו בזר, מכל מקום אינה נעשית אלא בכהן גדול שהוא מסדר היום. ואין צריך לומר, אפילו זריקה והעלאה שאינן כשירות אלא בו, שאין להם פיס כלל.

כלומר, לשיטת הרמב"ן, בפיס השני נכללו רק דישון המזבח הפנימי ודישון המנורה, שהמשניות ביומא לא כתבו שהכוהן הגדול היה עושה אותם. כעת אפשר לדון באופיין של עבודות אלו, ומדוע אין צורך שהכוהן הגדול יעשה אותן.

1. בעניין דישון המזבח הפנימי אפשר להעלות כמה אפשרויות להסבר שיטת הרמב"ן:

א. הרמב"ן עצמו כתב: "דישון המזבח הפנימי אינה עבודת יום אלא עבודת לילה, דומיא דהרמת דשן בחיצון... אלא מפני שהיא עבודה קלה לא רצו חכמים להטריח עליה לדשן בלילה, והתקינו שתהא נעשית ביום". לפי דרך זו יש להתייחס לדישון המזבח הפנימי כמו לתרומת הדשן שבה עסקנו לעיל. באופיו – הדישון הוא עבודת לילה, אלא שהוא נמנה בסידור המערכה כחלק מעבודות היום[22], וזה מפני שעבודה זו היא "עבודה קלה".

ב. הרמב"ן עצמו מעלה אפשרות נוספת להסביר מדוע כל כוהן יכול לדשן את המזבח הפנימי: "שעיקר דישון נראה שהוא מדבריהם, שאין לו עיקר מן התורה". הבנתו – מחודשת היא. שכן מכמה מקומות משמע שדישון המזבח הפנימי הוא מן התורה:

(1) במשנה במעילה (פ"ד מ"ד): אמרו: "דישון המזבח הפנימי והמנורה – לא נהנין ולא מועלין", ואמרו בגמרא (יב ע"א): "בשלמא מזבח החיצון דכתיב ביה: 'ושמו אצל המזבח'; מזבח הפנימי מנלן? אמר ר"א דאמר קרא: 'והסיר את מוראתו בנוצתה', אם אינו ענין למזבח החיצון, תנהו ענין למזבח הפנימי". ואף

22. כמבואר בגמרא (שם לג, ע"א): "אביי מסדר מערכה משמיה דגמרא... וסידור שני גזירי עצים קודם לדישון המזבח הפנימי, ודישון המזבח הפנימי קודם להטבת חמש נרות".

שרש"י שם פירש שהלימודים נאמרו לעניין דין מעילה, התוספות (ד"ה בשלמא) דחו פירוש זה, ולשיטתם השאלה היא מהיכן למדנו שיש דישון למזבח[23], משמע אפוא שדישון המזבח הפנימי הוא מן התורה.

(2) בירושלמי יומא (פ"ב ה"ב) אמרו: "מניין לדישון מזבח הפנימי? 'והזה עליו והקטיר', מה הזייה בגופו אף הקטרה בגופו", ומשמע שהדישון הוא מן התורה.

הגרי"ד (שם עמ' מח) תירץ בשם אביו שהרמב"ן מודה שעיקר הדישון הוא מן התורה, אך סובר שמן התורה לא צריך לדשן את המזבח בכל יום אלא לפרקים בלבד[24].

ג. כיוון אחר כתב במקדש דוד (סי' כד, עבודת יום הכיפורים, סע' א): "ונראה מזה שכל עבודה שהיא בשאר ימות השנה בשניים – אף ביום הכיפורים עבדינן בשניים...". כלומר יש שני סוגים של עבודות שנעשות בריבוי כוהנים:

(1) ריבוי הכוהנים בהקרבת התמיד, שאותו עושים שלושה עשר כוהנים – מטרת הריבוי היא כדי שכוהנים רבים יזכו להיות שותפים בהקרבה, אך לעצם הריבוי אין משמעות עצמית, ועל כן ביום הכיפורים הכול נעשה על ידי הכוהן הגדול.

(2) ריבוי הכוהנים בעבודות דישון המזבח הפנימי והמנורה – טעם הריבוי הוא כדברי הירושלמי (פ"ב ה"א): "לעשות **פומפי** (=פומבי) לדבר". ריבוי הכוהנים היה לצורך עבודת המקדש,

23. כך פירשו גם רבנו גרשום (שם יא ע"ב) והתוספות ביומא (נט ע"ב ד"ה והרי), וכן משמע בירושלמי יומא (פ"ב ה"ב), בשיטת ר' פדת בשם ר' לעזר.

24. הרמב"ן מביא ראיה לדבריו שדישון המזבח הפנימי לא היה נעשה בכוהן גדול, שהרי הדישון היה נעשה בין שחיטת התמיד לזריקת דמו, ובזמן הדישון היה צריך הכוהן הגדול לתת את הדם לממרס כדי שלא יקרוש, כמו ששנינו לגבי זריקת דם הפר. ומכיוון שנתינת הדם לממרס לא הוזכרה אלא לגבי דם הפר, מוכח שהכוהן הגדול זרק את דם התמיד מיד לאחר שחיטתו, ודישון המזבח הפנימי נעשה בכהן הדיוט. והקשה הגרי"ד (שם עמ' מו), והרי מפורש במנחות (כא ע"א) שקרישת הדם אינה פוסלת בחטאות חיצוניות, ומן הסתם הוא הדין אף בשאר הקרבנות, ואם כן מובן מדוע נתינת הדם לממרס הוזכרה רק לגבי דם הפר, שהיא חטאת פנימית, ולא לגבי דם עולת התמיד. עיין שם שתירץ בדוחק וכתב שהדבר צריך תלמוד.

כדי שהעבודה תעשה בפומבי ובעסק גדול. ולכן אין חוששים לאיסור ביאה ריקנית למקדש, ולמרות שאפשר שכוהן אחד יעשה את העבודה – משתמשים בשניים. וכיוון שדישון המנורה היה נעשה ביום הכיפורים בכוהן הגדול, ממילא דישון המזבח הפנימי היה נעשה בכוהן אחר.

2. דישון המנורה. הרמב"ן טען שגם דישון המנורה לא היה נעשה בכוהן גדול, ולדבריו יש לחלק בין שני מושגים: דישון המנורה והטבת הנרות. **דישון המנורה** הוא "הסרת הפתילות שכבו וכל השמן שבנר" (ראה מנחות פח ע"ב), ונמצא ש"דישון זה של מנורה דומה לדישון המזבח הפנימי, והוא הדין והוא הטעם, שמפני **שאינה עבודה אלא מכשירי עבודה** – מפני כך לא הצריכן הכתוב לכהן גדול". אולם **הטבת הנרות**, נתינת שמן ופתילות אחרות, כשרה רק בכוהן גדול, כפי שאמרו במשנה (יומא פ"ג מ"ד): "נכנס להקטיר קטורת של שחר **ולהיטיב** את הנרות". וביאר הגרי"ד (שם עמ' מח) שדישון המנורה הוא צורך המנורה, דהיינו לשמור עליה נקייה כדי לאפשר את ההדלקה בה, ולפיכך הדישון הוא רק מכשירי עבודה, ברם הטבת הנרות נעשית בנרות עצמן והיא עבודה ממש, ולכן ביום הכיפורים אינה כשרה אלא בכוהן גדול[25].

בהמשך הקשה הרמב"ן:

> ואם תשאל, מפני מה לא אמרו שידשן כהן גדול מאחר שהוא מטיב, כמו שעושין בכל יום שהמדשן הוא מטיב, כדאיתא בסדר התמיד?

ותירץ:

25. שיטה זו אינה מקובלת על כל הראשונים. רש"י בזבחים (קיב ע"ב בד"ה המטיב את הנרות) כתב: "מדשן את המנורה בבקר" (כך משמע גם מדבריו בסנהדרין פג ע"א ד"ה לא משום זרות). כך משמע גם מתוספות (מעילה יא ע"ב – יב ע"א ד"ה בשלמא), שציינו שהפסוק "בהיטיבו את הנרות" מוסב על דישון. וכן כתב הרשב"א בתשובה (חלק א סי' שט). ויש להעיר כי שיטת הרמב"ם (הלכות תמידין ומוספין פ"ג הי"ב) היא ש"הדלקת הנרות היא הטבתם", וראה גם בדבריו בהלכות עבודת יום הכפורים פ"ב ה"ב, ובראב"ד שם.

> אין זו שאלה, **שלא דיו מה שהטילה עליו תורה**, אלא שנטיל עליו עבודות אחרות?!

משמע שהטבת הנרות היא "מה שהטילה עליו תורה", ומוכח שוב שלדעת הרמב"ן כאן, ובניגוד לשיטתו המובאת בריטב"א, כל עבודות היום, אף בעבודות הקבועות שאינן מיוחדות ליום הכיפורים, הם חובת הכוהן הגדול מן התורה, וכפי שהזכרנו לעיל.

ד. הפיס השלישי – הקטורת

לגבי הקטורת מפורש במשנה (שם):

> נכנס להקטיר קטורת של שחר.

כיצד אפשר לקיים את הפיס השלישי (משנה שם פ"ב מ"ד): "חדשים לקטֹרת באו והפיסו[26]"? והלוא הכוהן הגדול מקטיר את הקטורת! הרמב"ן כתב שהפיס נועד כדי לבחור כוהן שיסייע בהקטרה ויאחז במחתה, שהרי במשנה בתמיד (פ"ה מ"ד-מ"ה) מתוארת עבודתם המשותפת של "מי שזכה בקטֹרת" ו"מי שזכה במחתה". אמנם, היה פיס אחד לשתי העבודות, ו"מי שזכה בקטורת אומר לזה שעל ימינו: 'אף את למחתה'. נמצאתה אומר: שני כהנים היו מתברכין בכל פעם" (ירושלמי יומא פ"ב ה"ג). וביום הכיפורים, אף שאת הקטורת היה מקטיר הכוהן הגדול – עדיין יש טעם להפיס על המחתה.

הרמב"ן מדגיש שכל זה דווקא בקטורת שבכל יום, ברם בקטורת המיוחדת ליום הכיפורים, שמכניסה לפני ולפנים, הכוהן הגדול בלבד היה נכנס ומבצע את שתי הפעולות. כך מפורש בתוספתא (מסכת יומא פ"ב הי"א):

26. בגמרא (שם כו ע"ב) ביארו שלפיס הקטורת ניגשו רק כוהנים שעדיין לא זכו בה, "מעולם לא שנה אדם בה", והטעם "מפני שמעשרת", שנאמר "ישימו קטורה באפך... ברך ה' חילו" (דברים ל"ג, י-יא).

> בכל יום שני כהנים נכנסין, אחד בכף ואחד במחתה; היום נוטל את המחתה בימינו ואת הכף בשמאלו. במי דברים אמורים? בקטורת שלפני ולפנים, אבל בקטרת של מזבח הזהב הרי הוא כקטרת של שאר ימות השנה.

סברה זו מתחזקת לאור סברתו של המקדש דוד שהזכרנו לעיל, שעבודה שביסודה נעשית בשניים – אף ביום הכיפורים מתבצעת בשניים. וכיוון שבכל השנה הקטרת הקטורת הייתה נעשית בשני כוהנים – אף ביום הכיפורים יש חשיבות "לעשות פומבי לדבר", וכדלעיל.

ה. הפיס הרביעי – העלאת האיברים למזבח

גם כאן, לכאורה, מפורש במשנה (יומא פ"ג מ"ד):

> נכנס להקטיר... ולהקריב את הראש ואת האברים.

כדי ליישב את מציאותו של הפיס הרביעי גם ביום הכיפורים נדחק הרמב"ן להסביר שמדובר באיברים שנותרו מערב יום הכיפורים, ומסדרים אותם על המערכה הרביעית של איברים ופדרים, וכשיטת ר' מאיר (שם מה ע"א). ואפילו לדעת חכמים שם, שסוברים שאיברי חול אינם קרבים ביום הכיפורים, מכל מקום "משכחת לה בשל אחר השבת, דחלבי שבת קרבים ביום הכפורים, והעלאה זו עבודת לילה היא, או סוף של יום שעבר, ואינה מסדר היום, והיא צריכה פיס, כדמפורש (שם כב ע"א): 'והרי אברים ופדרים דעבודת לילה היא, ותקינו לה רבנן פייסא'"[27].

הבעיה בהעמדה זו היא שההלכה היא כר' עקיבא (שבת קיד ע"א), שחלבי שבת אינם קרבים ביום הכיפורים (ראה רמב"ם הלכות תמידין ומוספין פ"א ה"ז). לכן כתב בתוספות יום טוב (פ"ב מ"ב) הסבר אחר: "דפיס הרביעי היה לשיושיטו האיברים לכהן גדול, והכהן הגדול זרקן ומעלן למערכה, וכדתנן בסוף תמיד נשחט, שכך דרכו של כהן גדול בכל

27. ואמרו בגמרא שם: "סוף עבודה דיממא היא".

יום כשרוצה להעלות האיברים, וכך היו עושין גם ביום הכיפורים משום כבודו וגדולתו״[28].

סיכום

סקרנו את המקורות המרכזיים שדנו בתפקידו המרכזי של הכוהן הגדול ביום הכפורים במקדש. ראינו שיש שצמצמו את תפקידו ויש שהרחיבוהו. ראינו שהנגזרת של מחלוקת זו היא ההבנה של הפייסות ביום הכפורים.

״ואל מלך יושב על כסא רחמים, יזכנו לראות בבניין בית עולמים, ואז תדע דברי מי קיימים״ (הרמב״ן בסוף דבריו).

28. לא עמדנו כאן על שיטת הרמב״ם בעניין הפייסות. בראש פרק ד מהלכות עבודת יום הכפורים כתב הרמב״ם: ״**מפיסין לתרומת הדשן** ומסדרין את המערכה ומדשנין את המזבח **כדרך שעושין בכל יום** על הסדר שביארנו, עד שיגיעו לשחיטת התמיד״. נמצא, שלדעת הרמב״ם הפיס הראשון התקיים כרגיל, ולכאורה משמע שפייסו גם לדישון המזבח, וכעין דברי הרמב״ן. בהמשך דבריו הרמב״ם לא הזכיר פייסות, ובעניין הקטורת משמע מדבריו (שם פ״ב ה״ה) שהכוהן הגדול היה גם חותה בגחלים, כמו בקטורת שלפני ולפנים, ובניגוד לדעת הרמב״ן (כן כתב בגחלי אש סי׳ כה אות א).
לגבי חלק מהעבודות יש מקום לדון: בעניין דישון המנורה נקט הרמב״ם בלשון ״ומטיב את הנרות״, וגם כאן ייתכן שהוא מקבל את חילוקו של הרמב״ן בין דישון המנורה והטבת הנרות (אך אפשרות זו צ״ע מדבריו בהלכות תמידין פ״ג הי״ב ושם הי״ז, שם מפורש שהטבה לחוד ודישון לחוד). ואף עניין להעלאת האיברים לכבש, בפיס השני, כתב הרמב״ם רק ״ומקטיר איברי התמיד״, נמצא שלשיטתו ייתכן שהעלאה הייתה נעשית בכוהן הדיוט (עיין בערוך השולחן העתיד, קדשים סי׳ קנז ס״ק ט). והדברים צריכים תלמוד.

חינוך כוהן גדול – מלכות ושליחות

הרב יעקב פרנצוס

במאמר זה נדון ביחס בין קדושת המשיחה של הכוהן הגדול לקדושת ריבוי הבגדים.

ריבוי בגדים ומשיחה

שנינו ביומא (ה ע"א) שכוהן גדול מתקדש בריבוי בגדים ובמשיחה:

> דתניא: "וכפר הכהן אשר ימשח אותו ואשר ימלא את ידו לכהן תחת אביו", מה תלמוד לומר? לפי שנאמר: "שבעת ימים ילבשם הכהן תחתיו מבניו", אין לי אלא נתרבה שבעה ונמשח שבעה, נתרבה שבעה ונמשח יום אחד, נתרבה יום אחד ונמשח שבעה, מניין? תלמוד לומר: "אשר ימשח אותו ואשר ימלא את ידו".

ובמסכת הוריות (יב ע"ב) מבואר שגם ריבוי בגדים בלבד מועיל לחינוך כוהן גדול:

"ומלא את ידו ללבוש את הבגדים", זה מרובה בגדים. על כולן הוא אומר: "ראשו לא יפרע ובגדיו לא יפרום ועל כל נפשות מת לא יבא".

בברייתא ביומא מבואר שלכתחילה מושחים כוהן גדול שבעה ימים ומרבים אותו בבגדים שבעה ימים, ובדיעבד מסתפקים במשיחה יום אחד ובריבוי שבעה ימים או בריבוי יום אחד ובמשיחה שבעה ימים. אך לא מוזכרת אפשרות של כוהן גדול שעובד בלי חינוך שבעה ימים, שלא נמשח או שלא נתרבה בבגדים. ואילו בגמרא בהוריות מבואר שאם כוהן גדול התרבה בבגדים בלבד הרי הוא כלול בפרשת כוהן גדול.

הרמב"ם (הלכות כלי המקדש פ"ד הי"ג) פוסק שבדיעבד מסתפקים בחינוך כוהן גדול ביום אחד, משיחה או ריבוי בגדים:

> וכשם שריבוי בגדים שבעה כך משיחה בשמן שבעה יום אחר יום. ואם עבד קודם שיתרבה בבגדים כל שבעה או קודם שימשח כל שבעה – עבודתו כשירה. הואיל ונתרבה או נמשח פעם אחת – נעשה כהן גדול לכל דבר.

הראב"ד שם חולק, וסובר שרק לעניין עבודת יום הכיפורים יש צורך בחינוך שבעה ימים. אך לגבי דיני הקדושה של כוהן גדול המוזכרים בפרשת אמור די בחינוך יום אחד. הראב"ד אף סבור שכוהן גדול שהתחנך יום אחד עובד לכתחילה בשמונה בגדים[29].

קדושת כוהן מרובה בגדים – מחלוקת חכמים ור' מאיר

במשנה בהוריות (פ"ד מ"ד) שנינו שאין בין כוהן המשוח בשמן המשחה לכוהן מרובה בגדים אלא פר הבא על כל המצוות. רבי מאיר חולק וסובר שמרובה בגדים מביא פר הבא על כל המצוות כמו כוהן משוח.

29. בתוספות ישנים ביומא (ה ע"א ד"ה נתרבה) ציינו לסוגיה בהוריות, וכתבו שגם לפי הסוגיה ביומא די בריבוי בגדים בלבד, אלא שלא היה צורך להזכיר שם דין זה. באורח מישור (נזיר מז ע"ב) הבין בדעת הרמב"ם שבזמן שיש שמן המשחה – המשיחה מעכבת, אך לכאורה דבריו אינם מוכרחים.

לפי רבי מאיר אין הבדל בין מרובה בגדים ומשוח בשמן המשחה. ואף שלכתחילה צריך גם משיחה שבעה ימים וגם ריבוי בגדים שבעה ימים, מכל מקום גם אם לא הייתה משיחה – קדושת הכוהן הגדול חלה במלואה. חכמים סוברים שיש שוני בין כוהן משוח ומרובה בגדים.

מהגמרא בנזיר (מז ע"א – מז ע"ב) משמע שיש חיסרון בקדושת כוהן מרובה הבגדים לעומת כוהן משוח. בגמרא דנו במקרה ששני כוהנים גדולים פגעו במת מצווה, ואחד מהם צריך להיטמא, מי קודם?

> משוח בשמן המשחה ומרובה בגדים – משוח בשמן המשחה עדיף, דאילו משוח בשמן המשחה מביא פר הבא על כל המצוות, ואילו מרובה בגדים אין מביא.

נראה כי הקביעה שהכוהן מרובה הבגדים ייטמא היא מפני שקדושתו פחותה, ודין פר הבא על כל המצוות הוא ביטוי לכך. לפי זה לדעת ר' מאיר, שסובר שקדושתם שווה, אין סיבה שמרובה הבגדים ייטמא לפני המשוח.

נראה שיש שתי דרכים להבין את היחס בין הקדשת כוהן משיח לכוהן גדול ובין הקדשת מרובה בגדים לפי חכמים:

לפי הדרך הראשונה, חינוך על ידי משיחה שונה מחינוך על ידי ריבוי בגדים. אך ייתכן שאופי החינוך שווה אף שהתוצאה שונה. משיחה היא טקס של מינוי לתפקיד מיוחד: כמו שמלך נמשח – כך כוהן גדול נמשח. ייתכן שגם ריבוי בגדים הוא טקס של מינוי: מלבישים כוהן הדיוט בבגדים המיוחדים לכוהן גדול, ועל ידי זה ממנים אותו להיות כוהן גדול. אך כדי למנות כוהן גדול המביא פר הבא על כל המצוות צריך דווקא משיחה.

אפשרות אחרת היא שהשוני בין מעמד כוהן משוח למעמד כוהן מרובה בגדים הוא ביטוי להבדל בין משיחה לריבוי בגדים. משיחה מייחדת ומקדשת את הכוהן, אך לא כן ריבוי הבגדים, שהוא רק היכר שאדם זה הוא כוהן גדול. אמנם, מאחר שהתמנה להיות כוהן גדול – ממילא נאסר בכל הדברים האסורים לכוהן הגדול.

לפי הדרך הראשונה יש ביניהם הבדל בכמות, ולפי הדרך השנייה הבדל באיכות.

ביומא (יב ע"א) שאלו כיצד מחנכים כוהן גדול אם הכוהן הגדול נפסל אחרי תמיד של שחר: "במה מחנכין אותו?", ופירש"י (ד"ה במה מחנכין אותו):

> ובמה הוא **ניכר** שהוא כהן גדול מעולם, והיכן יצא מהדיוטות, שתהא עבודת היום נעשית בכהן גדול?

רב אדא בר אהבה תירץ שמחנכים את הכוהן הגדול בחגירת אבנט. רש"י הסביר שהכוונה שאבנט של כוהן גדול ביום הכפורים הוא מבוץ, ואילו האבנט של שאר הכוהנים הוא מכלאיים[1].

אמנם ייתכן שמשיחה וריבוי בגדים מבטאים שני פנים שונים של הכוהן הגדול. מצד אחד יש לכוהן הגדול קדושה מיוחדת הבאה לידי ביטוי באיסורים המיוחדים לו. כוהן גדול לא פורע ולא פורם, מוזהר על אלמנה, מצווה על בתולה ואינו מיטמא לקרובים. מצד שני יש לכוהן הגדול תפקיד מיוחד בעבודתו כל השנה בשמונה בגדים. הדבר בא לידי ביטוי כאשר הכוהן הגדול מקריב אונן ומצווה שלא לצאת מן המקדש, לעומת כוהן הדיוט שאינו מקריב אונן ואינו מצווה שלא לצאת מהמקדש. לכתחילה חינוך הכוהן הגדול מתייחס לשני ההיבטים האלו. המשיחה מקדשת את מעמדו האישי, העצמי, של הכוהן הגדול, וריבוי הבגדים מייחד את הכוהן הגדול כמי שממונה לעבוד בקביעות במקדש בשמונה בגדים. ואף שבדיעבד הכוהן הגדול מתקדש גם על ידי ריבוי בגדים, מכל מקום אפשר שמכוח קדושת ריבוי הבגדים ועבודתו במקדש ממילא הוא מחויב בכל מצוות הכוהן הגדול, שאין זה מכבודן של ישראל שיעמוד להם כוהן גדול שאין לו קדושת גברא של כוהן גדול. אך עיקר קדושתו לא נובעת מעצמו, אלא עבודתו גורמת לו קדושה. עתה מובנת דעתם של חכמים שקדושת מרובה הבגדים נמוכה מקדושת המשוח[2].

1. הראשונים שם (ראה ריטב"א) אמרו שבגמרא לא אמרו שהכוהן מתקדש במשיחה בשמן המשחה מכיוון שהשאלה נשאלה על כוהני בית שני, אחרי שנגנז שמן המשחה. ולקמן נדון מדוע לא אמרו שיתקדש בריבוי בגדים.
2. ייתכן שאף רבי מאיר מודה שיש אופי שונה למשיחה ולריבוי הבגדים, אך לדעתו כל כוהן שעובד בשמונה בגדים ממילא גם מתקדש בקדושה המלאה של הכוהן

תהליך החינוך של כוהן שנמשח ולא נתרבה בבגדים הוא הפוך. מכיוון שנמשח – ממילא הוא נכנס לעבודה קבועה במקדש ועובד בשמונה בגדים. כך פוסק הרמב"ם שם:

> ואם עבד קודם שיתרבה בבגדים כל שבעה או קודם שימשח כל שבעה עבודתו כשירה, הואיל **ונתרבה או נמשח** פעם אחת – נעשה כהן גדול לכל דבר[3].

אמנם יש מקום לומר שמשיחה לבד אינה מועילה לחנך כוהן גדול שאמור לעבוד בשמונה בגדים. במקורות לא מצאנו לימוד מפורש שאפשר לחנך כוהן גדול במשיחה בלבד. וכפי שכתבנו לעיל, המשיחה וריבוי הבגדים מייצגים שני צדדים שונים בקדושת הכוהן, וכשם שהכוהן נזקק למשיחה כדי לקבל קדושת גברא – כך הוא זקוק לריבוי הבגדים להיכנס לקדושת עבודה.

קדושת כוהן משוח מלחמה ומשיחת בני אהרן

לפי מסקנת הגמרא ביומא (עג ע"א) משוח מלחמה עובד בארבעה בגדים ואינו עובד אונן, כמבואר בהוריות (יב ע"ב), אך כל האיסורים שיש לכוהן גדול חלים גם עליו. המשיחה מקדשת את האדם, קדושת גברא, אך אותה קדושה אינה גוררת עבודה בשמונה בגדים[4], וכך משמע בדברי רש"י (יומא שם ד"ה ואם איתא).

הרמב"ן בפירושו לויקרא (י', ז) הקשה, מדוע אלעזר ואיתמר לא נטמאו לאחיהם נדב ואביהוא, והרי כוהן הדיוט נטמא לקרובים? הרמב"ן הציע שני הסברים: לפי ההסבר הראשון אלעזר ואיתמר היו רשאים להיטמא לקרובים כמו כל כוהן הדיוט אך מפני הוראת שעה לא עשו כן. בהסבר

המשוח. ונחלקו אם קדושה זו, שבאה לו בעקיפין, מתלבשת בו בצורה מלאה או רק חלקית.

3. כך מבואר בתוספות ישנים ובריטב"א (יב ע"א ד"ה במה מחנכין אותו), שמשיחה לבד מועילה לחנך כוהן גדול. וראה לעיל הערה 1.

4. אפשר לומר שמשיחה אינה גוררת בהכרח עבודה בשמונה בגדים, אך משיחה לשם כוהן גדול כוללת גם עבודה בשמונה בגדים.

השני מבאר הרמב"ן שמפני שאלעזר ואיתמר נמשחו – חל עליהם איסור טומאה לקרובים כפי שהוא חל על הכוהן הגדול. ואף שאלעזר ואיתמר עבדו בבגדי כוהן הדיוט – הייתה להם קדושה אישית כמו לכוהן גדול.

נמצא, שלפי דין כוהן משוח מלחמה ולפי הסברו השני של הרמב"ן יש הבדל בין משיחת כהונה לקדושה עצמית שגוררת איסורים כשל כוהן גדול, לבין קדושת ריבוי בגדים שהיא קדושת עבודה[5].

את ההבנות השונות באופי ריבוי הבגדים אפשר להעתיק למחלוקת בעניין מינוי משוח מלחמה. בגמרא (יומא עב ע"ב) נחלקו בכמה בגדים משמש כהן משוח מלחמה. לפי רב דימי, משוח מלחמה עובד בשמונה בגדים. ובתוספות ישנים (שם לט ע"א ד"ה למה סגן בימינו) מבואר שאף לרב דימי משוח מלחמה היה רק בבית ראשון, לפני שיאשיהו גנז את שמן המשחה. ברם המנחת חינוך (מצוה קז ועוד) מעלה אפשרות שגם בבית שני היה כוהן משוח מלחמה, מפני שלדעתו אפשר היה לחנכו בריבוי בגדים ולא היה צריך שמן[6].

אם ריבוי בגדים הוא מינוי כמו משיחה – ייתכן שיועיל אף למשוח מלחמה, מפני שעל ידי ריבוי בגדים נותנים לכוהן המתרבה מעמד מיוחד. אך אם ריבוי בגדים מבטא ביסודו את כניסת הכוהן הגדול לתפקיד המיוחד במקדש, ומכוח תפקידו יש לו מעמד של קדושת מצוות הכוהן הגדול – ודאי שריבוי בגדים לא יועיל למשוח מלחמה. ברור

5. הגרי"ז (סוטה מב ע"א) הסביר שזאת הסיבה שהמשנה בסוף הוריות (פ"ג מ"ה) לא כתבה שיש חילוק בין כוהן גדול לכוהן הדיוט לגבי יציאה מהמקדש, מכיוון שאיסור היציאה אינו תלוי בתפקידו ככוהן גדול, אלא אם כוהן נמשח ונתרבה בבגדים – אסור לו לצאת מהמקדש.

6. יש להעיר כי בכתב העת פרדס ב (שנת ת"ש) כתב הרב משה סולובייצ'יק בשם אביו הגר"ח שאת פרשת כוהן משוח מלחמה יכול לקרוא גם כוהן גדול עצמו. ולפי זה תירץ הרב משה גאלדבערג בפרדס ט את הסתירה בין העדויות של ספר יוסיפון, שם נכתב שיהודה המכבי קרא את פרשת משוח מלחמה, ובין השיטה שלא היה כוהן משוח מלחמה בבית שני. אמנם הגר"מ הוסיף שם שלפי המאירי, כוהן גדול לא יכול לקרוא את פרשת משוח מלחמה, וזה ודאי סותר את העדויות מיוסיפון. והמנחת חינוך (שם) כתב שמא היו נקראים בשם 'משוח מלחמה' לכבוד בלבד, "אבל לא היתה להם כלל קדושת משוח מלחמה לענין הה' דברים", ואפשר שיהודה המכבי קרא את הפרשות רק כזכר לדין משוח מלחמה.

שהעבודה בריבוי בגדים אינה התשתית שעליה אפשר ליצור את קדושתו המיוחדת, אלא היא תוצאה מכך. אם עיקרו של ריבוי הבגדים הוא ההיכר – נראה שהוא לא יועיל למשוח מלחמה, מפני שדווקא הכוהן הגדול, שתפקידו העיקרי לעבוד בשמונה בגדים, ניכר על ידי לבישת אותם בגדים.

מחלוקת רש"י והרמב"ם אם ריבוי בגדים מועיל גם בלי עבודה

ייתכן גם שצורת החינוך על ידי ריבוי בגדים תלויה באופי החינוך.

רש"י (יומא ה ע"א ד"ה ריבוי שבעה) סובר שריבוי בגדים מחנך רק אם הכוהן הלובש את הבגדים עובד בהם, וזה לשונו:

> ריבוי שבעה – **שישמש** כהן הגדול שבעה ימים רצופים כשממנין אותו בכהונה גדולה, **וילבש שמונה בגדים בשעת עבודה.** וריבוי לשון מרבה, מרובה בגדים שהוא משמש בשמונה וההדיוט בארבעה.

אולם הרמב"ם, שהזכרנו את דבריו לעיל (הלכות כלי המקדש פ"ד הי"ג), סובר שריבוי בגדים אינו תלוי בעבודה:

> כיצד מרבין אותו בבגדים? לובש שמונה בגדים ופושטן וחוזר ולובשן למחר שבעת ימים יום אחר יום, שנאמר: "שבעת ימים ילבשם הכהן תחתיו מבניו". וכשם שריבוי בגדים שבעה – כך משיחה בשמן שבעה יום אחר יום. ואם עבד קודם שיתרבה בבגדים כל שבעה או קודם שימשח כל שבעה – עבודתו כשירה, הואיל ונתרבה או נמשח פעם אחת – נעשה כהן גדול לכל דבר.

הראב"ד שם מדייק שלפי הרמב"ם לכתחילה אינו עובד בימי המשיחה, והראב"ד עצמו חולק וסובר ש"אין זה מן החכמה", אלא הכוהן הגדול היה עובד בתוך שבעת ימי החינוך, ורק לעבודת יום הכפורים היה ממתין שיעברו ימי חינוכו. אמנם גם לפי הראב"ד לא ראינו דרישה שריבוי הבגדים יהיה דווקא בצירוף עבודה.

אפשר לפרש שהמחלוקת בין רש״י לרמב״ם תלויה בהבנות השונות באופי החינוך שעל ידי ריבוי בגדים. אם המשמעות של ריבוי בגדים היא כניסת הכוהן הגדול לתפקידו – ודאי שיש צורך בעבודה, וזו דעת רש״י[7]. אך אם ריבוי הבגדים הוא מינוי פורמלי כמו משיחה – מסתבר שאין צורך בעבודה, ודי בלבישת הבגדים, וזו דעת הרמב״ם.

הרמב״ם גם פוסק (שם הט״ו):

ואין מושחין אותו אלא ביום... וכן אם נתרבה בבגדים בלבד אין מרבין אותו אלא ביום.

הכסף משנה מציע שאולי הרמב״ם למד דין זה מההיקש בין משיחה לריבוי בגדים. אם לבישת הבגדים היא מינוי כמו משיחה – מובן ההיקש למשיחה, אך אם ריבוי הבגדים מועיל מצד שהוא תחילת עבודה – נראה יותר לומר שאין צורך דווקא בלבישה ביום[8].

הרש״ש ביומא (יב ע״א ד״ה גמרא) מעלה אפשרות שאין היכר בלבישת שמונה בגדים בלי עבודה, שהרי גם משוח מלחמה לובש שמונה בגדים בשעה שהוא שואל באורים ותומים. לפי זה, גם אם לבישת שמונה בגדים מועילה מצד היכר ולא מצד תחילת עבודה – עדיין יש צורך בעבודה כדי להראות שאמנם מדובר בלבישת כוהן גדול ולא בלבישת משוח מלחמה.

אפשר גם לומר, שאף שלבישת שמונה בגדים היא טקס פורמלי של מינוי, מכל מקום רק לבישת בגדים היא בעלת משמעות מועילה, אך כל זה הוא רק אם הלבישה מכשירה את הכהן הגדול. וכיוון שכוהן גדול

7. ואף שבשבעת ימי המילואים אהרן לא עבד – מכל מקום לדורות יש צורך בעבודה. וייתכן שאהרן לא עבד מפני שעוד לא היה אפילו כוהן הדיוט, ולא היה שייך בעבודה כלל, ובסוף חינוכו יצר את קדושת הכהונה, לו ולדורות. אבל לדורות יש לכוהן הגדול קדושה זו, והוא שייך בעבודה מכוח קדושת זרעו של אהרן.

8. כך הציע הרב מרדכי אילן בספר תורת הקדש (חלק ב סי׳ מז), ואף שדבריו אינם מוכרחים, מכל מקום הם מסתברים. וראיה לדבריו אפשר להביא מהחילוק שבין משיחה עם ריבוי בגדים לעומת ריבוי בלי משיחה, כמבואר להלן.

יכול לעבוד רק בשמונה בגדים – ממילא העבודה דווקא בשמונה בגדים מעניקה חשיבות ללבישתם.

שיטת הגרי"ד סולובייצ'יק בהבנת דברי הרמב"ם

הגרי"ד סולובייצ'יק זצ"ל (שיעורים לעבודת יום הכפורים, ירושלים תשס"ה, עמ' כב ואילך) מבאר שאף שלדעת הרמב"ם, הכוהן הגדול מתקדש מיד בלבישת בגדים בלבד, מכל מקום אינו יכול לעבוד עד שילבשם שבעה ימים, וללבישת בגדים יש "קיום בכהונה גדולה אף כשאינו עובד". וזה מפני שהרמב"ם פוסק שהציץ מרצה רק כשהוא נמצא על מצח הכוהן הגדול, ונמצא שבגדי הכהונה הם גורמים לו להיות לכוהן גדול. והביא שם שהבית הלוי (חלק א סי' ג סעיף ב) מבאר שדווקא לבישת ציץ כחלק ממערכת של שמונה בגדים מרצה[9]. לפי זה ייתכן שגם הרמב"ם סובר שריבוי בגדים מועיל מצד כניסת הכוהן הגדול לתפקיד, אלא שלדעת הרמב"ם עצם הלבישה מהווה 'קיום' של כוהן גדול.

מתוך דברי הרמב"ם משמע שקיימים שני מסלולים של ריבוי בגדים. כאשר מושחים את הכוהן הגדול – המשיחה היא מעשה פורמלי, וריבוי הבגדים מסמל את כניסת הכוהן הגדול לתפקידו המיוחד במקדש. אך בהעדר שמן המשחה – ריבוי הבגדים הוא גם כמעשה פורמלי של מינוי, מעין הכתרה. הלכך, לפי הרמב"ם, כשאין שמן המשחה – ריבוי הבגדים צריך להתבצע ביום דווקא, מפני שאז ריבוי הבגדים ממלא גם את התפקיד של השמן. "ואין מושחין אותו אלא ביום... וכן אם נתרבה בבגדים **בלבד**

9. והביא שם בשם הגר"ח שביום הכפורים, שהכוהן לובש בגדי לבן חדשים, שהרי את בגדי הלבן של שנה שעברה גונזים שנאמר 'והניחם שם', ובגדי לבן אלה מתקדשים בקדושת כהונה גדולה רק כשכוהן גדול לובשם – לכן כוהן גדול חדש לא יכול להתחיל את עבודתו ביום הכפורים על ידי לבישת בגדי לבן בלבד. ברם בשאר השנה, שמונת בגדי הכהן הגדול קדושים מעצמם, והם מקדשים את הכוהן שלובש אותם.

אין מרבין אותו אלא ביום"[10]. התנאי של ריבוי הבגדים ביום נאמר רק כאשר אין משיחה[11].

שיטת החתם סופר ור' חיים מבריסק

לפי החתם סופר (הגהות לירושלמי הוריות פרק ג)[12] גם המעמד הסופי של מרובה הבגדים שונה שינוי מהותי ממעמד המשוח. החתם סופר כתב שדין הירושלמי המוזכר בתוספות (יומא יב ע"ב ד"ה כהן גדול), שכוהן גדול "מתמנה בפה ומסתלק בפה", נאמר רק במרובה בגדים. קדושת מרובה הבגדים נובעת מתפקידו, ולכן כשמסלקים את הכוהן מתפקידו – גם קדושתו פוקעת. המשיחה מקדשת את האדם, והקדושה אינה תלויה בתפקיד. לכן גם כאשר משוח מסתלק מתפקידו – קדושתו בעינה עומדת.

ר' חיים מבריסק (דבריו הובאו בחידושי הגרי"ז לזבחים יח ע"א ולסוטה מב ע"א ובשיעורי הגרי"ד שם) מפרש אף הוא שיש שתי קדושות לכוהן גדול, קדושה אישית מצד אחד, וקדושה מתוקף תפקידו מצד שני. אפשר לסלק רק את הקדושה השנייה, והקדושה הנשארת מקבילה לקדושת משוח מלחמה, ונשארים עליו איסורי כוהן גדול, אך הוא עובד בארבעה בגדים בלבד. עוד כתב שקדושת המשיחה היא כמו "כלי שרת שנמשח, שאין יכול לעולם להתבטל מקדושתו וליעשות חולין, דעל קדושת המשיחה אין שייך ביטול, אבל המינוי שלו יכול להתבטל, דעל מינוי שייך ביטול וסילוק". אולם ר' חיים מבריסק סובר שגם מרובה בגדים מקבל קדושה אישית שאי אפשר לבטלה[13].

10. וכן כתב בספר הר המוריה על הרמב"ם שם. ולדבריו עיקר המינוי של כוהן גדול הוא לעבודה, ולכן עיקר המינוי צריך להיות ביום, אך אין בריבוי בגדים כשהוא לעצמו עניין לעבודה.
11. בהלכה יב שם כתב הרמב"ם: "ואם אין שם שמן המשחה – מרבין אותו בבגדי כהונה גדולה **בלבד**". רואים מכאן שהלשון "בלבד" מתארת מצב שבו אין שמן המשחה.
12. מובא בתורת הקדש (חלק ב סי' מז).
13. וכך משמע בתוספתא מגילה (פ"א הכ"א), שם דנו במשוח שעבר ובמרובה בגדים שעבר, ונראה שמדובר בכוהן גדול שעבר מחמת זקנה או סיבה דומה. אך אפשר לפרש שבפועל לא מסלקים אותו, מפני שמעלין בקודש ואין מורידין.

חינוך כוהן גדול שהתמנה ביום הכפורים לאחר תמיד של שחר - עיון ביומא יב ע"א

אחרי שהעלנו כמה סברות בגדר קדושת כוהן גדול נבוא לדון בסוגיה ביומא יב ע"א, שם דנו בכוהן גדול שנטמא באמצע עבודת יום הכיפורים וצריך להחליפו בכוהן אחר. הכוהן השני, שאינו כוהן גדול, טעון חינוך. מבואר שם שאם הראשון נפסל לפני תמיד של שחר – מחנכים את השני בתמיד של שחר. אך אם הראשון נפסל לאחר תמיד של שחר והתחילו עבודות היום בבגדי לבן – צריך לחנך את השני בדרך אחרת.

בגמרא נאמרו שלוש דעות:

לדעת רב אדא בר אהבה מחנכים אותו באבנט. ויש חידוש בדבר, מכיוון שעד עכשיו בהיותו כוהן הדיוט לבש אבנט של כלאיים, ועכשיו בתור כוהן גדול לובש אבנט מבוץ. אך לדעה שאין הבדל בין אבנט של כוהן גדול לזה של כוהן הדיוט אי אפשר לחנכו באבנט. ולכן סובר אביי שהכוהן לובש שמונה בגדים ומהפך בצינורא, כלומר עובד עבודה קלה. לעומתם, רב פפא סובר שעבודתו מחנכתו: כמו שכלי שרת מתחנכים על ידי עבודתם ואין צורך במשיחה – כך הכוהן הגדול מתחנך על ידי עבודתו בלבד.

את דברי רב אדא בר אהבה אפשר לפרש בכמה דרכים: ייתכן שלדעתו ריבוי בגדים מועיל יחד עם עבודה. אפשר גם לפרש שריבוי הבגדים לבד מועיל, אף שמדובר בארבעה בגדים של יום הכיפורים ולא בשמונה בגדים של כל השנה[14]. רבנו חננאל נוקט בדרך שלישית, ומסביר שלבישת האבנט של כל השנה מספיקה לפי רב אדא בר אהבה, ודי בזה "כי בשינוי אבנטו יהא ניכר שמשמש בכהן גדול" (לשון הריטב"א), שהרי כוהן הדיוט אסור באבנט כזה.

דברי רב אדא בר אהבה מתאימים לדין של חינוך כוהן גדול בכל השנה, הן אם די בריבוי בגדים בלבד, ונוסף לדין זה את החידוש שגם

14. לפי הרש"ש שם יש היכר בבגדי לבן אף בלי עבודה, ואילו בשמונה בגדים צריך גם עבודה מפני שגם משוח מלחמה לובש שמונה בגדים בשעה שהוא נשאל באורים ותומים.

בבגדי לבן אפשר לחנך כוהן גדול, וזה על ידי לבישת אבנט, והן אם צריך עבודה יחד עם ריבוי בגדים, אם נפרש שלפי רב אדא בר אהבה מדובר שהחינוך הוא נוסף לעבודה.

לפי אביי החינוך הוא על ידי לבישת שמונה בגדים ועבודה. לפי רש"י, שריבוי בגדים מצריך עבודה, מדובר לכאורה על קדושה של ריבוי בגדים של כל השנה. אך לפי הרמב"ם, הסובר שריבוי בגדים מועיל גם בלי עבודה, צריך עיון מדוע אביי סובר שהכוהן צריך לעבוד.

דברי רב פפא הם מחודשים לכל הדעות. בכל הסוגיות של חינוך כוהן גדול מוזכרים רק משיחה בשמן המשחה וריבוי בגדים. כך בסוגיות ביומא (ה ע"א), בהוריות (יב ע"ב) ובתורת כהנים (אחרי מות פרק ח הלכה ד). ואילו רב פפא מחדש שבעבודה בלבד מתחנך כוהן גדול, גם בלי ריבוי בגדים[15].

הגבורת ארי (יב ע"א ד"ה אלא) מסיק שחינוך כוהן גדול בריבוי בגדים על פי שיטת רב פפא אינו נובע מעצם לבישת הבגדים. אלא כוהן גדול מתחנך על ידי עבודה שניכר ממנה שהוא כוהן גדול. במשך כל השנה ניכר שהכוהן העובד הוא כוהן גדול רק אם לובש שמונה בגדים. אך ביום הכיפורים, שעבודת היום כשרה רק בכוהן גדול, די בעובדה שכוהן עובד ביום הכיפורים כדי להוכיח שהוא כוהן גדול. אולם אביי סבור שצריך היכר דווקא בעבודה בשמונה בגדים. כאמור, רב אדא בר אהבה סובר שכוהן מתחנך בריבוי או שינוי בגדים, אך אביי, שמצריך שמונה בגדים והיפוך בצינורא, סובר שאין חינוך לכוהן גדול בלא עבודה שנעשית בשמונה בגדים. ואפשר שסובר שהלבישה לבדה מחנכת, אך אין משמעות ללבישה זו בלי עבודה.

הגרי"ד זצ"ל (שיעורים לעבודת יום הכפורים שם) סובר אף הוא שמדובר בדין חינוך כוהן גדול של כל השנה. לפי אביי, לבישת שמונה בגדים בלא עבודה אינה מועילה, מכיוון שכבר הסתיימו העבודות שבשמונה בגדים, ממילא עתה כבר "אין קיום בלבישת שמונה בגדים, ממילא אין לבישתם מחנכת בלי עבודה כל שהיא", אך לפי רב פפא יש מסלול נוסף:

15. כן הקשו הרש"ש, הליקוטי הלכות (זבח תודה) ובגבורת ארי שם.

'עבודתו מחנכתו', והוא הנלמד מדין כלי שרת[16]. ממילא דין ריבוי בגדים שנלמד מן הפסוקים מתייחס ללבישת בגדים בלא עבודה[17].

אך עדיין צריך עיון בסוגיה. לפי הגבורת ארי בדעת רב פפא, אף שבפסוק המדבר בחינוך הכוהן מוזכרת בפירוש לבישת הבגדים – היא אינה מעכבת, מפני שלחינוך כוהן גדול צריך עבודה שמיוחדת לכוהן גדול, ועבודה בשמונה בגדים היא רק דוגמה לעבודה שכשרה רק בכוהן גדול.

הסבר זה של הגרי"ד בדברי הרמב"ם קשה, שהרי בהלכות כלי המקדש הרמב"ם אינו מזכיר כלל את דין 'עבודתו מחנכתו', אף שלפי הסברו של הגרי"ד עקרונית קיים מסלול כזה. גם דברי הרמב"ם בהלכות עבודת יום הכיפורים קשים לפי זה, מפני שמשמע מדבריו[18] שאף אם הכוהן הגדול נפסל לפני תמיד של שחר – הכוהן השני מתחנך מדין 'עבודתו מחנכתו'. ואילו לפי הגרי"ד, הכוהן השני יכול להתחנך על ידי לבישת שמונת הבגדים, ורק אם ייפסל הכוהן הראשון אחרי תמיד של שחר עבודתו של השני מחנכתו[19].

מינוי בפה – שיטת התורת כהנים והירושלמי

הרש"ש והליקוטי הלכות (זבח תודה) מביאים את דברי התורת כהנים (אחרי מות פרק ח הלכה ד):

> אין לי אלא אהרן עצמו, מנין לרבות כהן אחר? תלמוד לומר: "אשר ימשח אותו". אין לי אלא משוח בשמן המשחה, מרובה בגדים מנין?

16. ראה שם שהסביר באריכות שביום הכפורים יש לכוהן הגדול קדושת חפצא ממש, וכשם שבכל השנה הקטורת מתקדשת בכלי שרת – כך ביום הכפורים ידיו של הכוהן הגדול מקדשות בחפינה את הקטורת, והם כלי שרת ממש.
17. יש להעיר כי הגרי"ד שם דן בעניין חינוך על ידי לבישת בגדי לבן, ושהוא דין מיוחד ביום הכפורים לשיטת רב פפא, אך נראה שהוא הדין לחינוך בשמונה בגדים לאביי.
18. וזה לשון הרמב"ם (הלכות עבודת יום הכיפורים פ"א ה"ג): "ומתקינין לו כהן גדול אחר, שאם יארע בזה פיסול יעבוד האחר תחתיו, בין שאירע בו פיסול קודם תמיד של שחר, בין שאירע בו פסול אחר שהקריב קרבנו, זה שנכנס תחתיו אינו צריך חינוך אלא עבודתו מחנכתו, ומתחיל מעבודה שפסק בה הראשון".
19. ואפשר שהרמב"ם קיצר ונקט טעם אחד לשני המקרים.

> תלמוד לומר: "ואשר ימלא את ידו". **מנין לרבות כהן אחר המתמנה?** תלמוד לומר: "וכפר הכהן".

מדברי התורת כהנים משמע שיש דרך אחרת, שלישית, למנות כהן גדול חוץ ממשיחה וריבוי בגדים. נראה כי בירושלמי (יומא פ"א ה"א ומגילה פ"א ה"י) מפורש מהו מינוי זה:

> ומניין לרבות כהן אחר המתמנה? תלמוד לומר: "וכפר הכהן". במה הוא מתמנה? רבנן דקיסרין בשם ר' חייא בר יוסף: בפה[20].

בתוספות (יומא יב ע"ב ד"ה כהן גדול) הוסיפו כי מלבד המינוי – הכוהן הגדול גם מסתלק ממינויו בפה:

> דכהן גדול מתמנה בפה ומסתלק בפה. ובירשלמי דריש ליה מקרא.

כלומר, אפשר לסלק בפה כהן גדול ממינויו רק אם התמנה בפה. אך אם התמנה במשיחה או בריבוי בגדים – אי אפשר לסלקו בפה.

ברם דבריהם צריכים עיון, אם כוהן גדול יכול להתמנות בפה, מדוע צריך חינוך נוסף ביום הכפורים? ואפשר לומר שאף על פי שעל ידי מינוי מקבל הכוהן מעמד של כהן גדול וחלים עליו איסורים – מכל מקום צריך חינוך נוסף כדי שיוכל להיכנס לעבודה[21].

לפי הדעה שמשיחה לבד אינה מועילה בלא ריבוי בגדים – הוא הדין שיסברו שמינוי בפה אינו מועיל בלא ריבוי בגדים. אך ייתכן שאף שעל ידי מינוי הכוהן נהפך לכוהן גדול, עדיין צריך חינוך כדי שיוכל לעבוד במקדש. וכשם שהכוהן הגדול צריך להקריב מנחת חינוך בתחילת עבודתו – כך צריך כוהן גדול המתמנה חינוך בעבודה[22].

20. כן כתב רבנו הלל על התורת כהנים שם, שהמינוי הוא בפה, וכירושלמי.
21. ראה בית ישי סי' לב שפיתח עניין זה.
22. לפי הגר"א מנחת החינוך מעכבת. אך ברור הוא שיש לו מעמד של כוהן גדול לעניין האיסורים גם קודם הקרבת המנחה, והיא נועדה רק כדי להכשיר את עבודת הכוהן הגדול.

אמנם אפשר לפרש שמינוי זה הוא דין ייחודי ליום הכיפורים. ואף שבכל השנה כוהן גדול מתמנה דווקא על ידי משיחה וריבוי – ביום הכיפורים אין צורך בתהליך הרגיל. בתורת כהנים דרשו מן הפסוק שבפרשת אחרי מות שביום הכיפורים גם כוהן גדול שמתמנה בדרך שונה מהרגיל יכול לעבוד[23].

הראב"ד בפירושו לתורת כהנים (שם) מבאר שכוונת המדרש היא לומר שיש לימוד מיוחד למקרה שצריך להחליף את הכוהן הגדול הרגיל ביום הכיפורים, והתקנה זו באה במקום משיחה או ריבוי בגדים. וזה לשונו:

> מנין לרבות לו כהן אחר המתמנה וכו' – פירוש, מנין שצריכים אנו להתקין לו כהן אחר שמא יארע בו פסול. וזו התקנה תהא במקום משיחה או ריבוי בגדים שצריך להיות בכהן גדול קודם יום הכיפורים. ולפי שאי איפשר לו למשחו קודם לכן או להלבישו שמונה בגדים, לפי שאין ממנין שני כהנים גדולים כאחד משום איבה, ההתקנה הזו היא במקום משיחה וריבוי בגדים.

נראה כי לדעת הראב"ד ההתקנה של הכוהן השני שבעה ימים קודם יום הכפורים משמשת במקום משיחה וריבוי בגדים. ומצאנו שרבנו יהונתן מלוניל (בפירושו למשנה הראשונה ביומא) סובר שלמסקנה לפי ר' יוחנן פרישת הכוהן השני מעכבת. גם בתוספתא ובירושלמי מבואר שהיו מפרישים גם את הכוהן השני[24], ובימים אלה היו מזים עליו. לפי זה ייתכן שההתקנה שעליה דיבר הראב"ד קשורה לפרישה שבעה ימים ולהזאה במי חטאת, ומכל מקום לדעתו צריך משיחה או ריבוי בגדים ביום הכיפורים עצמו כדי שיוכל לעבוד[25].

23. לפי הירושלמי המינוי הוא בפה. אך ייתכן שלפי הבבלי הלימוד המיוחד מלמד אותנו על הדין המיוחד של חינוך כוהן גדול ביום הכיפורים המוזכר בסוגיה ביומא יב ע"א.
24. ראה בתוספתא יומא (פ"א ה"ה) ובתוספתא כפשוטה שם.
25. וכן כתב הרב שמחה עלברג (הפרדס ט, עמ' 19). אם נאמר שאמנם ההתקנה היא תחליף לחינוך ממש, לכאורה גם אם הכוהן הגדול לא נפסל, הרי שהכוהן שהתקינו נעשה כוהן גדול. ואולי עדיין צריך הוא לעבודה כדי להפוך לכוהן גדול. וייתכן

בליקוטי הלכות (זבח תודה) כתב שהמדרש בתורת כהנים הוא המקור שדין חינוך הכוהן הגדול שונה ביום הכיפורים משאר השנה, ודי במינוי. אך עדיין צריך לעשות פעולה כדי להראות שהכוהן מתמנה לכוהן גדול, ולא די בדיבור. על פי זה הוא מבאר מדוע הרמב"ם הזכיר את דין 'עבודתו מחנכתו' רק בהלכות עבודת יום הכיפורים ולא בהלכות כלי המקדש, מכיוון ש'עבודתו מחנכתו' זהו גדר שנצרך רק ביום הכפורים, כדי להראות מינוי זה, אך בשאר השנה די במינוי בפה.

כוהן גדול ביום הכפורים הוא שליח הציבור לכפרה

אפשר להציע שיסוד ההבדל בין יום הכיפורים לשאר הימים נעוץ בתפקידו המיוחד ביום זה: שליח מיוחד שמכפר על כלל ישראל. כן משמע גם ברש"י. במשנה ביומא (פ"ד מ"ה) אמרו:

> בכל יום כהנים עולין במזרחו של כבש ויורדין במערבו, והיום כהן גדול עולה באמצע ויורד באמצע.

ורש"י (שם מג ע"ב ד"ה והיום) פירש:

> כהן גדול מראה כבודו וחיבתן של ישראל, **שהוא שלוחן** ועושה עצמו כבן בית.

וכן מוצאים אנו במשנה (שם פ"א מ"ה):

> ... ואמרו לו (=הסנהדרין[26]): **אישי כהן גדול, אנו שלוחי בית דין, ואתה שלוחנו ושליח בית דין**[27].

שאמנם נעשה כוהן גדול, אך היו מסלקים אותו בפה, היות שמעולם הוא לא עבד בעבודת כוהן גדול.

26. הגרי"ד זצ"ל (שם עמ' לג הערה 12) כתב שהסנהדרין לא באו כאן מכוח סמכותם ומעמדם כבית הדין הגדול, אלא מתוקף היותם נציגי כנסת ישראל כולה, שאין כאן מעשה בית דין אלא מסירת כוהן לעבודה עבור כלל ישראל. וראה גם בשיעורים לזכר אבא מארי, חלק א עמ' קנ, שהאריך בביאור שני תפקידי בית הדין.

27. בגמרא (יט ע"א) אמרו שלפי הדעה שהכוהנים הם 'שלוחי דרחמנא' ולא שליחי המקריב, כוונת המשנה היא שמשביעים את הכוהן הגדול על דעת בית דין. ברם

מפני זה, המינוי לייצג את העם או תחילת העבודה בתור נציג של הציבור כולו ביום הכיפורים הוא עצמו כניסה למעמד של כוהן גדול. פן מיוחד זה קיים רק ביום הכיפורים, מפני שעבודת היום כשרה רק בכוהן גדול. הלכך, יש דין מיוחד שביום הכיפורים כוהן גדול מתחנך בדרך אחרת מכל השנה[28].

את הדין הייחודי של חינוך כוהן גדול ביום הכיפורים אפשר לפרש גם בדרך אחרת.

בתוספות ישנים (יב ע"ב ד"ה שני) ציינו למחלוקת הראשונים מי מביא את פר הכוהן הגדול ביום הכיפורים אם הכוהן הגדול נפסל. לפי ריב"א, הפר הוא משל הכוהן הראשון, וכן כתבו בתוספות מגילה (ט ע"ב ד"ה אין). דעה אחרת הביא התוספות ישנים בשם "רבינו", והיא שהכוהן השני מביא את הפר. ויש לשאול לשיטה זו, מניין מעמדו המיוחד של הכוהן המשמש שמכוחו הפר צריך להיות שלו?

בתורת כהנים צו (פרשתא ג ה"ד) שנינו:

> "אותו" – אין מושחים שני כהנים גדולים כאחד.

הריטב"א (מכות יא ע"א ד"ה מתני') כתב שאין מושחים שני כוהנים גדולים בדור אחד, ואם הכוהן הגדול גלה – ממנים במקומו כוהן מרובה בגדים בלא משיחה. אך הרמב"ם (הלכות כלי המקדש פ"ד הט"ו) כתב:

> אין מעמידין כהן גדול אלא בית דין של אחד ושבעים, ואין מושחין אותו אלא ביום, שנאמר: "ביום המשח אותו", וכן אם נתרבה בבגדים בלבד אין מרבים אותו אלא ביום. ואין ממנים שני כהנים גדולים כאחת.

אפשר שעיקר השבועה בא משום הקטורת, כדי שלא ינהג במנהג הצדוקים, אך לשון השבועה, 'שלוחנו', הוא משום תפקיד הכוהן הגדול, שהוא שליח העם.

28. בגבורת ארי (ה ע"א ד"ה אין לי) עולה אפשרות שאם הכוהן הגדול נפסל – עבודת יום הכיפורים כשרה בכוהן שמתמנה תחתיו אף שאינו כוהן גדול. לפי זה הכוהן הגדול עובד ביום הכיפורים רק מתוקף מעמדו כשליח ציבור, וכשאין כוהן גדול – ממנים כוהן אחר שיהיה נציג הציבור.

ובהלכה טז שם:

> וממנין כהן אחד יהיה לכהן גדול כמו המשנה למלך, והוא הנקרא סגן...

ובהלכה יב:

> וממנין כהן גדול הוא ראש לכל הכהנים, ומושחין אותו בשמן המשחה, ומלבישין אותו בגדי כהונה גדולה...

מדברי הרמב"ם מבואר שהכוהן הגדול אינו הכוהן הלובש שמונה בגדים והאחראי על תפקוד בית המקדש, אלא שהוא ראש לכל הכוהנים, נשיא השבט. לכן אין ממנים שני כוהנים גדולים כאחת, מפני שרק כוהן אחד יכול להיות נשיא השבט. ולפי זה מובנים גם דברי התוספות (יומא יב ע"ב ד"ה כהן גדול) שמינוי הכוהן הגדול תלוי במלך ובאחיו הכוהנים. מובן גם מדוע הפר צריך להיות של הכוהן הגדול הקבוע, שהרי הכוהן הקבוע מכפר בקרבנו על כל השבט, מפני שהוא נשיא השבט. אך אם הוא נפסל – הכוהן שעובד תחתיו צריך להשתמש בפר של הכוהן הגדול הקבוע. וכך מפורש בתוספות ישנים (יומא מט ע"ב ד"ה שחט ומת):

> ועוד, כיון שהראשון חי והקרבן שלו, כדפירשנו לעיל, היינו כשלו, **שאינו אלא שלוחו של ראשון**, ופר עצמו קרינא ביה.

ומפני זה חינוך הכוהן הגדול ביום הכיפורים שונה מחינוכו כל השנה. לא מדובר על מינוי כוהן גדול שיעמוד בראש השבט, אלא על ממלא מקום עבודתו של הכוהן שנפסל. ומפני זה לא משתמשים בחינוך הרגיל של הכוהן הגדול, ולא מושחים אותו גם בזמן שיש שמן המשחה[29].

נראה שלפי זה אפשר להבין את דברי אביי, שאמר שהכוהן השני לובש שמונה בגדים ומהפך בצינורא, גם לדעת הרמב"ם, הסובר שכוהן

29. ראה רמב"ן ויקרא ט"ז, לב.

גדול מתחנך על ידי ריבוי בגדים בלא עבודה. לפי אביי אין דין 'עבודתו מחנכתו', אך גם לא רוצים לחנך כוהן גדול על ידי ריבוי בגדים בלבד. לכן, כשהכוהן הגדול נפסל ורוצים למנות כוהן גדול רק לעניין עבודה, ולא מינוי לראש שבט – אין מסתפקים בלבישת בגדים, אלא מצרפים לבגדים גם עבודה, כדי להראות שמינויו הוא לכוהן שיכול לעבוד בעבודות הכוהן הגדול, אך לא שיעמוד בראש השבט.

על פי זה אפשר גם להסביר את פסק הרמב"ם שהזכרנו לעיל, שגם אם נפסל הכוהן הגדול לפני תמיד של שחר – הכוהן המחליף מתחנך מצד 'עבודתו מחנכתו' ולא מדין ריבוי בגדים. שהרי אם היה מתחנך בריבוי בגדים – הכוהן היה מקבל מעמד של כוהן גדול קבוע, אך כוהן זה אמור להיות כוהן גדול רק לעניין עבודת הכוהן הגדול ביום זה. לכן גם כשדיברו בגמרא על חינוך בתמיד של שחר – הכוונה הייתה לחינוך על ידי ריבוי בגדים ועבודה, וכדברי אביי. ורב פפא חלק, וסבר שעבודתו מחנכתו, ואין צריכים את ריבוי הבגדים. ואף שבפועל לובש שמונה בגדים, יש לומר שהלבישה אינה בשביל חינוך, אלא החינוך הוא בעבודה[30].

"אמת, מה נהדר היה כהן גדול בצאתו מבית קדשי הקדשים בשלום בלי פגע".

30. לפי זה יש לחלק בין אם הכוהן הגדול נפסל לבין אם מת. אם מת צריך למנות כוהן גדול בתהליך הרגיל, שהרי עתה יהיה גם ראש השבט, וממילא צריך משיחה כשיש שמן המשחה או לבישת שמונת הבגדים.

בגדי הקודש

אריה שרייבר

פתיחה

מאמר זה עוסק בבגדי כהונה, בגדי הקודש. מתוך עיון בדברי הרמב"ם, הרמב"ן וראשונים נוספים מתבהרות שתי תפיסות שונות על מקומם ותפקידם של בגדי הקודש. עיוננו בסוגיה יתמקד במקור הדין, ובדיון במהות והקף המצווה. לבסוף, נעמוד על השלכותיה של מצווה זו לימינו.

א. מקור מצוות בגדי כהונה

הפסוקים בתורה

הציווי לעשות וללבוש בגדי כהונה נמצא בפסוקים בפרשת תצוה (שמות כ"ח). הפרשייה בנויה במבנה כיאסטי מובהק:

וכהנו לי (פסוק א)

לכבוד ולתפארת (ב)

לפני ה' (יב, כט, ל, לה, לח)

לכבוד ולתפארת (מ)

וכהנו לי (מא)

הפרשייה פותחת וסוגרת באמירה שבגדי הכהונה הם חלק מהכנסת בני אהרן לתפקיד הכהונה ("וכהנו לי"), בתחילת הפרשייה ובסופה, התורה מגדירה שמטרת בגדי הכהונה הם "לכבוד ולתפארת", ולאורך הפרשייה הפסוקים מדגישים כי בגדי הכוהן הם "לפני ה'". אנו מוצאים את הציווי ללבישת המכנסיים לאחר סגירת הכיאסמוס, והם מוצאים מן הכלל (שם, מב-מג). אצל המכנסיים לא הוזכרו הביטויים "וכהנו לי", "לכבוד ולתפארת" ו"לפני ה'", אלא "לכסות בשר ערוה".

בגדי הכהונה אצל חז"ל

אף על פי שנראה מהפסוקים שיש מצווה לעשות בגדי כהונה וללבוש אותם, בגמרא לא מצאנו דיון על מקור המצווה. בגמרא יש דיון על מקור פסול מחוסר בגדים (זבחים יז ע"ב – יח ע"א), ובסנהדרין (פג ע"ב) יש מקור לעונש מיתה לכוהן העובד מחוסר בגדים. למסקנת הגמרא בזבחים (שם), המקור לפסול בעבודה של כוהן מחוסר בגדים הוא מהפסוק "וחגרת אותם אבנט אהרון ובניו וחבשת להם מגבעות והייתה להם כהונה לחוקת עולם" (שמות כ"ט, ט), על פסוק זה דרשו: "בזמן שבגדיהם עליהם – כהונתם עליהם, אין בגדיהם עליהם – אין כהונתם עליהם", ובסנהדרין הוסיפו: "והוו להו זרים", ודינם כזר שעבד שחייב מיתה[1].

נעיר עוד, שבגמרא בזבחים לא הזכירו את הציווי לעשות את הבגדים (שמות כ"ח), אלא את הפסוקים העוסקים בלבישת הבגדים (שמות כ"ט). מדרשת הגמרא "אין בגדיהם עליהם – אין כהונתם עליהם" נראה לכאורה שהבגדים הם עניין פורמלי, מעין דרישה ללבישת מדים. ברם התורה אומרת במפורש שבגדי כהונה הם ל"כבוד ולתפארת". כלומר, נראה שיש לבגדים חשיבות עצמאית, והתורה אף הקדישה ארבעים ושניים פסוקים לתיאור עשייתם.

1. במדבר א', נא; שם ג', י; שם ג', לח; שם י"ח, ז, וברמב"ם הלכות כלי המקדש פ"י ה"ג.

ב. מהות המצווה

מחלוקת הרמב"ם והרמב"ן

הרמב"ם והרמב"ן נחלקו מהי מהות מצוות בגדי כהונה. לדעת הרמב"ן, לבישת בגדי כהונה היא תנאי לעבודה, ואם תנאי זה לא התקיים – העובד בחיסור בגדים עבר על לא תעשה. לעומתו, הרמב"ם סבור שלבישת בגדי כהונה היא מצוות עשה. מתוך עיון בדבריהם נראה שמלבד הוויכוח האם זאת מצווה עשה או לא תעשה נחלקו גם מהו אופי המצווה. זה לשון הרמב"ם בספר המצוות (עשה לג):

> והמצוה הל"ג היא הצווי **שנצטוו הכהנים ללבוש בגדים מיוחדים לכבוד ולתפארת, ואחר כך יעבדו במקדש**, והוא אמרו יתעלה: "**ועשית** בגדי קדש לאהרן אחיך לכבוד ולתפארת" (שמות כ"ח, ב), "ואת בניו תקריב **והלבשתם** כתנות" (שם כ"ט, ח). ואלו הן בגדי כהונה: שמונה בגדים לכהן גדול וארבעה לכהן הדיוט. וכל זמן שעבד כהן בפחות מהבגדים המיוחדים לו לאותה העבודה או ביותר מהם – עבודתו פסולה, וחייב הוא עם כך מיתה בידי שמים. כלומר, מחוסר בגדים שעבד. וכן מנו אותו בגמר סנהדרין (פג ע"ב) בכלל מחוייבי מיתה בידי שמים. וזה לא נאמר בכתוב בפירוש. אבל נאמר בכתוב (שמות כ"ט, י): "וחגרת אותם אבנט... והיתה להם כהונה לחקת עולם", ואמרו בפירושו (סנהדרין פג ע"ב): "בזמן שבגדיהן עליהן כהונתן עליהם, אבל בזמן שאין בגדיהן עליהן אין כהונתן עליהן והוו להו זרים". ונבאר לקמן (לא תעשה עד) שזר ששמש במיתה...

אמנם הרמב"ם הזכיר את דברי הגמרא "אין בגדיהם עליהם..." רק לדין מיתה, וזה לפי מסורת הבבלי שראינו. אך ציין גם לשני המקומות בתורה שנצטוו על בגדי הכהונה, בשמות כ"ח נאמר ציווי על העשייה ובשמות כ"ט על הלבישה. לכן נראה שהרמב"ם כלל שני היבטים במצוות בגדי כהונה: עשיית הבגדים לכבוד ולתפארת, ולבישתם בזמן

העבודה. כן הבין הלב שמח (ספר המצוות שם), וזה לשונו: "ואני אומר אמת, שאם עבד שלא בבגדים עבודתו פסולה, אבל לא בשביל כך הם חלק ממנה. והכתוב יוכיח שלא תלה עשיית הבגדים בה לומר: ועשו בגדי קודש לאהרן לעבוד ולשרת וכו׳, אבל אמר ׳לכבוד ולתפארת׳".

כלומר, לדעת הרמב"ם בגדי כהונה נעשים לכבוד ולתפארת, ויש לכך משמעות עצמאית מלבד דין העבודה בהם.

הרמב"ן (השגות לספר המצוות שם) השיג על דברי הרמב"ם וכתב:

> כתב הרב... והנה זו, עם פשיטותה בכתוב ואריכות התורה בביאורה לא ראיתי לבעל ההלכות שימנה אותה, אבל מנה בלאוין (אות סח) מחוסר בגדים ששימש. ודעתו זאת לומר, דכיון דאין בלבישת בגדים שלא בשעת העבודה שום מצוה – אינו אלא הכשר העבודה, שאם עבד בפחות מהן או ביותר תפסל עבודתו. והנה הוא חלק ממצות העבודה אם עבד בהן. ואם היינו מונין זה מצוה היה ראוי שתמנה מצות בגדי לבן ביום הכיפורים מצוה אחרת. כמות זה כן מות זה. וכן ראוי למנות בגדי כהן גדול מצוה ובגדי כהן הדיוט מצוה שנית. אבל כולן חלקים מחלקי העבודה המצווה ממנו ית׳ בימים הנאמרים בהן, וכבר נתבאר (שורש יב) שאין מונים חלקי המצות... וכן הבגדים כדעת בעל ההלכות אינם אלא להכשר העבודות שנצטוינו בהן, אבל אהרן עליו השלום היה לובש אותם כמקיים גזירת מלך שגזר עליו לעבוד בהם, לא היה מתענג בלבישתם להתפאר ולהתעטר ביופים ולא להתימר בכבודם.
>
> ואמנם דעת הרב בבגדים ובקידוש יותר מחוורת למנותם גם בכלל מצות עשה, כי בעבודתם מקיים מצוה מוסיף על השתמר מן הלאו. ואם כן למה לא ימנה מצות עשה שיעשו הכהנים העבודה מעומד לא יושב ולא שוכב? ממה שדרשו (זבחים כג ע"ב): "לעמוד לשרת, לעמידה בחרתים ולא לישיבה", והרב כתב בחבורו הגדול (הלכות ביאת מקדש פ"ה הי"ד) שעובד מיושב אינו לוקה לפי שאזהרתו מכלל עשה. ואולי מפני שלא בא בכתוב בזה לשון צואה ימנה הכשר עבודה בלבד. ואינו מחוור.

לדעת הרמב״ן, בעקבות בה״ג, בגדי כהונה אינם אלא הכשר מצווה, תנאי במצוות העבודה. הרמב״ן הבין כי דעת בה״ג היא שמאחר שלבישת בגדים היא רק בשעת העבודה, ממילא היא רק סעיף ודין מדיני העבודה. ולמרות שמהפסוקים נראה שיש מצוות עשה ללבוש בגדי קודש, בגמרא לא הזכירו את מצוות עשיית הבגדים ולבישתם, אלא רק שמחוסר בגדים פסול לעבודה וחייב מיתה. ממילא אפשר להבין מדברי הגמרא ומשתיקתה שהפסוקים באו לומר שהבגדים הם פרט מדיני העבודה, ומכאן סיוע לדעת הרמב״ן. כפי שנראה להלן, לדעת הרמב״ן ובה״ג יש יסוד לא רק בגמרא אלא אף בפרשנות הפסוקים.

נרחיב מעט את העיון בדעות אלו טרם נבחן מה הנפקא מינה ביניהן.

שיטת הרמב״ם ורש״י

הרמב״ם מזהה שתי פנים למצווה זו: בגדי כהונה לכבוד ולתפארת, ובגדי כהונה לעבודה. כלומר, לבגדים יש חשיבות כשאר כלי שרת, ״לכבוד ולתפארת״, ועוד שהבגדים הם תנאי לעבודה. הבנה זו מתחזקת מעיון בכתביו האחרים של הרמב״ם.

במורה הנבוכים (ג, מה; תרגום אבן תבון) הדגיש הרמב״ם את הפן הראשון: ״ולהגדיל הבית עוד הגדיל מעלת עובדיו ונבדלו הכהנים והלוים, וצוה להלביש הכהנים בגדים נאים ומלבושים יפים וטובים בגדי קדש לכבוד ולתפארת״[2]. ולעומת זאת, במניין המצוות וכן בכותרת להלכות כלי המקדש (מצווה יב) כתב הרמב״ם: ״**ללבוש** בגדי כהונה **לעבודה**״. ובהלכות כלי המקדש (פ״י ה״ד) הביא שוב את שני ההיבטים ביחד: ״מצוות עשה **לעשות** בגדים אלו ולהיות הכהן **עובד** בהם...״[3].

2. בתרגום הרב קאפח: ״וכן עוד לרוממות הבית רומם כבוד עובדיו, ונתיחדו הכהנים והלוים, ונעשה לכהנים הלבוש היותר נכבד נאה ויאה, בגדי קודש לכבוד ולתפארת... והמטרה רוממות שתהא לבית הזה ומשרתיו אצל הכל... הכל חוזר ליראת המקדש, שהיא סיבה ליראת ה׳... ויתרככו הלבבות הקשוחים ויכנעו...״.
3. הגרי״ז סולובייצ׳יק בחידושיו לזבחים (יח ע״ב) כתב שיש בבגדי כהונה שני דינים, ודברינו כאן קרובים לדבריו.

רש"י בפירושו לתורה הבחין גם הוא בין שני פנים אלו של בגדי כהונה, וייחס כל אחד לפסוק אחר:

א. על הפסוק "והיה על אהרן לשרת ונשמע קולו בבאו אל הקדש לפני ה' ובצאתו ולא ימות" (שמות כ"ח, לה) כתב רש"י: "מכלל לאו אתה שומע הן, אם יהיו לו לא יתחייב מיתה, הא אם מחוסר אחד מן הבגדים הללו חייב מיתה בידי שמים". אמנם הוזכר בפסוק "לשרת", אך בהמשך הפסוק מבוארת הכוונה: "... בבאו ובצאתו". הפסוק לא עוסק בעבודה עצמה, אלא **בכניסה ויציאה** מלפני ה', כלומר: בגדי כהונה לכבוד ולתפארת.

ב. על הפסוק "והיו על אהרן ועל בניו בבאם אל אהל מועד או בגישתם אל המזבח לשרת בקדש ולא ישאו עון ומתו חקת עולם לו ולזרעו אחריו" (שמות כ"ח, מג) כתב רש"י: "והיו על אהרן – כל הבגדים האלה... בבאם אל אהל מועד – להיכל, וכן למשכן. ומתו הא למדת **שהמשמש** מחוסר בגדים במיתה...". הפסוק מדבר בזמן **העבודה**, "בגשתם אל המזבח לשרת בקדש", כלומר: בגדי כהונה לעבודה[4].

שיטת הרמב"ן

לדעת הרמב"ן, בגדי כהונה אינם אלא דין ותנאי לעבודה, כמבואר לעיל, את שיטתו כתב גם בחידושיו לקידושין (נד ע"א): "ונראה דאין כתונת כהונה קדשי הגוף ככלי שרת, שאינן אלא מכשירי עבודה ואין משתמשים בגופן". נאמן לשיטתו, גם בפירושו על התורה (שמות כ"ח, לה) הוא מקשה על דברי

4. כאשר בגמרא (זבחים יז ע"ב) חיפשו מקור לפסול מחוסר בגדים בעבודה, העלו הוה אמינא ללמוד דין מחוסר בגדים על ידי גזרה שווה, 'חוקה' 'חוקה', מדין שתויי יין. ולימוד זה נדחה, ומלימוד זה למדו על פסול שתויי יין בעבודה שאינה תמה. עם זאת, ייתכן כי ההשוואה נותרה בעינה. לפי הרמב"ם (ספר המצוות לא תעשה קנג, ובהלכות ביאת מקדש פ"א ה"א) איסור שתויי יין חל גם על כניסה למקדש אפילו בלי עבודה, אלא שהעובד שתוי יין – עבודתו פסולה. ברם הראב"ד (הלכות ביאת המקדש פ"א הט"ו) והרמב"ן (ספר המצוות מצוות לא תעשה עג, ובפירוש על התורה ויקרא י', ט) סוברים שאיסור שתויי יין חל בזמן עבודה בלבד. וראה במנחת חינוך מצווה קנב. נמצא שהמחלוקת בין הרמב"ם והרמב"ן בעניין שתויי יין תואמת את מחלוקתם בעניין בגדי הקודש.

רש"י המובאים לעיל: "ואין ביציאה עבודה שיתחייב עליה משום מחוסר בגדים!". ביסוד תמיהתו עומדת התפיסה שהבגדים הם הכשר לעבודה, וממילא אין להם משמעות שלא בשעת העבודה, ולכן לדעת הרמב"ן אין עניין ללבוש בגדי כהונה בביאה וביציאה מן המקדש[5].

נראה שדעותיהם של הרמב"ם והרמב"ן נסמכות על הבנתם את הכתובים בציווי עשיית הבגדים "לכבוד ולתפארת".

לכבוד ולתפארת – של מי?

הראשונים נחלקו למי מכוון ה"כבוד ולתפארת". לדעת הרמב"ם מדובר בכבוד הכוהנים בעיני העם, ולדעת הרמב"ן מדובר בכבוד ה' בעיני הכוהנים[6].

הרמב"ן (שמות כ"ח, ב) פירש: "לכבוד ולתפארת – שיהיה נכבד ומפואר במלבושים נכבדים ומפוארים... יאמר שיעשו בגדי קדש לאהרן לשרת בהם **לכבוד ה'** השוכן בתוכם ולתפארת עוזם". לדעת הרמב"ן, הכבוד והתפארת הם כבוד ה' ותפארתו. בהמשך דבריו הוא מביא מדברי הנביא (ישעיה ס', ז): "יעלו על רצון מזבחי ובית תפארתי אפאר", ונציין כי במקום אחר (ויקרא א', ט) כתב הרמב"ן שפסוק זה מדבר על כלל הקרבנות: "לאמר שיהיו הקרבנות על הרצון שהוא מזבחו ובית תפארתו יפאר בעלותם לריח ניחוח". כלומר, לדעת רמב"ן הבגדים הם חלק מהעבודה. והבגדים, כמו הקרבנות, הם חלקים ממכלול העבודה אשר היא לתפארת ה'.

לעומתו, הרמב"ם (מורה הנבוכים ג, מה; תרגום אבן תבון) פירש שמדובר בכבוד הכוהנים בעיני העם: "... הגדיל מעלת עובדיו ונבדלו

5. לדעת הרמב"ן שני המקורות הללו אינם עוסקים כלל במחוסר בגדים. הראשון (שמות כ"ח, לה) עוסק בפעמונים, והשני (שם, מג) במכנסיים.

6. הספורנו (שמות כ"ח, ב) שילב בין שתי הדעות וכתב: "לכבוד – לכבוד האל יתברך בהיותם בגדי קדש לעבודתו, ולתפארת – שיהיה כהן מורה נורא על כל סביביו, שהם לתמידיו החקוקים על לבו וכתפיו". ובפסיקתא זוטרתא (לקח טוב, שמות שם) כתב: "ועשית בגדי קדש לאהרן אחיך לכבוד ולתפארת. הוא כבוד לך ואתה כבוד לו: לכבוד. כי הא דר' יוחנן הוי קרי למאני מכבדותא. ולתפארת. בעיני כל ישראל, להודיע כי בו בחר ה'". דבריו קרובים לדעת הרמב"ם, ומפצלים בין כבוד לתפארת כדעת הספורנו.

הכהנים והלוים, וצוה להלביש הכהנים בגדים נאים ומלבושים יפים וטובים, בגדי קדש לכבוד ולתפארת". וכן פירש ר' אברהם אבן עזרא (שמות כ"ח, ב): "לכבוד ולתפארת – שיתפארו בהם, כי אין אחד מישראל שילבש כאלה". אמנם הרמב"ם מבהיר כי כבוד הכוהנים מגדיל את כבוד הבית, וכבוד הבית את כבוד ה' השוכן בו, אך מטרת הבגדים היא להגדיל את כבוד הכוהנים העובדים, ולא את כבוד ה'.

ג. היקף המצווה

עתה נבחן מה הנפקא מינה הלכה למעשה בין שיטת הרמב"ם והרמב"ן. ונעמוד על שני מצבים: האחד כוהנים ללא עבודה, והשני עבודה ללא כוהן.

הנאה בבגדים שלא בשעת העבודה

לדעת הרמב"ן בגדי כהונה שייכים לעבודה, וממילא אסור ליהנות מהם שלא בשעת העבודה. בגמרא נראה שהתירו הנאה מבגדי כהונה מפני "שלא ניתנה תורה למלאכי השרת". אך לדעת הרמב"ן לא מדובר בהיתר לכתחילה אלא רק בפטור בדיעבד. וזה לשון הרמב"ן בחידושיו לקידושין (סו ע"א):

> הקים להם בציץ שבין עיניך. פרש"י ז"ל "ואף על גב דלאו שעת עבודה היא, הא אמרינן בפרק ב (לעיל שם נד ע"א): בגדי כהונה ניתנו ליהנות בהם". ולא מחוור. דהתם לא להתיר נאמרה, אלא לומר שאי אפשר שלא יהנו בהן בשוגג, שלא ניתנה תורה למלאכי השרת שלא יהנו מהן, אבל ללובשן במזיד שלא בשעת עבודה – ודאי לא...[7]

נציין שכך היא גם דעת רבנו תם (יומא ה ע"ב תוספות ד"ה הקם, ושם סט ע"א תוספות ד"ה בגדי).

לעומתם, הרמב"ם פוסק שמותר לכתחילה ליהנות מבגדי כהונה, וזה לשונו בהלכות כלי המקדש (פ"ח הי"א): "בגדי כהונה מותר ליהנות בהן,

7. לא נדון כאן על דיני כלאיים אלא רק מצד איסור מעילה, וראה בהערה הבאה.

לפיכך לובש אותן ביום עבודתו אפילו שלא בשעת העבודה..."[8], וכן היא דעת רש"י (המובאת ברמב"ן לעיל[9]), בעלי התוספות[10], הראב"ד[11] והמאירי[12].

נמצא שהרמב"ם והרמב"ן עקביים בתפיסותיהם. לדעת הרמב"ן בגדי כהונה נועדו רק לעבודה, וממילא לכתחילה אסור ליהנות מהם שלא בשעת העבודה[13], והתירו רק הנאה בדיעבד ומשום שכוהנים אינם מלאכי השרת. ולדעת הרמב"ם הבגדים אינם שייכים רק לעבודה, וממילא ההנאה בהם מותרת לכתחילה אף שלא בשעת העבודה.

בגדי כהונה למי שאינו כוהן

לזר אסור לעבוד במקדש, ואם עבד עבודתו פסולה וחייב מיתה (רמב"ם הלכות ביאת המקדש פ"ט ה"א), אך יש לשאול: האם זר שעבד חייב גם מפני שעבד מחוסר בגדים? בשאלה זו דנו בתוספתא בזבחים (פי"ב הט"ז):

8. וכן בפירוש המשנה יומא פ"ז מ"א. ובפירושו לתמיד פ"א מ"א כתב הרמב"ם: "מניחים אותן תחת ראשיהם – רצה בכך כנגד ראשיהם, וכך באר התלמוד, לפי שאינם יכולים להניחם מראשותיהם, לפי שבבגדי כהונה שיש בהם שעטנז דוקא אסור ליהנות בהם זולתי בשעת העבודה, ובגדי כהן הדיוט יש בהם שעטנז כלומר האבנט". הרב קאפח העיר שהמשפט "שיש בהם שעטנז דוקא" לא היה במהדורה קמא. נראה שהרמב"ם הוסיף והבהיר שאלמלא איסור כלאיים אפשר היה ליהנות מהבגדים, כפי שפסק בהלכות כלי המקדש (פ"ח הי"א). והדברים מפורשים ברמב"ם: "לפי שהכלל אצלינו בגדי כהונה נתנו להנות שלא בשעת עבודה".
9. קידושין סו ע"א ד"ה הקים. ברם רש"י בקידושין נד ע"א (ד"ה בכתונות כהונה שלא בלו) כתב כשיטת התוספות והרמב"ן.
10. יומא כג ע"ב תד"ה יש
11. השגות להלכות כלי המקדש פ"ח הי"א, ובפירושו לתורת כהנים (מובא בתורה שלמה לשמות כ"ח, מא אות קמה).
12. יומא סח ע"ב.
13. אם כי נראה שלמחלוקת זו אין כל כך נפקא מינא למעשה. שכן לדעת הרמב"ן (שבת קיא ע"א): "אמרו (יומא סט ע"א) בגדי כהונה קשין הן ונמטא גמדא דנרש שרי, לפי שאין בהן הנאה אף על פי שהוא לבוש בכלאים" (ועיין בשיטה מקובצת ביצה טו ע"א ועוד). כלומר, אין בלבישתם הנאה. קביעה זו אינה עולה בקנה אחד עם הבנתו של הרמב"ן את איסור ההנאה בבגדים. ייתכן שההנאות הנדרשות לאיסור כלאיים לאיסור מעילה שונות, וצ"ע.

"זר שעבד טמא טבול יום מחוסר בגדים ומחוסר כיפורים ושלא רחוץ ידים ורגלים – אין חייב אלא אחת". משמע שאלמלא הכלל ש"אין איסור חל על איסור" – זר היה חייב על שעבד בחיסור בגדים[14]. כלומר, כל אדם שעובד חייב ללבוש בגדי כהונה בשעת העבודה כדי שלא יתחייב גם באיסור עבודה מחוסר בגדים. עמדה זו תואמת את דעת הרמב"ן שהבגדים הם תנאי לעבודה. דעה זו מובאת גם בתוספות (קידושין לו ע"ב ד"ה חוץ) שדן על דברי המשנה שקרבנות "נוהגים באנשים ולא בנשים", וזה לשונם:

> חוץ ממנחת סוטה ונזירה מפני שהן מניפות – ואם תאמר תיפוק ליה דכל הני אינם כשרות בנשים לפי שהן מחוסרי בגדים, דהא אמר בפרק ב דזבחים (יז ע"ב) דאפילו כהנים בזמן שאין בגדיהם עליהם אין כהונתם עליהם? **ויש לומר דמיירי שלבשו את הבגדים**, אי נמי יש לומר כיון שלא נצטוו בבגדי כהונה לא הוו מחוסרי בגדים[15].

אפשר שהרמב"ן יסכים לתירוצם הראשון, שאם זר עובד, כדי שלא יעבור על איסור עבודה בלא בגדים עליו ללבוש בגדי כהונה. אך אילו הרמב"ן הסתמך על התוספתא היה לו להביאה בדבריו. ואפשר שהוא מודה לתירוץ הראשון של התוספות, או שהוא סובר שבגדי הקודש הם מכשיר לעבודת הכוהנים דווקא, אך הבגדים אינם שייכים כלל לזרים.

בתירוצם השני כתבו התוספות ש"כיון שלא נצטוו בבגדי כהונה – לא הוו מחוסרי בגדים", וכן כתב הריטב"א בחידושיו (קידושין לו ע"א) "דשמא אין בגדי כהונה מעכבין אלא לבני אהרן שנצטוו בהן, אבל בנות אהרן שלא נצטוו בבגדי כהונה כלל אינן מעכבין בעבודתן". וברור שגם הרמב"ם סובר כן, שבגדי הכהונה הם לכוהנים דווקא.

כאן אפשר לעמוד על הבדל דק בין דעת הרמב"ם והתוספות. הרמב"ם הביא את דין התוספתא הנזכרת בהלכות ביאת מקדש (פ"ט

14. עיין אתוון דאורייתא (כלל יא, עמ' 53).
15. בתוספות רא"ש (שם ע"א) כתב: "ויש לומר, דאשה כיון דלא כתיב בה בגדי כהונה לאו מחוסרת בגדים היא, ואי לאו דמימעטא מקרא הייתי מכשירה בלא בגדים כבני אהרן בבגדים".

הי"א), אך מסוף דבריו נראה שגרסתו שונה לחלוטין. וזה לשונו: "ואם היה זר – אינו לוקה אלא אחת, משום זרות" ולא מנה את כל הרשימה המופיעה בגרסה שלפנינו. ודייק מהר"י קורקוס (שם): "הזרים לא הוזהרו... והוא הדין לחיסור בגדים, דבכלל זרות הוא". וכן ציין הכסף משנה (שם): "וטעמא משום דלא הוזהר מלעבוד טמא ומחוסר בגדים... אלא מי שהוא ראוי לעבוד. אבל הזר, הואיל ואינו ראוי לעבוד – אינו עובר בשום אחת מאלה". כלומר, מאחר שחיסור בגדים בכוהן הוא מעין זרות, כשמדובר בזר ממש – אין אזהרה נפרדת לעבודה בחיסור בגדים[16]. אך הרמב"ם הבהיר באר היטב שדרישת לבישת הבגדים היא מצווה על הכוהנים דווקא. לכן נראה שהרמב"ם סובר שכל מי שאינו כוהן זכר אינו מוזהר לעבוד בבגדי כהונה, הן זרים והן עובדים שאינם כוהנים (סוטה ונזירה).

בהלכות כלי המקדש (פ"י ה"ד) כתב הרמב"ם שמחוסר בגדים הוא "כזר ששימש"[17], ברם בגמרא (סנהדרין פג ע"ב) וברמב"ן בספר המצוות (שם) נאמר: "והוו להו זרים". הוספת כ' הדמיון מותירה פתח לשאלה: במה הכוהן העובד מחוסר בגדים הוא כזר? בוודאי שיש דיני כהונה שחלים על כוהן גם כשאינו לבוש בגדי כהונה, כגון איסורים החלים על כוהנים, קידוש הכוהן וכיבודו, אכילת תרומה ועוד[18]. אלא כוונתו לומר שכוהן בלא בגדי כהונה אינו כוהן לעניין העבודה, וכך כתבו התוספות (זבחים כד ע"א ד"ה הואיל [השני]): "בגדי כהונה מקדשין האדם לעבוד עבודה"[19].

16. לפי הכסף משנה לכאורה סוטה ונזירה ילבשו בגדי כהונה (כדעה הראשונה בתוספות לעיל). שהרי סוטה ונזירה מחויבות בעבודה, שהרי אלו עבודות שנוהגות בנשים.

17. וכעין זה בפירוש המשניות (סנהדרין פ"ט ה"ו) "אבל אם חסר מהם דבר הרי הוא כזר".

18. שאלה זו של היקף הלימוד 'אין בגדיהן עליהן...' הביאה לידי המעשה המובא בהגהות מרדכי גיטין (סי' תסא): "מעשה ברבנו תם שיצק לו כהן מים על ידו, והקשה לו תלמיד אחד, והלא המשתמש בכהונה מעל, והשיב לו רבנו תם שאין בהן קדושה בזמן הזה, דקיימא לן (זבחים יז ע"ב) בגדיהן עליהן – קדושתן עליהן, ואי לא – לא. והקשה לו, אם כן כל מיני קדושה לא ליעבד להו? ושתק רבנו תם. והשיב ר' פטר, נהי דיש בהן קדושה יכולין למחול, כדמוכח בקידושין (כא ע"ב) שאין עבד עברי כהן נרצע מפני שנעשה בעל מום. ותיפוק ליה דהיכי מצי להשתעבד בו, אלא ודאי דמצי מחיל". עיין בשו"ת יביע אומר חלק ו או"ח סי' כב. ועיין עוד בדבריו של הרב בנימין תבורי לעיל עמ' מז.

19. יש מקום לדייק שהתוספות כתבו 'אדם' ולא 'כוהן', וזה לשיטתם (קידושין לו ע"ב

ברוח זו כתב גם הרב עמרם בלום בשו"ת בית שערים (או"ח סי' טו, ד"ה ומ"ש לתרץ) שהבגדים מחילים על הכוהנים את שליחותם[20]. לפי תפיסה זו מובן מדוע לדעת הרמב"ם זר לא שייך בבגדי כהונה. מפני שבגדי הכהונה הם העושים את הכוהנים לשלוחי רחמנא, וזר לעולם לא יוכל להיות שלוח רחמנא[21].

ד. בגדי הקודש ועבודת ה'

כאמור, בגמרא בסנהדרין (פג ע"ב) דרשו "בזמן שבגדיהם עליהם – כהונתם עליהם, אין בגדיהם עליהם – אין כהונתם עליהם, והוו להו זרים. ואמר מר: זר ששימש – במיתה". אך קשה, והרי התורה מפרשת אזהרת מיתה לעבודה בחיסור בגדים (שמות כ"ח, מג): "והיו על אהרן ועל בניו בבאם אל אהל מועד או בגשתם אל המזבח לשרת בקדש ולא ישאו עון ומתו". מדוע נדרש הלימוד אם יש פסוק מפורש? הרב יעקב מאורליינש[22] תירץ באחד מתירוציו שהפסוק האמור מדבר על כוהן שעובד בלי מכנסיים, אך לא על יתר הבגדים. כלומר, לדעתו דין מכנסיים שונה מדין יתר הבגדים, כן עולה גם ממבנה ההקבלה שציינו בראשית המאמר[23].

דברי הר"י מאורליינש פותחים לנו פתח לחלק בין המכנסיים ליתר הבגדים. כאמור, בפסוקים מפורש שהבגדים כולם הם לכבוד ולתפארת

ד"ה חוץ) המובאת לעיל שייתכן שזר שעובד חייב ללבוש בגדי כהונה.

20. וראה שם בהערות המו"ל שביאר כיצד כוהן יכול לשחוט בבגדי כהונה, והלוא שחיטה כשרה בזר, ונמצא שהיא עבודה שאפשר לעשותה בלי בגדי כהונה, ונמצא שהכוהן ששוחט נהנה מהכלאיים שבבגדיו שלא בשעת עבודה.

21. קצרה היריעה מלעמוד על שאלת דרישת 'לשמה' בעשיית הבגדים, אך די לנו לציין שלדעת כמה אחרונים, ובראשם המנחת חינוך (מצווה צט), הרמב"ם (הלכות כלי המקדש פ"ח ה"א) והרמב"ן (שמות כ"ח, ב, מלחמות ה' סוכה ד ע"ב בדפי הרי"ף) נחלקו בזה. ולעומתם, לדעת הגרי"ד ואחרים אין מי שחולק על ההנחה שעשיית הבגדים מצריכה כוונה לשמה (אגרות הגרי"ד הלוי עמ' קצד).

22. תוספות סנהדרין שם ד"ה אין בגדיהם, זבחים יז ע"ב ד"ה אין בגדיהם, וביומא ה ע"ב ד"ה להביא את המכנסיים.

23. בחידושי הגר"ח סולובייצ'יק (סטנסיל סי' שיט עמ' קפו-קפז) הקשה שסוף סוף המכנסיים הם כיתר הבגדים, וחיסור כל אחד מהבגדים הוא חיסור כל הבגדים, וחזרה הקושיה למקומה. לענ"ד קושייתו מתייתרת לאור האמור בהמשך הדברים.

לפני ה׳, אך המכנסיים יצאו מכלל זה, והתורה מביאה טעם אחר למצוותם: ״לכסות בשר ערווה״ (שמות כ״ח, מב). בעקבות דברים ששמעתי ממו״ר הרב אהרן ליכטנשטיין שליט״א בשם הגרי״ד ז״ל, נציע שיש צביון שונה למכנסיים וליתר בגדי הכהונה. כל הבגדים מלבד המכנסיים מיועדים לכבוד ולתפארת. זהו דין בעמידה לפני ה׳: אדם העומד לפני ה׳ מחויב להופיע בצורה מכובדת. מנגד, כמפורש בפסוקים, הן בציווי עשיית הבגדים (שם) והן בפירוש דין מזבח אבנים (שם כ׳, כב) אסור לאדם לגלות את ערוותו בעבודתו לפני ה׳. כבוד ותפארת היא דרישה של יופי חיצוני. לעומת זאת, המכנסיים אינם נראים לעין כלל, שכן שהכתונת מכסה אותם לגמרי. ומטרתם – צניעותו של הלובש ושפלות רוחו. המכנסיים מיועדים רק לכוהן, ועניינם שלא יתחצף כלפי שמיא ויעבוד בגילוי ערווה גם כשאיש לא יראה זאת ולא ידע זאת מלבדו[24].

דומה שצביונם הכפול של בגדי הקודש השייכים בעבודת המקדש השפיע גם על דיני תפילה, שאף היא עבודה, ׳עבודה שבלב׳[25]. מצד אחד יש דין שהלב לא יראה את הערווה (ברכות כה ע״ב), ומצד שני יש דין של הכנה לעמידה לפני ה׳[26]. בשולחן ערוך (או״ח צח, ד) פסק: ״התפלה

24. במכילתא דרבי ישמעאל (יתרו, מסכתא דבחדש פרשה יא) שאלו, כיוון שהכוהנים לובשים מכנסיים שמכסים את הערווה, למה צריכים לעלות בכבש כדי להימנע מגילוי ערווה? והשיבו ש׳גילוי ערווה׳ אינו דווקא ערווה ממש, אלא גם פסיעה גסה. יש להעיר כי הרב יוסף רוזין, הרוגוצ׳ובר (בשו״ת צפנת פענח, דוינסק, סי׳ א, ואת דבריו ביאר הרב ש״י זווין, אישית ושיטות עמ׳ 125) כתב גם הוא שיש לבגדי הכהונה שני תפקידים, האחד שלילי, סילוק היותו ערום והגנה מן הקור, והשני חיובי, לכבוד, ומציע שם נפקא מינות לשני תפקידי הבגדים.

25. בספרי (דברים פי׳ מא) נחלקו תנאים: ״׳ולעבדו׳ – זה תלמוד... וכשם שעבודת מזבח קרויה עבודה, כך תלמוד קרויה עבודה. דבר אחר ׳ולעבדו׳, זו תפילה... וכי יש לך עבודה בלב? הא מה תלמוד לומר ׳ולעבדו בכל לבבכם׳? זו תפילה״. בספרי – התלמוד והתפילה קרויים ׳עבודה׳, והתלמוד גם מושווה לעבודת המזבח. מכאן היה אפשר לצפות כי דרישת הלבוש בעבודת המקדש תשתקף גם בתפילה ובתלמוד. על דיני לבישה לתפילה כתבנו לעיל בגוף המאמר, ונציין כי גם לדרישת לבוש נאה בתלמוד מצאנו הדים בכמה מקומות, ראה שבת קמה ע״ב, וברמב״ם הלכות דעות פ״ה הי״ז.

26. עיין שבת י ע״א רש״י ד״ה הכון, והשווה תוספות שם ד״ה טריחותא. ועיין ברכות כה ע״א רש״י ד״ה אבל.

היא במקום הקרבן... וראוי שיהיו לו מלבושים נאים מיוחדים לתפלה כגון בגדי כהונה... ומכל מקום טוב הוא שיהיו לו מכנסים מיוחדים לתפלה משום נקיות". היינו, דין לבוש לעבודת המקדש כדין לבוש לעבודה שבלב. ישנה דרישה כפולה: מלבוש נאה, ומכנסיים משום נקיות. דרישות דומות ישנן גם במצבים נוספים של עמידה לפני ה', כגון בקבלת שבת[27] ובכניסה להר הבית[28].

וכדברי הרב יעקב מאורליינש. אמנם המכנסיים כלולים בבגדי כהונה, אך הם שונים במהותם מיתר הבגדים. בעוד יתר הבגדים מיועדים לכבוד ולתפארת, ועניינם שהעמידה לפני ה' תהיה מכובדת, הרי שהמכנסיים מיועדים לצניעות ולא לכבוד. שוני זה מוליד את הצורך בדרשה לדין מיתה של העובד מחוסר בגדים. שהרי עבודה בלא מכנסיים המיועדים לצניעות חמורה יותר מאשר עבודה בלי פריט אחר של בגדי הקודש. ולכן, אלמלא הדרשה בגמרא – לא היינו מסיקים דין מיתה למחוסר בגדים שאינם המכנסיים.

ייתכן גם שדין המכנסיים שונה מדין יתר הבגדים. סביר להניח כי דינים היונקים מ'כבוד ותפארת' לא יחולו לגבי המכנסיים, שאינם לכבוד ולתפארת אלא לכיסוי בשר ערווה. והיה מקום לשער שדינים אלו לא יחולו על המכנסיים, שלפי האמור לעיל אינם 'לכבוד ולתפארת'. הדים לדעה כזו יש בכמה מקומות:

א. חיסור בגדים בביאה ריקנית: הריצב"א (יומא ה ע"ב בתוספות ד"ה להביא) כתב: "דמיתה דגבי מכנסיים איצטריך לחייב אפילו בביאה ריקנית אאהל מועד מי שנכנס מחוסר בגדים...". על כך יש להוסיף שייתכן שלדעת הרמב"ן, הסובר שהבגדים הם תנאי לעבודה, דין זה נאמר דווקא ביתר הבגדים (וכאמור, לדעת הרמב"ן גם הקרבנות הם לכבוד ולתפארת). ואילו המכנסיים אינם בכלל זה, ואין איסור ללבשם שלא בשעת העבודה.

27. שבת קיט ע"א רש"י ד"ה מתעטף: "בבגדים נאים", וראה שולחן ערוך (או"ח רסב, ג). ועיין בדברי הגרי"ד (שיעורים לזכר אבא מרי, עמ' סד). דברינו קרובים לכוונתו ועליו נשענים.

28. עיין ברמב"ם הלכות ביאת מקדש פ"א הי"ז, וכתב הכסף משנה שם: "נראה שהוא מסברא, שזה בכלל מה שנצטוינו ליראה מהמקדש".

ב. עשיית פתילות מבלויי הבגדים: הרמב"ם פסק (הלכות כלי המקדש פ"ח ה"ו): "מכנסי כהנים הדיוטים שבלו ואבנטיהם היו עושין מהן פתילות... בשמחת בית השואבה, וכתנות כהנים הדיוטים שבלו היו עושין מהן פתילות למנורת תמיד", ובספר משנת יעקב הסביר חילוק זה: "יתכן דמעיקר הדין לא היו עושין פתילות ממכנסים שבלו למנורת הקדש, כיון דהמכנסים לא היו לכבוד ולתפארת" אלא לכיסוי בשר ערווה, ואין זה כבוד למנורה שתעשנה פתילותיה ממכנסיים המיועדות לכיסוי בשר ערווה[29].

על אלה יש להוסיף שתי השערות שלא מצאתי להם תימוכין:

ג. דין 'נאים' בבגדים: בגדי הקודש חייבים להיות "חדשים, נאים ומשולשלים... שנאמר 'לכבוד ולתפארת'" (רמב"ם הלכות כלי המקדש פ"ח ה"ד). אפשר לשער שדין זה יחול רק על יתר הבגדים, ולא על המכנסיים שאינם 'לכבוד ולתפארת'.

ד. בגדים למי שאינו כוהן: אפשר היה לומר שאף אם זרים אינם מצווים כלל בבגדי כהונה (כמובא לעיל שזו דעת הרמב"ם, שיטה אחת בתוספות ודעת הריטב"א) עדיין יחול איסור על אותם זרים לעבוד בלי כיסוי בשר ערווה, כלומר מכנסיים.

על כל פנים, מובן שלדעת הרמב"ם והרמב"ן כיסוי בשר ערווה הוא תנאי הכרחי אך לא תנאי מספיק לקיום 'כבוד ותפארת'. כוהן הלבוש בבגדים נאים אך הולך בלא כיסוי בשר הערווה, אף שרק הוא יודע על כך, הוא

29. על דברי הרב רוזנטל יש להקשות מלשון הרמב"ם: "מכנסי כהנים הדיוטים שבלו **ואבנטיהם**", והרי מפורש בכתוב (שמות כ"ח, מ) שהאבנטים נעשו 'לכבוד ולתפארת', ולא כמו המכנסיים. מאחר שנראה כי הרמב"ם קושר את המכנסיים והאבנטים כאן, הארתו של הרב אינה מדויקת ברמב"ם. אמנם אפשר להוסיף את דברי הכסף משנה על דברי הרב רוזנטל, ולומר: לא עשו פתילות מהמכנסיים, מפני שאין זה כבוד למנורה שתידלק במכנסיים שנעשו לכיסוי בשר ערווה (כדברי הרב רוזנטל). ומהאבנטים לא עשו פתילות, שכן יש בהם צמר שאינו דולק יפה (כסף משנה), והרמב"ם כלל את שני הדינים ביחד.

צבוע וגס רוח. כדי שאדם יוכל לעמוד לפני ה׳ עליו לעמוד לא רק במראה חיצוני מכובד, אלא גם, ובעיקר, בהכנעה ושפלות רוח.

סיכום

הרמב״ם והרמב״ן נחלקו בהבנת מצוות בגדי הקודש.

לדעת הרמב״ם: בגדי הקודש הם מצווה המוטלת על הכוהנים, והבגדים מיועדים להגדיל את כבוד הכוהנים. ממילא אין דין בגדי קודש בעובד שאינו כוהן, וכוהן יכול ללבוש את הבגדים במקדש שלא בשעת העבודה, וכן את הבגדים לא צריכים לעשות ׳לשמה׳.

לדעת הרמב״ן: בגדי הקודש אינם אלא הכשר למצוות עבודת המקדש, והבגדים מיועדים להגדיל את כבוד ה׳. ממילא, ייתכן שיש חיוב בגדים לכל עובד, ולאו דווקא לכוהן, ולבישת הבגדים אסורה לכוהן שלא בשעת עבודתו. ואת הבגדים צריך לעשות ׳לשמה׳.

עיונים בברכת כוהנים

הרב מרדכי כהן

המקור בתורה לברכת כוהנים

בספר במדבר (ו', כב-כז) נאמרה ברכת כוהנים:

> וידבר ה' אל משה לאמר. דבר אל אהרן ואל בניו לאמר, כה תברכו את בני ישראל אמור להם. יברכך ה' וישמרך. יאר ה' פניו אליך ויחנך. ישא ה' פניו אליך וישם לך שלום. ושמו את שמי על בני ישראל ואני אברכם.

אפשר לחלק פרשה זו לשלושה חלקים:

1. ציווי ה' למשה (כב-כג).
2. הברכה (כב-כו).
3. סיום (כז).

לכאורה נראה שהכוהנים והקב"ה גם יחד מברכים את ישראל, שהרי למושג ברכה יש שתי הוראות:

א. איחול טובה, דהיינו אמירה המאחלת טובה. ברכה זו יכול לברך גם אדם, כפי שמצאנו אצל משה שאמר (דברים ל"ג, א): "וזאת הברכה

אשר ברך משה". הכוהנים הם אפוא אומרי הברכה. איחול זה ייתכן שהוא אמירה בלבד, אך ייתכן שתהיה בו הבטחה כמבואר בהמשך.

ב. הגשמת הטובה, דהיינו תוספת טובה בפועל, כפי שנאמר (בראשית כ"ד, א): "וה' ברך את אברהם בכל", וזאת רק בכוחו של ה' לעשות.

חילוק זה מתבאר בברכת כוהנים עצמה. שהרי הכוהנים אומרים "יברכך ה'", כלומר ברכתם היא הודעה לעם שהקב"ה יברכם. וכן פירש"י "יברכך ה'" (דברים ו', כד): "שיתברכו נכסיך", והיינו שברכה היא הגשמת ברכת הממון בפועל. אך קשה, למה נחוץ לנו הסיום "ואני אברכם"? אם הקב"ה ציווה לכוהנים לברך את העם בברכת ה', כלומר שיודיעו לישראל את ברכתו של ה', ברור הוא שלבסוף יגשים את הברכה.

אפשר היה לתרץ כי הסיום הוא משפט תנאי. כלומר, "ואני אברכם" מותנה ב"ושמו את שמי על בני ישראל". אך זה לכאורה קשה, כיוון שהתנאי של "ושמו את שמי", כלומר שהכוהנים יזכירו את שם ה' בברכתם, נראה מיותר. שהרי ברור הוא שאין לכוהנים להוסיף או לגרוע מלשון הברכה הכתובה בתורה, ועל הכוהנים לומר את הברכה בשם ה', ורק אז היא תחול. וכי לולי הסיום "ושמו את שמי על בני ישראל" לא היינו יודעים זאת מעצם הציווי "כה תברכו"?!

א. "ואני אברכם"

פעמים שהקב"ה בעצמו מודיע את ברכתו לאדם, כמו שנאמר (בראשית, כ"ב, יז): "כי ברך אברכך והרבה ארבה את זרעך...". ואמנם משניתנה ברכתו של הקב"ה היא מובטחת לאדם, והקב"ה אינו חוזר מהבטחתו. כדברי הגמרא בברכות (ז ע"א): "אמר ר' יוחנן משום ר' יוסי: כל דבור ודבור שיצא מפי הקב"ה לטובה – אפילו על תנאי לא חזר בו"[1]. אך כאשר מדובר על ברכת הכוהנים אפשר לומר כאחת משתי ההבנות:

1. ראה בהקדמת הרמב"ם לפירוש המשנה (מהד' הרב שילת עמ' כג) שהאריך בעניין זה.

א. מכיוון שהכוהנים הם בשר ודם ואינם מקיימים את ברכתם – אין בכוחם להבטיח את ברכת ה׳ לישראל, וברכתם אינה אלא **איחול** ללא הבטחה.

ב. ואפשר לומר שכשהקב״ה נתן לכוהנים את הזכות לברך את העם הוא התחייב לקיים את ברכתם. וממילא נמצאת ברכתם של הכוהנים דומה לזו של הקב״ה – **הבטחה** בעלת תוקף להגשמתה.

דומה ששתי הבנות אלו בברכת הכוהנים תלויות במחלוקת תנאים בקשר לתיבות ״ואני אברכם״. אמרו בחולין (מט ע״א):

> דתניא: ״כה תברכו את בני ישראל״, ר׳ ישמעאל אומר: למדנו ברכה לישראל מפי הכהנים, לכהנים עצמן לא למדנו, כשהוא אומר ״ואני אברכם״ – הוי אומר כהנים מברכין לישראל, והקב״ה מברך לכהנים. ר׳ עקיבא אומר: למדנו ברכה מפי הכהנים, מפי גבורה לא למדנו. כשהוא אומר ״ואני אברכם״ הוי אומר כהנים מברכין לישראל, והקב״ה מסכים על ידם.
>
> אלא לר׳ עקיבא ברכה לכהנים מנא ליה? אמר ר׳ נחמן בר יצחק: מ״ואברכה מברכך״ (בראשית י״ב, ג).

נראה שר׳ ישמעאל הבין כהבנה השנייה שהצענו, שהקב״ה מסכים לברכת הכוהנים לכתחילה, והיא כעין ברכת ה׳. לכן כאשר הכוהנים מברכים את ישראל העם אינו זקוק עוד לברכה מפי ה׳. מתוך הבנה זו מסיק ר׳ ישמעאל ש״ואני אברכם״ מוסב על הכוהנים, שעדיין לא התברכו.

על פי שיטה זו אין סתירה בין ״כה תברכו״ ל״ואני אברכם״, שכן בעוד ברכת הכוהנים מתייחסת לישראל, הרי שברכת ה׳ מיועדת לכוהנים.

לעומתו, ר׳ עקיבא הבין כהבנה הראשונה, שברכת הכוהנים אינה הבטחה גמורה לברכת ה׳. לכן ר׳ עקיבא פירש ש״ואני אברכם״ מוסב על העם. לשיטתו ברכת הכוהנים היא אמירת הברכה בלבד, ומי יאמר שברכתם תתגשם בעתיד? על כן בא הכתוב: ״ואני אברכם״, כלומר שהקב״ה מסכים לקיים את ברכת הכוהנים. ברם אין בדברי ר׳ עקיבא זלזול בברכת הכוהנים, שהרי הם היוצרים את התשתית לברכת ה׳.

את שיטת ר' ישמעאל אפשר לפרש בשתי דרכים:

א. הכוהנים הם כלי להעביר את ברכת ה', וברכתם דומה לדברי נביא הנאמרים בשם ה'. שהרי גם כאן, הכוהן אומר את דבריו בשם ה', "אמור להם". ונמצא שברכת הכוהנים מיוחסת לקב"ה.

ב. אפשר לומר שהכוהנים מברכים את ישראל מכוח עצמם, וברכתם מיוחסת אליהם עצמם[2].

הבנה זו האחרונה נראית מחודשת. האם ייתכן שאדם יהיה המברך עצמו? ומניין שיש לאדם כוח של ברכה?

אם נבין שכוונת הפסוק "כי בצלם אלהים עשה את האדם" היא לברכה – נוכל להבין כיצד יכול האדם לחדש ברכה. כשם שהקב"ה ברא את העולם במאמר פיו – כך האדם, שהוא צלמו של אלהים, מסוגל ליצור במאמרי פיו. הקב"ה נתן לאדם סמכות שיוכל בדיבורו להוסיף טובה ולברך את הזולת ממקור הברכה העליונה.

הבנה כזו בשיטת ר' ישמעאל, שברכת הכוהן היא בעלת אישיות עצמאית, מתבארת היטב בדברי רש"י על הכתוב (בראשית י"ב, ב) "והיה ברכה". וזה לשונו: "הברכות נתונות בידך. עד עכשיו היו בידי, ברכתי לאדם ונח. ומעכשיו אתה תברך את אשר תחפוץ". סוד גדול השמיענו רש"י, הקב"ה העביר את ברכתו לאברהם אבינו[3], וברכה זו עברה מדור לדור עד שהגיעה לכוהנים. וכך נאמר גם במדרש הגדול (פרשת נשא): "אמר לו הקב"ה לאברהם: עתיד אני להעמיד מבני בניך שבט שמברך את ישראל". משמע שיש לברכת הכוהנים תוקף כברכת ה'. יתר על זאת, היא גם מיוחסת לכוהנים עצמם. לעומתו, ר' עקיבא סבר שהעברת הברכה מהקב"ה לכוהנים כוללת רק את העברת הזכות לברך, אך מצד עצמה אינה יכולה לקיים את הברכה לולי הקיום של ה'.

2. אפשר לומר שהצד הראשון מייצג את ברכת הכוהנים כעבודה, והצד השני מייצג אותה כברכה, ושני צדדים אלו בברכת כוהנים כתב הגרב"ד פוברסקי בספרו בד קודש על מסכת ברכות (סי' יט).

3. ראה נדרים לב ע"ב.

על שיטת ר' ישמעאל יש קושיה מדברי הפוסקים (ראה רמב"ם הלכות תפילה פט"ו ה"ג ושולחן ערוך או"ח קכח, לה) שכתבו על פי הגמרא (ברכות לב, ע"ב) שכוהן שעבר על אחת משלוש עבירות אינו יכול לישא את כפיו: אם הרג את הנפש, עבד עבודה זרה או המיר לעבודה זרה. אך אם עבר על אחת משאר העברות – יכול לברך. וקשה, כיצד ברכתו של כוהן שאכל נבילות וטרפות, ומחלל שבת בפרהסיה תוכל להיות כעין ברכת ה'? ויותר קשה מצד המתברכים, אם יש ח"ו רוצח בין ציבור המתפללים, היעלה על דעתנו שברכת הכוהן תחול גם על הרוצח רק משום שהקב"ה התחייב לקיים את ברכתו של הכוהן?

אמנם לפי ההבנה הראשונה בדעת ר' ישמעאל, שהכוהן הוא רק מכשיר בידי הקב"ה, מתורצת גם תמיהה זו. שהרי מה אכפת לנו אם הכוהן רשע? והרי ברכתו של הכוהן מיוחסת לקב"ה, והוא שמה על מי שירצה. לר' עקיבא גם כן אין קושיה, שהרי לדעתו ברכת הכוהן היא אמירה בלבד, ותלויה בהסכמת הקב"ה. כך משמע מהירושלמי בגיטין (פ"ה ה"ט): "שלא תאמר איש פלוני מגלה עריות ושופך דמים והוא מברכני[4]? אמר הקב"ה: ומי מברך? לא אני מברכם? שנאמר: 'ושמו את שמי על בני ישראל ואני אברכם'".

בתוספות (חולין מט ע"א ד"ה והקב"ה) כתבו: "והקב"ה מסכים על ידם – ולר' ישמעאל לא איצטריך קרא להכי, דפשיטא דמסכים,

4. שיטה זו שבירושלמי לכאורה חולקת על האמור בבבלי (ברכות לב ע"ב): "אמר ר' יוחנן: כהן שהרג את הנפש לא ישא כפיו, שנאמר: '[ובפרשכם כפיכם אעלים עיני מכם...] ידכם דמים מלאו' (ישעיה א', טו)".
בראשונים נאמרו כמה חילוקים כדי ליישב את השיטות. באור זרוע (חלק א סי' קיב) בשם הראבי"ה כתב שבירושלמי מדברים על רוצח שעשה תשובה, ובבבלי על רוצח שלא עשה תשובה. אך חילוק זה קשה, כיוון שבפסוק שבישעיהו משמע שאפילו אם עשה תשובה אינו מברך, שהרי נאמר: "גם כי תרבו תפילה אינני שומע, ידיכם דמים מלאו". ואכן הטור, שפסק שאפילו עשה תשובה לא עולה לדוכן, הביא פסוק זה בשלמותו לראיה. ובאור זרוע עצמו (חלק ב סי' תיב) מתרץ שבבבלי דיברו על רוצח מפורסם, ובירושלמי על מי שרצח במקרה.
הרמב"ם (הלכות תפילה פט"ו ה"ג) כתב שאף על פי שעשה תשובה – לא יישא את כפיו, והכסף משנה (שם ה"ו) כתב שהרמב"ם מפרש את דברי הירושלמי שמדובר שהעם מרננים אחריו שהוא מגלה עריות ושופך המים, אך הדבר אינו ידוע בבירור.

כיוון שצווה להם לברך". יש לעיין אם כוונתם שהקב"ה מסכים לברכתם מלכתחילה, וכהבנתנו, או שמא הם סבורים שגם לפי ר' ישמעאל הסכמתו של הקב"ה באה על כל ברכה וברכה מחדש. לפי זה נמצא שמחלוקת ר' ישמעאל ור' עקיבא אינה עקרונית, ושניהם מודים כי ברכת הכוהנים אינה הבטחה גמורה, והיא זקוקה להסכמה משמים, אלא שהם חולקים כיצד לומדים הסכמה זו מהכתוב.

שיטת הרשב"ם

דרך שלישית להבנת פעולת הברכה של הכוהנים מצאנו בדברי הרשב"ם (ויקרא שם):

> "כה תברכו את בני ישראל" כלומר לא תברכו מברכת פיכם כאדם שאומר תבואתה לראש פלוני כך וכך, אלא אלי **תתפללו** שאברכם אני, כמו שמפרש: "יברכך ה'", ואני אשמע קולכם כאשר תאמרו, ואברכם לישראל...

כלומר, לפי הרשב"ם הכוהנים אינם מבטיחים לעם את ברכת ה', וברכתם היא **תפילה** שברכת ה' תשרה על ישראל. גם "ואני אברכם" אינו הסכמה לברכת הכוהנים, אלא היענות הקב"ה לתפילת הכוהנים "יברכך ה' וכו'". היענות זו מציינת גם את הגשמת הברכה בפועל.

ב. "ושמו את שמי על בני ישראל"

נעיין עתה במשמעות התיבות "ושמו את שמי על בני ישראל" ומטרתן.

רש"י (במדבר שם) פירש בשם הספרי: "יברכום בשם המפורש", כיוון ש"ושמו את שמי" משמעו: שמי המיוחד לי. אך ברכה זו תהיה דווקא במקדש ולא מחוצה לו, כפי שכתב רש"י על הכתוב (שמות כ', כא): "בכל המקום אשר אזכיר את שמי אבוא אליך וברכתיך": "שלא נתן רשות להזכיר שם המפורש אלא במקום... וזהו בבית הבחירה..."[5].

5. וראה גם תוספות סוטה לח ע"א ד"ה הרי.

אך אפשר לפרש אחרת. בגמרא בסוטה (לח ע"ב) אמרו: "אמר ר' יהושע בן לוי: מנין שהקב"ה מתאווה לברכת כהנים? שנאמר: 'ושמו את שמי על בני ישראל ואני אברכם'". ופירש"י (ד"ה ושמו את שמי): "תלה הכתוב הדבר בהן להיות ברכה זו שימת שמו על עמו, ולא עשאה צורך ישראל אלא צורך מקום". רש"י מסביר ששימת שמו של הקב"ה היא מופשטת וכללית. מטרת הברכה היא להטביע את נוכחות ה' במודעות של כל פרט ופרט כדי לדעת שהכול תלוי בחסדו ובברכתו של ה' יתברך. זוהי שימת שם ה' על העם והיא צורך גבוה, שהרי על ידי המעמד הנשגב של הברכה יש קידוש ה' גדול.

לאור זה ננסה להבין את פירושו הראשון של האבן עזרא (ויקרא שם ד"ה ושמו את שמי): "כטעם 'לשום שמי שם' (דברים י"ד, כב), שיהיו מקודשים בשם".

נראה כי האבן עזרא הבין שהביטוי "שימת שם" מציין את תפקיד וייעוד של הכוהנים – קידוש העם. כלומר שהדברים תלויים זה בזה, על ידי קידוש העם מתקדש שם ה'.

אפשר להסביר גם שקידוש העם בשמו של הקב"ה הוא החלת שם ה' בדברים גשמיים, כלומר נשיאת כפיים[6].

הקשר בין נשיאת כפיים לשם ה' מבואר בשולחן ערוך (או"ח קכח, יב), שם מבואר כיצד הכוהנים צריכים להחזיק את ידיהם בשעת הברכה: "וחולקים אצבעותיהם ומכוונים לעשות ב' אוירים. בין ב' אצבעות לב' אצבעות אוויר אחד, ובין אצבע לגודל ובין גודל לגודל..."[7], כלומר בין עשר האצבעות נוצרים חמישה חללים, כלומר נוצר הצירוף: י־ה, ונמצא שהכוהן שם את שם ה' על העם פשוטו כמשמעו. כעת מובנים המשך

6. את נשיאת הכפיים כבר מצאנו בברכת אהרן בסוף חנוכת המשכן (ויקרא ט', כב): "וישא אהרן את ידו אל העם ויברכם...". ולפי אחת הדעות במדרש אהרן בירך ברכת הכוהנים. לכן מסיקים בספרי: "מכאן לברכת הכהנים שהיא בנשיאת כפיים".

7. יסודם של חמשת ה"אווירים" הוא בשיר השירים (ב', ט) "מציץ מן החרכים" – מן **ה'** – חרכים. וראה בתנחומא (במדבר נשא, סי' ח): "מבין אצבעות של הכהנים, מציץ מן החרכים, בשעה שפושטין את ידיהם...". במדרש מוכיחים מכאן שאין ברכת כוהנים ברכה מצד עצמה, ולכן הקב"ה עומד עמהם ומברך את העם. וראה בבית יוסף (או"ח סי' קכח) טעמים נוספים, וסיים שם: "אבל הרמב"ם לא הזכיר דבר זה כלל לפי שאינו בתלמוד".

דברי השולחן ערוך: "ופורשים כפיהם כדי שיהא תוך כפיהם (=כף היד) כנגד הארץ, ואחורי ידיהם (=גב היד) כנגד השמים". כלומר הכוהן סומך כביכול את ידיו, שבהם נמצא שם ה', על העם, ובצירוף עם אמירת שם ה' בברכה מושח את העם להיותו עם קדוש.

הדבר דומה לנעשה בשעיר המשתלח, שם כתב האבן עזרא על הפסוק (ויקרא ט"ז, כא) "ונתן אתם על ראש השעיר": "אחר שיסורו מישראל כאילו נתונים הם על ראש השעיר". כשם שבשעיר המשתלח סמיכת העוונות הופכת את השעיר למכפר – כך גם נשיאת כפיים הופכת את העם לעם קדוש. כמו כן נאמר בסמיכת יהושע (במדבר כ"ז, כג): "ויסמך את ידיו עליו", ופירש"י: "ועשאו ככלי מלא וגדוש ומלאו חכמתו בעין יפה".

אף בברכת יעקב לאפרים ולמנשה מצאנו כי לנשיאת כפיים בברכה משמעות רבה[8].

על פי הבנה זו, בשימת שם ה' נעשית הקדשת העם דרך מעשה הכוהן. ומעשה זה מהווה הכנה לקבלת הברכה הבאה משמים.

מהי "שימת השם"?

האבן עזרא (שם) כתב בפירושו השני: "כאשר יזכירו שמי עליהם, כי בכל אחד מהשלשה פסוקים השם הנכבד והנורא". כלומר, שימת השם היא שהכוהנים אומרים את שם ה' בשעת שמברכים את העם. ברם לדבריו קשה, והלוא זה מובן מעצם הציווי "כה תברכו", כלומר שהברכה כוללת את שם ה'.

לפי רש"י קושיה זו אינה קשה, מפני שלדעתו הביטוי "ושמו את שמי" מציין את אמירת השם המפורש במקדש. אמנם נראה שמשמעות הביטוי "שימת שם" היא החלת שם ה' על העם באחד משני מובנים: או קירוב שם ה' אל לבו של עם ישראל על ידי מעמד הברכה, או שימת שם ה' ממש דרך מעשיו של הכהן.

8. וגם שם הייתה היד הימנית חשובה ומשפיעה יותר, כשם שבנשיאת כפיים נוהגים הכוהנים להגביה את היד הימנית קצת מעל היד השמאלית, ראה שולחן ערוך שם.

את כל אחד משלושת הפירושים האלו ב"ושמו את שמי" אפשר לכאורה לצרף לכל אחת משלושת ההבנות שנאמרו בברכת הכוהנים[9].

ג. ברכת כוהנים – לשם מה?

הרמב"ם (הלכות תפילה פט"ו ה"ז) כתב:

> ואל תתמה ותאמר, ומה תועיל ברכת הדיוט זה? שאין קבול הברכה תלוי בכהנים אלא בהקב"ה, שנאמר: "ושמו את שמי על בני ישראל ואני אברכם". הכהנים עושים מצוותן שנצטוו בה – והקב"ה ברחמיו מברך את ישראל כחפצו.

הרמב"ם אינו מפרש את טעם המצווה. ברכת הכוהנים היא גזרת המלך, הד לכך הוא בתפילה שמתפללים הכוהנים אחרי אמירת הברכה: "עשינו מה שגזרת עלינו...". אם בכל זאת ננסה להשיב על שאלת הרמב"ם נוכל לעשות זאת משני כיוונים:

1. **מצד המברך:** מצוות ברכת כוהנים באה לחזק את מעמדו של הכוהן בהיותו משרת ה' אשר בזכותו שורה ברכת ה'.
2. **מצד המתברך:** לבטא יום יום את ברכת ה' על ידי הכוהנים, מורי ההוראה בימים ההם. כפי שנאמר (מלאכי ב', ז): "כי שפתי כהן ישמרו דעת ותורה יבקשו מפיהו". וכמו שכבר הזכרנו שלברכת כוהנים חשיבות חינוכית גדולה. כך גם פירש ר' יצחק עראמה בעקידת יצחק (שער עב):

> עיקר המצווה הזאת... לא היתה לסייע לו... שהוא יתעלה צריך חיזוק ועזר מצד עצמו, רק לשום דבר בפיהם... והוא שיאמרו "יברכך ה'",

9. מדברי הבית יוסף (או"ח סי' קכח) משמע לכאורה שפירוש הרשב"ם, שברכת כוהנים היא תפילה, אינו מתאים לפירוש השלישי של "ושמו את שמי", היינו החלת שם ה' על העם בעזרת נשיאת כפיים. שהרי בדין של פרישת ידיים בצורה הדומה לסמיכה כתב הבית יוסף (שם ד"ה כתוב) שצורה זו היא "היפך מפרישות ידיים לתפילה". ולדעת הרשב"ם לכאורה היה ראוי יותר שהכוהנים יפרשו את כפיהם כדרך שפורשים תפילה, כלומר שגב היד מופנה כלפי הארץ.

"יאר ה'", "ישא ה'". כי הוא הדבר שיעיר לבם אל הציור הזה ההכרחי, וידעו שכל הטובות הם מושפעות מאתו.

רעיון דומה רואים בהתנהגותו של משה רבנו במלחמת עמלק (שמות י"ז, יא): "והיה כאשר ירים משה ידו וגבר ישראל, וכאשר יניח ידו וגבר עמלק". ובמשנה בראש השנה (פ"ג מ"ח) אמרו: "וכי ידיו של משה עושות מלחמה או שוברות מלחמה? אלא לומר לך כל זמן שהיו ישראל מסתכלים כלפי מעלה ומשעבדים את ליבם לאביהם שבשמים היו מתגברין ואם לאו היו נופלין".

וכדברי בעל ספר החינוך (מצווה שעח):

ואל תתמה לאמור ולו חפץ השי"ת בברכתם יצו אתם את הברכה ואין צריך בברכת כהנים. כי כבר הקדמתי לך פעמים רבות כי בכח הכשר מעשינו תחול הברכה עלינו, כי ידו ברוך הוא פתוחה לכל העמים ורצה שנזכה בטובו הזהירנו וציוונו להכין מעשינו ולהכשיר גופינו במצוותיו להיותינו ראויים אל הטוב, וגם ציוונו בטובו הגדול לבקש ממנו הברכה ושנשאל אותה על יד המשרתים הטהורים כי כל זה יהיה זכות לנפשינו, מתוך כך נזכה בטובו.

ד. ברכת כוהנים לזר

עניין נוסף שמתעורר בדיון על ברכת כוהנים הוא מה דין זר שאינו כוהן בברכת כוהנים. שאלה זו באה לידי ביטוי בשני מצבים, זר שמצטרף לכוהנים בשעת הברכה, וזר שמברך שלא בשעת ברכה, כעין איחול, כגון המנהג שנהגו בקהילות רבות שהאב מברך את בניו בברכת כוהנים בכל ליל שבת ובערב יום הכיפורים.

בכתובות (כד ע"ב) אמרו: "נשיאות כפים דאיסור עשה", ופירש"י: "'כה תברכו', אתם ולא זרים, ולאו הבא מכלל עשה – עשה". בספר האשכול (הלכות ברכת כהנים עמ' לב): "איכא מרבוותא דאמרי דהא דישראל שנושא כפיו עובר בעשה היינו עשה ממש, דכתיב 'דבר אל אהרן וכו'' ולא זרים, ולאו הבא מכלל עשה עשה. ואיכא מאן דאמר דהיינו מדרבנן, ומשום ברוכי דלא מצי לברך, והוי ליה ברכה לבטלה". וכן משמע

בדברי ר' יוסי המובאים בשבת קיח ע"ב: "מימי לא עברתי על דברי חברי. יודע אני בעצמי שאיני כהן, אם אומרים לי חבירי עלה לדוכן – אני עולה", התוספות שם כתבו: "לא ידע ר"י מה איסור יש בזר העולה לדוכן אם לא משום ברכה לבטלה, שלכהנים אמרה תורה לברך את ישראל[10]", והקשו האחרונים, והלוא בכתובות ראינו שיש בברכה כזו איסור עשה? ותירץ הפני יהושע בכתובות שם:

> ונראה לענ"ד דלא קשיא מידי, דעל כרחך הא דדרשינן "כה תברכו ולא לזרים" היינו בבית הבחירה דוקא... דעיקר קרא בבית הבחירה איירי, והתם ודאי אסור משום שמברכין בשם המפורש. אבל בגבולין דלית לן קרא שפיר הקשה ר"י מה איסור יש בזה, דלא יהא אלא קורא בתורה. ואי משום ברכה לבטלה מסתמא ר"י לא בירך ברכה שאינה צריכה.

כלומר לפי הפני יהושע, ברכת כוהנים שאינה במקדש, גם של הכוהנים עצמם, אינה אלא כ"קורא בתורה". מסורת כעין זו מצאנו אצל הגר"א, במעשה שהביא התורה תמימה (במדבר ו' הערה קא):

> ענין זר הנושא את כפיו הוא כשעולה לדוכן לברך את ישראל בברכת כהנים, ונראה דלכן נקרא על פי רוב ענין ברכת כהנים בשם 'נשיאות כפים', להבדיל מסתם ברכות בכלל אשר בודאי אי אפשר להגביל רק לכהנים, יען כי הלא לכל איש מותר לברך איש את רעהו, ואפילו זרים, ורק בזה מצויינת ברכת כהנים שהיא בנשיאת כפים... ויש להעיר על מה סמכו העולם לברך איש את אחיו בנשיאות כפים על ראש המתברך, כמו שנוהגין בברכות חתנים וכדומה, אחרי כי כמבואר הוי סדר ברכה זו מיוחדת רק לכהנים, ולזרים יש בזה איסור עשה... ואני שמעתי מאיש אמונים, שהגר"א מווילנא ברך את הג"מ רי"ח

10. וראה במגן אברהם (סי' קכד ס"ק א): "ואפשר דסבירא ליה לר"י דאיסור עשה היינו מה שמזכיר השם לבטלה בברכה", ראה בפרי מגדים שם שחילק כמה חילוקים ומדרגות איסור בברכת כוהנים לזר.

> לנדא מו"ץ דווילנא בשעת חופתו, והניח ידו אחת על ראש הגרי"ח בשעת הברכה, ושאלוהו על ככה, והשיב, **כי לא מצינו ברכה בשתי ידים רק לכהנים במקדש,** וזולת זה לא ראיתי ולא שמעתי מי שיעיר בזה, והיא הערה נפלאה, ודוחק לומר דכל עיקר מצות נשיאות כפים היא רק בצבור בעשרה משום דבר שבקדושה, דזה הוי רק אסמכתא...[11]

לעומתם, לדעת הב"ח (או"ח סי' קכח) עיקר האיסור של זר לברך ברכת כוהנים הוא בברכה שיש בה נשיאת כפיים, אבל מי שמברך את חברו או בניו בברכת כוהנים בלא נשיאות כפיים – ודאי שאין בכך כל איסור. ונראה שהחילוק מבוסס על ההנחה שיש לחלק בין ברכת כוהנים בתורת עבודת הכוהן לבין ברכה סתם[12].

הסבר אחר ותירוץ לקושיית הפני יהושע כתב המשנה ברורה (סי' קכח ס"ק ג) בשם ספר מגן גבורים:

> דהא דאמרה תורה אתם ולא זרים – אינו רק במתכוין לכוונת המצוה, אבל אי לא מכוין כלל לכוונת המצוה, רק שלא לעבור על דברי חבריו שחשבו שהוא כהן ואמרו לו עלה לדוכן – פשיטא דאין כאן איסור עשה כלל.

ובביאור הלכה (שם ד"ה דזר עובר) ניסה לתרץ את מנהג העולם שמברכים בברכת כוהנים:

11. התורה תמימה סיים את דבריו במסורת אחרת שמיישבת את הקושיה מהגמרא, וזה לשונו: "ולא אמנע מלהעיר דבר חדש ונפלא מה שמצאתי בהקדמת ספר רבינו ירוחם שהביא מאמר זה דר' יוסי ובמקום שכתוב לפנינו "יודע אני בעצמי שאיני כהן" כתוב שם "יודע אני בעצמי שאיני כדאי", ולפי זה יהיה הכונה אם יאמרו לי חבירי עלה לדוכן, לא לדוכן של כהנים בנשיאות כפים אלא למקום ששם דורשין גדולי החכמים לפני הצבור, והוא מקום גבוה ובולט כעין איצטבא... ואם כן אין כל ענין נשיאות כפים במאמר זה של ר' יוסי, כי נשתבשה הגירסא שבגמרא".
12. וראה לעיל הערה 2.

ואולי יש לומר דטעם המנהג משום דסבירא ליה כהב"ח, דדוקא בפריסת ידים עובר הזר בעשה, אי נמי דכיון דתקנו רבנן שלא לישא כפים בלא תפלה – שוב מי שאומר פסוקים אלו של ברכת כהנים בלא תפלה בין כהן בין ישראל הוי כמכוין בפירוש שלא לקיים בזה המצוה דברכת כהנים, ולכן שרי.

כלומר, לדעת המשנה ברורה החילוק הוא בין ברכה שיש בה כוונה לקיום מצוות התורה, שציוותה את הכהנים לברך את ישראל, לבין שימוש במטבע ברכה זו לשימוש אחר. ברם מדבריו נראה שלא די שאינו מתכוון לברך ברכת כוהנים, אלא שצריך להתכוון בפירוש שאינו עושה כן אלא מברך ברכת הדיוט[13].

דרך אחרת מצויה בשו"ת גינת ורדים (או"ח כלל א סי' יג) ובספר אפיקי מגינים (סי' קכח ס"ק ד), ולדעתם האיסור לזר לברך הוא דווקא בשעת התפילה, אבל שלא בשעת התפילה אין איסור כלל[14]. ובספר חבצלת השרון (פרשת נשא) הראה שכן משמע מדברי הרמב"ם, שמנה בספר המצוות את ברכת כוהנים (עשה כו) בין העבודות שבמקדש, וכתב שם שכן כתב הגרי"י פערלא (ספר המצוות לרס"ג עשה קנה).

סיכום

ראינו צדדים שונים בברכת כוהנים, האם היא ברכה או תפילה, כיצד פועלת הברכה, האם זו ברכת ה' או ברכת הכוהנים וה' מסכים לה, ולסיום ראינו דיון לגבי זר שמברך ברכת כוהנים ויישבנו את מנהג העולם לברך את הבנים בברכת כוהנים בליל שבת ובערב יום הכיפורים, וראינו שאין בכך איסור, מפני שעיקר איסור ברכת כוהנים לזר הוא בשעת עבודה או תפילה.

13. בספר כה תברכו (מערכת הב' סי' ד) חילק חילוק אחר, בין ברכה בעמידה שאסורה לזר, ובין ברכה בישיבה שמותרת, ברם לא מצאנו מקור לחילוקו. ונראה שחילוקו הוא כעין דברי המשנה ברורה. שכן, כיוון שאסור לכוהן לעבוד בישיבה – הרי שאם בירך בישיבה מוכח שכוונתו אינה לעבודה.

14. וכשיטה זו פסק בשו"ת שיח נחום סי' ו.

"רבונו של עולם עשינו מה שגזרת עלינו עשה עמנו מה שהבטחתנו, השקיפה ממעון קדשך מן השמים וברך את עמך את ישראל" (תפילה שנושאים הכוהנים אחרי ברכת כוהנים)